CE DOCUMENT A ETE MICROFICHE
TEL QU'IL SE PRESENTAIT

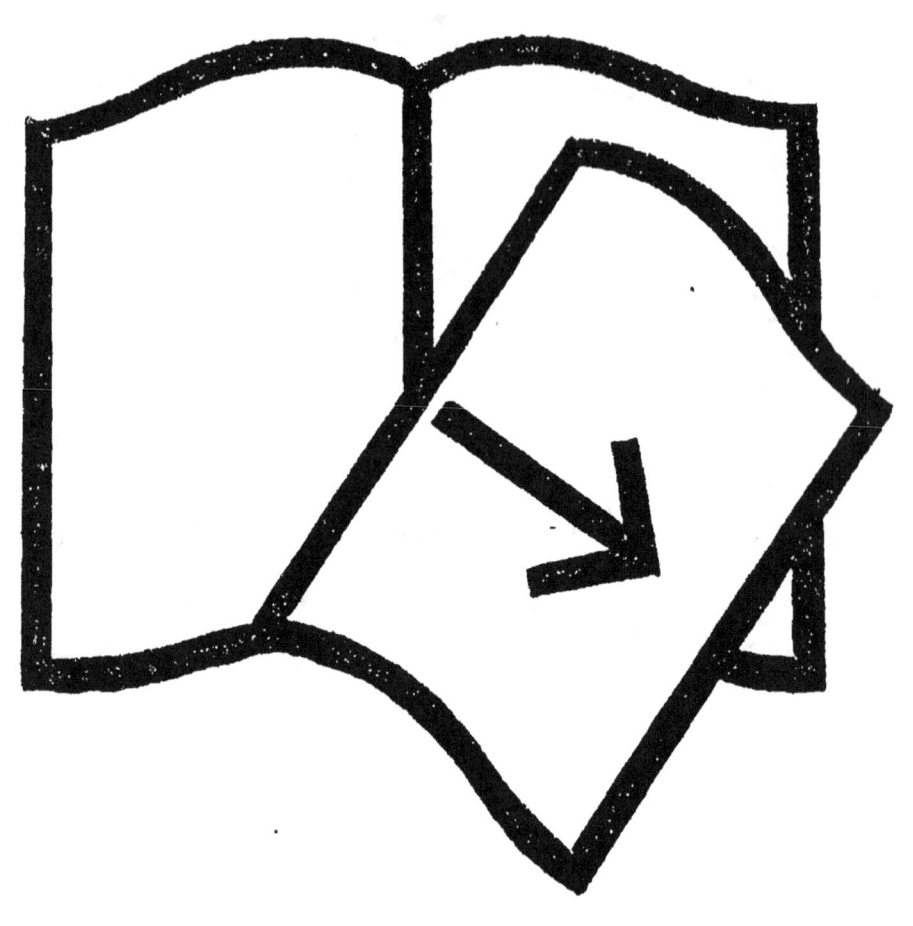

Couvertures supérieure et inférieure
manquantes

HISTOIRE DU LIED

HISTOIRE
DU LIED

OU

LA CHANSON POPULAIRE

EN ALLEMAGNE,

AVEC UNE CENTAINE DE TRADUCTIONS EN VERS ET SEPT MÉLODIES

PAR

ÉDOUARD SCHURÉ

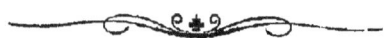

PARIS

LIBRAIRIE INTERNATIONALE

15, BOULEVARD MONTMARTRE, 15

Au coin de la rue Vivienne

A. LACROIX, VERBOECKHOVEN ET Cie, ÉDITEURS

A BRUXELLES, A LEIPZIG ET A LIVOURNE

—

1868

HISTOIRE DU LIED

OU

LA CHANSON POPULAIRE EN ALLEMAGNE

Le monde est une grande lyre,
Où l'Esprit sans cesse a vibré.
Tout chante ! et l'âme à l'âme aspire
Et veut se joindre au chœur sacré.
Ce sont ces voix enchanteresses
Qui d'amour font frémir ton cœur.
Oh ! sens le bonheur des tristesses,
Sens la tristesse du bonheur !

Chant éternel, ô chant immense,
Va, cours sur les créations ;
Cherchez-vous, cœurs pleins d'espérance,
Embrassez-vous, ô nations !
Qu'un sentiment vous réunisse,
Répondez-vous de cieux en cieux ;
Qu'en vous l'Humanité jaillisse
Et vous serez la voix des dieux.

HERDER.

A M. ALBERT GRÜN,

PROFESSEUR DE LITTÉRATURE ALLEMANDE

A STRASBOURG.

———

MAITRE ET AMI,

C'est vous qui le premier m'avez introduit sur la terre vierge de la poésie allemande. Alors que mes regards incertains et ravis la contemplaient de loin sans pouvoir l'embrasser, vous m'avez pris par la main pour me conduire dans le pays de mes rêves. Vous m'y avez guidé d'un pas sûr et d'une main ferme, vous m'en avez fait parcourir les sites grandioses, les magiques profondeurs, et de hauteur en hauteur vous me fîtes monter jusqu'aux sources pures de la poésie primitive. Je vous dois d'avoir bu hardiment à ces eaux fortifiantes. Car vous m'avez dit maintes fois qu'il suffit d'y tremper ses lèvres pour haïr à jamais la beauté fardée qui n'est qu'un mensonge et pour aimer plus fortement la beauté naïve qui est une sainte vérité.

Quand je résolus d'esquisser une histoire du *Lied*, vous ne m'avez pas seulement offert vos conseils et votre expérience, vous m'avez permis de puiser dans vos travaux, vous m'avez aidé de votre zèle, vous m'avez soutenu de votre enthousiasme qui souvent faisait honte au mien. Permettez que je vous en remercie à cette place et que je vous offre ce livre comme un faible témoignage de ma reconnaissance. Mieux que personne vous en connaissez les imperfections, mieux aussi que tout autre vous savez que c'est l'ardent amour de mon sujet qui m'a mis la plume à la main. Quelle que soit la destinée de ce premier essai, je lui dois un bonheur qui m'est cher entre tous, c'est de nous avoir uni dans une même pensée : la régénération de la poésie française par l'étude de la poésie populaire et primitive. Cette pensée n'est encore qu'un espoir. Puisse-t-elle devenir un jour l'ambition des jeunes poètes d'une France nouvelle !   E. S.

AVANT-PROPOS

Qu'est-ce qu'une vraie chanson populaire ? A
ce mot, je gage qu'un Français de bonne compagnie est prêt à se boucher les oreilles et qu'il
va demander grâce avant d'avoir rien écouté.
Et pourquoi ce soudain effroi ? C'est qu'on vient
d'éveiller en lui de fâcheuses images et des souvenirs peu littéraires. Il se rappelle aussitôt
une bruyante noce de village où paysans et paysannes chantent à tue-tête, entre la bourrée et
un coup de vin, une chanson trop joyeuse dans
le plus inintelligible des patois, ou bien il songe
au mendiant déguenillé qui récite, à une foire de
campagne, sa complainte, en s'accompagnant
d'un violon à deux cordes ; à moins qu'il ne
pense à certain roulier qui, entre chien et loup,

1.

lui jeta à la face un refrain brutal qui, loin de flatter sa rêverie, lui fit serrer le pommeau de sa canne. Le cabaret, la guinguette, le plaisir vulgaire et grossier, il ne voit que cela dans les chansons populaires. En somme, il est de l'avis de du Bellay qui disait, dans son *Illustration de la langue françoise :* « Laisse-moi toute cette vieille poésie françoise comme ballades, chants royaux, chansons et autres telles épiceries qui corrompent le goût de notre langue. »

Et que va dire de la poésie populaire un poète parisien de nos jours? Chez lui, le dédain fait place au scepticisme et un sourire d'incrédulité, plus mortifiant que le mépris, vient errer sur ses lèvres. Il ne croit pas à la poésie populaire et n'y croira jamais. Non seulement elle ne saurait le toucher, elle n'existe même pas pour lui. En effet, comment appeler de ce nom les couplets qu'on fredonne dans les rues de Paris, où un calembour et une allusion équivoque tiennent lieu de franche gaîté et de sel gaulois? On dit, il est vrai, que le peuple parisien a chansonné de tout temps les grands ridicules, les ministres insolents et les lois iniques. Si Mazarin revenait, peut-être dirait-il en riant : Qu'ils chantent, pourvu qu'ils obéissent! Mais aujourd'hui, la chanson des rues n'en est plus là, elle se vautre dans le ruisseau. Un couplet sur n'importe quoi n'a jamais rien coûté aux

Parisiens. Ne sont-ils pas, par droit de naissance, le peuple le plus spirituel du monde? Il faut bien qu'ils s'en délassent quelquefois en célébrant d'illustres criminels, des dompteurs de bêtes feroces ou des chanteuses en renom. Mais est-ce bien le peuple qui trouve ces chansons? Point du tout. Des vaudevillistes les composent pour des comédiennes en vogue, celles-ci les miment et les déclament plutôt qu'elles ne les chantent, aux applaudissements d'une foule qui ne demande qu'à rire en public de ce qui l'ennuierait chez elle et, le lendemain, elles font fureur dans tout Paris; huit jours après, elles ont fait le tour de la France. Car, que peut faire la province, sinon répéter ce qui se fait à Paris? Depuis des siècles, c'est sa consigne et son ambition.

Je sais bien que tout poète parisien s'est proposé, une fois en sa vie, d'aller chercher en province une inspiration plus fraîche. Peut-être est-il allé jusqu'à épier les pipeaux rustiques de la muse populaire en un pays perdu, mais qu'il est revenu désenchanté! Il a rencontré, dit-il, dans la plaine, des paysans stupides et corrompus, sans surprendre un rayon de sentiment ou d'imagination sous leur lourdeur ou leur madrerie; dans la montagne, des hommes durs, méfiants, renfermés, qui l'ont toisé comme un ennemi, au lieu de le saluer comme un pro-

tecteur. Et si, par hasard, dans une lande de la
Bretagne ou de la Marche, quelque sauvage
pastourelle a frappé son oreille, il a trouvé ces
rimes bien insignifiantes, presque toujours
vides de sens, cette musique bien bizarre et par
trop négligée. Comme ces modulations traînantes lui ont fait regretter les magnifiques cadences finales qu'on entend au théâtre des Italiens ! Et puis, quelle langue gauche, que de
fautes de prosodie, quel étrange patois ! Pas un
de ces alexandrins en équilibre sur l'hémistiche
qui réjouissent la conscience classique, pas une de
ces rimes sonores et coquettes qui font les délices des fantaisistes, mais des élisions, des assonnances, des vers qui n'en sont pas. Faut-il s'en
étonner, d'ailleurs, et peut-on supposer quelque
instinct supérieur de l'art à des valets de ferme
et à des vachères ? Sornettes que tout cela,
superstition d'une civilisation blasée, super-
cherie de quelques esprits chagrins, agréable
mensonge comme l'amour, comme tout le reste.
Il n'y a de vrai au monde que Paris. Il y retourne et retrouve sa bohême charmante, ses
rimes, et sa poésie. Des sonnets bien ciselés,
une épithète saillante, une strophe échevelée,
un trait d'esprit adroitement glissé dans une
phrase sentimentale, un paysage des tropiques
ou une odalisque au bain, à la bonne heure ! au
moins cela excite l'imagination en chatouillant

les sens. Voilà qui est beau! Quant à cette pauvre poésie populaire, il n'en faut point parler. Figaro a raison : ce qui ne vaut pas la peine d'être dit, on le chante.

Dans les villes, la gaudriole, dans les campagnes, la chanson mystérieuse et incompréhensible, disons tout simplement sotte et nulle, voilà ce qu'est la poésie populaire en France, voilà, du moins, ce qu'y ont vu la plupart des Français. Car, à vrai dire, la France possède, comme toutes les nations du monde, encore une autre poésie du peuple, sérieuse et pleine de sentiment primitif. Celle-la a captivé depuis longtemps l'attention des chercheurs intrépides comme M. de la Villemarqué. Gérard de Nerval, ce candide songeur, en a entrevu les beautés et George Sand en a parlé en grand poète dans plusieurs de ses romans. Malheureusement, nous n'avons de cette poésie que des restes; son développement normal a été arrêté par l'abus de la rhétorique en poésie, par le goût fatal du convenu, par la pression des villes sur les campagnes et surtout par la centralisation littéraire de notre pays. Il n'en est pas ainsi chez d'autres nations. Interrogez un Écossais, un Suédois, un Allemand, un Tchèque ou un Polonais, un Serbe ou un Grec, ils ne parleront qu'avec une émotion contenue, mêlée d'un respect filial de leur poésie populaire et nationale. Leurs plus beaux souvenirs s'y rattachent; ils les ont entendu moduler dans les solitudes de leurs montagnes et retentir dans leurs fêtes patriotiques. Elles ont égayé le foyer du paysan et le manoir du gentilhomme; à travers de longues générations, elles ont bercé le pauvre et le riche, le faible et le fort des mêmes joies et des mêmes tristesses. Quand le proscrit les murmure à l'étranger, la patrie lui apparaît comme par magie. Il savoure ces paroles si simples, ces mélodies si naïves qui établissent entre lui et ses compatriotes absents cette union indestructible, plus forte que le temps et que l'exil, douce fraternité, consacrée par un même sentiment des grandes choses de la vie, par une communauté de douleurs, de foi et d'espérance.

Pour comprendre le rôle que peut jouer dans la vie, pour mesurer toute la grandeur que peut atteindre la poésie populaire, il faut aller dans ces pays mêmes. Traversez l'Allemagne, vous y trouverez partout le chant, le *lied*, dans sa vigueur première avec l'inimitable parfum du terroir. En Alsace, dans la Forêt noire, ou dans les riantes vallées du *Rheingau*, par un beau jour de mai, un dimanche après-midi, on ne peut manquer de rencontrer de jeunes paysannes qui se promènent bras dessus bras dessous le long des haies et des ruisseaux. Elles chantent à deux voix des mélodies d'une douceur pénétrante et d'une pureté limpide. On écoute; et dans leurs paroles touchantes on entend revenir le rossignol, l'amour, le bien-aimé, l'adieu, et soudain ces noms immortels et magiques reprennent sous la vibration de ces voix virginales le charme inexprimable qu'ils durent avoir dans la bouche de celui qui les inventa. Parfois aussi dans les grandes plaines de la Westphalie, les moissonneurs entonnent le soir des cantiques solennels qui s'élèvent avec majesté dans le silence des campagnes vers le ciel empourpré des derniers rayons du soleil. Dans les Alpes bavaroises, le chasseur de chamois et la pastoure qui vivent sur l'*alme* (1) n'ont pas oublié les vieux refrains de la vallée, ils les répètent au départ et au retour en se saluant de loin, et leur poitrine vigoureuse en bondit de plaisir avec une énergie tout alpestre. Dans les vallées gaies et fantastiques du Harz, on peut retrouver encore au bord d'un précipice, à l'ombre d'une vieille forêt de sapins, une hutte couverte de mousse où la pensive fileuse endort ses enfants avec sa capricieuse chanson de rouet. Tous ces chants dont la profondeur mystérieuse nous attire, lors même que nous n'en saisissons pas le sens précis, sont les restes vivants d'une riche poésie popu-

---

(1) Nom donné par les habitants du Tyrol aux hauts pâturages des Alpes.

laire jadis florissante. Les littérateurs allemands la connaissent, l'admirent et l'ont soigneusement recueillie. Bien plus, qu'on lise les grands poètes lyriques de l'Allemagne depuis Goethe et Bürger jusqu'à Heine, Eichendorff et Geibel, on y retrouvera à chaque page le ton, les formes, les motifs et l'esprit même de cette poésie. Demandez aux Wolfgang Müller, aux Rodenberg, à tous les jeunes successeurs de la grande école lyrique allemande, demandez-leur ce qu'ils pensent de la poésie du peuple, ils vous diront sans doute qu'ils lui doivent leurs meilleures inspirations, leur verve et leur verdeur. Les plus forts, s'ils sont sincères, avoueront même qu'ils désespèrent de jamais atteindre la vive originalité de leurs modèles. En un mot, on peut dire que ce qui fait la vitalité, la profondeur et la beauté vierge de la poésie lyrique des Allemands, c'est avant tout la richesse et la beauté de leur poésie populaire, c'est le retour passionné des poètes modernes à cette source jaillissante, c'est la résurrection triomphante de l'âme du peuple dans le génie des grands artistes.

On le voit, la poésie lyrique n'est pas en France ce qu'elle est en Allemagne, et nos plus grands poètes sont loin d'être pour la nation ce que les poètes allemands sont pour la leur. Malgré le beau mouvement qui commence en 1820 et finit en 1848, malgré les trois ou quatre hommes de génie qui lui ont donné son impulsion, notre poésie est restée trop généralement un luxe de la classe lettrée, œuvre des habiles et plaisir exclusif des délicats, un exercice de haute école dont la rhétorique et la déclamation font presque tous les frais. Elle n'a trouvé que rarement ces accents qui vont droit au cœur et transportent d'enthousiasme l'ignorant comme l'homme cultivé. Trônant dans les salons et dans les cercles littéraires, elle ne s'est pas assez promenée sous le grand ciel. Elle n'est pas entrée au cœur de toute la nation, parce qu'elle ne s'y est pas assez réchauffée. N'hésitons pas à dire qu'elle est restée jusqu'ici un art de haute fantaisie et n'a pas su devenir une religion universelle et sacrée pour tous. Or, voilà justement ce qu'elle est en Allemagne. D'où vient cette différence? Pourquoi manquons-nous en vers de ce naturel, de cette forme spontanée, musicale et parlante qui se grave pour toujours dans l'esprit comme une simple et belle mélodie? Ce défaut serait-il inhérent à l'esprit français, ferait-il partie de notre vie morale et de l'organisme de notre langue? Je ne le crois pas. Mais si notre poésie manque de simplicité, si nous avons trop de beaux vers et pas assez de beaux chants, ce défaut provient surtout du profond oubli dans lequel on a laissé

languir notre poésie populaire et du dédain
suprême dont les hommes de lettres l'ont acca-
blée pendant longtemps. Certes, elle aurait elle-
même plus d'un enseignement à nous donner,
plus d'un secret à nous dire. Mais avant, ne
serait-il pas opportun de jeter un coup d'œil sur
l'évolution remarquable qui a donné à nos voisins des œuvres à la fois naïves et parfaites,
populaires et pleines d'élévation, profondément
nationales et largement humaines. S'il se produit en France une renaissance lyrique, elle
aura, sans aucun doute, un caractère plus populaire que tous les mouvements précédents. Je
veux dire que cet art se mettra à la portée d'un
plus grand nombre. Il importe donc d'étudier la
poésie du peuple, c'est à dire celle qu'il fait, pour
savoir ce que doit être la poésie populaire, c'est
à dire celle qu'on fait pour lui. Quant à ceux qui
ne se lassent de répéter que la poésie est morte,
que l'âge de la science et de l'industrie saura s'en
passer, ils abusent un peu de la naïveté du public. La poésie lyrique est une des formes éternelles par lesquelles l'esprit humain a exprimé
et exprimera ses plus hardis élans vers le beau,
le bien et le vrai. Tant que le présent ne pourra
satisfaire l'homme, et il en sera toujours ainsi,
il aspirera à un avenir où il puisse se développer et se savourer lui-même dans toute la plénitude de son être. Alors, quoi qu'il fasse, il

chantera. Mais le difficile est de trouver dans le monde qui vous environne, dans la langue que vous parlez, dans l'âme que vous portez en vous les images, les formes et la lucidité nécessaires pour donner un corps à ce monde idéal à peine entrevu. Voyons comment la chanson populaire y a réussi en Allemagne. Rappelons l'histoire de sa découverte, remontons à son origine, suivons-la à travers son développement et sa décadence jusqu'à sa magnifique régénération et demandons-nous enfin quelle a été son influence sur les grands poètes modernes. Il n'est peut-être pas d'étude mieux faite pour nous éclairer sur l'essence du lyrisme et sur cette force intérieure par laquelle il ennoblit la vie d'un chacun et aide à l'éducation de tout un peuple.

Il n'y a qu'une seule poésie, la franche, la vraie. Tout le reste n'est qu'illusion et pastiche. Le talent poétique est donné au paysan tout aussi bien qu'au chevalier; il ne s'agit pour chacun que de s'emparer de sa vie et de l'exprimer dignement; et pour cela, la condition la plus simple offre les plus grands avantages.

GOETHE.

I

DÉCOUVERTE DE LA POÉSIE POPULAIRE

Caractère sacerdotal du poète à l'origine des civilisations. — Le don poétique considéré comme une révélation divine chez les anciens, comme une faculté exceptionnelle chez les modernes. — Le peuple poète sans le savoir — Ses créations. — Les *Voix des peuples* de Herder. — Découverte des chants populaires de l'Allemagne — Nouvel horizon en esthétique et en poésie.

La vraie poésie est-elle une création spontanée de l'homme primitif ou l'œuvre réfléchie de la civilisation? Est-ce la vérité pour les grandes âmes et rien qu'un mensonge pour la foule, sublime folie de quelques-uns ou mystérieux désir qui tressaille dans les profondeurs de l'humanité? Tout le monde sent la poésie, diront les uns, le poète seul l'exprime. Qui n'éprouve le besoin de dire tout ce qu'il espère, tout ce qu'il aime et tout ce qu'il croit et de répandre dans les autres le flot de joie ou de douleur qui

le déborde? Mais c'est en vain. Le poète seul
donne une voix éclatante aux aspirations confuses de ses semblables et met au jour l'idéal que
nous portons en nous. — Illusion de votre
vanité, diront les autres. Les petits imitent
les grands sans les comprendre et ce qu'ils
n'éprouvent pas, ils le feignent. Bien moins
encore est-il juste de prétendre que la faculté
poétique existe chez tout le monde, quoique peu
développée. C'est un don rare et absolu qu'on
ne saurait ni acquérir ni expliquer. On le possède ou l'on en est dépourvu ; le reste est un
mystère. Il y a un abîme entre le poète et ceux
qui l'écoutent, rien ne saurait le combler.

L'histoire ne donne-t-elle point raison à ces
incrédules ? Les seuls poètes qui apparaissent à
l'origine de l'âge historique ce sont les fonda-
teurs de religions ; prophètes entourés de quelques croyants, ils les animent de leur esprit,
mais n'en reçoivent rien. Le premier pasteur
nomade qui s'agenouilla sur le versant de l'Hi-
malaya pour adorer le Dieu du feu et de la lumière eut une révélation extraordinaire. Sans
doute qu'il sentit se presser confusément dans
son âme les puissantes émotions qui nous trou-
blent encore et qui devaient s'épanouir dans le
cours des siècles en hymnes sans nombre comme
sans fin ; il dut frémir de sympathie à l'aspiration de tous les êtres vers la lumière et la vie,

qui éclate dans le cœur de l'homme en un cri d'amour. Ce fut un esprit hautement religieux et un poète, il trouva des disciples, mais combien le comprenaient? Quand ces peuples nomades descendirent de leurs âpres montagnes vers les bords du Gange, fondèrent des royaumes et jetèrent les bases de la plus antique civilisation qui nous soit connue, le plus petit nombre, la caste des brahmanes retint la religion entre ses mains, tandis que les guerriers usaient leur force dans les combats et que le vil paria restait accablé sous le poids de travaux infimes. C'est la caste des prêtres qui imposa à la société sa religion et son culte, c'est elle encore qui lui donna sa poésie. Elle transforma les vieux hymnes védiques, les expliqua, créa l'épopée théologique. Le Ramâyana, le plus élevé des poèmes de l'Inde est l'œuvre d'un prêtre. Aujourd'hui même où la force créatrice de cette société semble à jamais éteinte et où les Anglais cherchent à la renouveler par les idées européennes, quelques brahmanes érudits sont les seuls qui veuillent connaître et sentir leur poésie de trois mille ans.

Chez les Grecs le poète se sépara de bonne heure du prêtre, mais plus que partout il resta l'homme exceptionnel, l'initié par excellence. C'est des montagnes de la Thrace, c'est de l'Olympe et de l'Hélicon où les bois sacrés et les enceintes de

pierre furent les premiers signes de la présence
des dieux que descendirent les premiers poètes
et qu'ils amenèrent à un peuple de laboureurs
le chœur des muses, la lyre d'or d'Apollon et
avec elle les secrets du ciel et de la terre. Or-
phée le premier poète selon la fable, élevé parmi
les Ménades, l'ardent enthousiaste de Dionysos
est presque un demi-dieu. S'il enchaîne à ses
pas les bêtes féroces émues, s'il arrache Eury-
dice aux divinités des enfers par le charme de
son chant et l'immensité de sa douleur, sans
doute que les Grecs voulurent glorifier en lui la
poésie comme une puissance divine plus forte
que la mort, mais aussi bien au dessus des vulgaires mortels. Zeus ne parlait aux hommes
que dans le chêne de Dodone, Apollon ne révé-
lait ses oracles qu'à la Pythie, sur le trépied d'or,
au dessus du gouffre terrible et dans les con-
vulsions de la fureur sacrée; de même il fallait
le dieu pour faire le poète. Témoin Homère lui-
même. Car pour les Grecs, Homère n'était pas,
comme aux yeux de la science moderne, la per-
sonnification poétique de toute une classe de
chantres sacrés, qui eux-mêmes n'avaient fait
qu'embellir et donner un contour plus précis à
des traditions populaires, mais un demi-dieu,
le révélateur de l'Olympe, faisant part aux
hommes des plus grandes actions des dieux et
des héros. Quand les rhapsodes, tenant une

branche de laurier à la main en signe de leur sainte mission, chantaient la colère d'Achille ou les aventures d'Ulysse dans les palais des rois et devant les pêcheurs des Cyclades, parfois sans doute ils s'abandonnaient à l'inspiration du moment, mais ceux qui les écoutaient dans un religieux silence n'en croyaient pas moins entendre des paroles divines, la voix du grand Homère. Dans l'Athènes de Périclès, il est vrai, au foyer d'une démocratie ardente, sous les portiques des philosophes et dans les combats oratoires de la place publique, les poètes se rapprochèrent beaucoup des autres citoyens. Mais ils restèrent isolés dans leur fonction et ne cessèrent d'exercer un sacerdoce. Pindare est un interprète de la sagesse delphique, dans les tragédies d'Eschyle rugit parfois la magnifique ivresse du dithyrambe et ses chœurs respirent les saintes voluptés des mystères d'Eleusis. Quand il met le cothurne, il parle de haut et on l'écoute comme un devin. Bref, c'est surtout aux Grecs que nous devons l'idée qui fait du poète un inspiré des dieux, c'est à dire un être privilégié, seul capable de comprendre les choses les plus hautes et d'en parler dignement, en un mot, un homme doué d'une faculté supérieure dont les autres sont privés. Et cette image ne mourra pas, parce qu'elle contient une vérité éternelle, c'est que la beauté est une religion qui a ses prêtres, ses martyrs, ses saints et qu'elle en a besoin pour vivre.

Quě dire de la littérature latine? En Grèce le poëte, quoiqu'il passât pour un homme supérieur, était constamment en rapport avec tous les hommes libres de sa cité. Il vivait avec eux, comme eux, il formait leurs cœurs et dirigeait leurs esprits. Mais à Rome, dans un état militaire, construit pour exterminer et pour conquérir, dans ce peuple de légistes, de tribuns et de soldats, le favori des muses fut bien plus isolé. Chez les Grecs, il était devenu naturellement l'interprète des plus hautes idées religieuses, chez les Romains, il fut forcé de se faire le héraut de la gloire militaire. Pour faire croire à sa mission divine il dut célébrer Rome maîtresse du monde par les armes. C'est ce que firent Ennius, Virgile, Horace. Malgré tant d'efforts pour se rendre populaires, quel rapport y avait-il entre eux, et la grande masse du peuple? Quelle part avait-il dans leurs créations, combien de voix dans leur renommée? Ces légionnaires qui allaient laisser leurs os dans les forêts de la Germanie ou à l'extrême Hellespont lisaient-ils ces poèmes où l'on chantait leur courage? Il est permis d'en douter. A mesure qu'on avance dans l'histoire romaine on rencontre de plus en plus une littérature élégante de capitale, d'amateurs, de *récitations*, qui ne pénètre pas plus avant au cœur de la nation. Cette nation d'ailleurs qu'était-elle devenue? Faut-il appeler de ce nom cette plèbe d'oisifs qui vendait son suffrage au plus offrant ou cette soldatesque qui faisait et défaisait les empereurs? Faut-il y ranger aussi la foule des esclaves sans droit qui, bien loin d'oser aspirer à la vie de l'esprit, pouvaient à peine sauver leur corps et pour lesquels l'espérance était un crime? Non, alors ce grand peuple avait perdu sa religion et sa poésie; il n'avait plus que des superstitions et des amusements. Toute l'histoire de la poésie latine offre le spectacle d'une élite de lettrés qui vivent entre eux d'une vie à part. Les orateurs seuls agirent sur la foule au temps de la liberté, épousant ses passions ou l'animant des leurs; les historiens héritèrent d'une partie de leur influence. Mais plus qu'ailleurs le poète était un étranger chez les Romains, incompris du peuple et relégué dans un autre monde.

Il suffit de jeter un coup d'œil sur les principales littératures de l'Europe au moyen âge pour s'assurer que le poète y fut très isolé du peuple et que la poésie ne descendit que très lentement dans les couches inférieures de la société. La circonstance que le christianisme supplanta les religions païennes en Gaule, en Bretagne, en Germanie, et que la hiérarchie catholique, prenant la place de l'omnipotence

romaine, vint serrer dans son réseau tous les
peuples de l'Occident, décida du caractère des
nouvelles littératures comme du genre de la
nouvelle civilisation. Le premier soin de l'Église
fut de détruire le paganisme, et comme au sortir de l'état barbare, la poésie se développe toujours au sein du culte, le clergé seul inaugura
la poésie chrétienne chez nos ancêtres. La noblesse féodale la prit de ses mains. Après avoir
amalgamé les sentiments chrétiens avec ses
mœurs, parvenue à un haut degré d'enthousiasme, elle créa la poésie chevaleresque. Mais,
d'une part, les grands poètes sont très rares,
de l'autre, cette poésie est limitée à l'élite des
seigneurs et des chevaliers. Dès qu'ils tombent
en décadence, les communes se consolident et la
bourgeoisie se fait entendre. Mais ce n'est plus
la voix de la poésie, c'est celle de la prose. La
bourgeoisie fit la littérature moderne, elle y
règne encore, mais quel rôle y joue la poésie?
N'est-elle pas toujours l'œuvre de quelques
grands individus qui s'affranchissent de tous les
préjugés de caste, qui ont toutes les peines à
percer, que peu comprennent dans le fond, et
qui, une fois reconnus, s'imposent avec une autorité dictatoriale très dangereuse à leurs successeurs? Racine et Boileau, aidés de Louis XIV
et de sa cour, n'ont-ils par arrangé le Parnasse
français? N'y ont-ils pas régné aussi longtemps

que la cour de Versailles régna en France? Et
quelle part la nation tout entière prit-elle à leur
œuvre, hors la cour et la ville? Que faisait-il
pendant ce temps ce peuple opprimé, dragonné,
sucé à blanc? Avait-il une poésie, pouvait-il en
avoir une? Cette question eût fait rire les courtisans du grand roi.

Que ressort-il de tout ceci? C'est que la poésie
semble une chose étrangère à la vie commune
de l'humanité, et les poètes de grandes exceptions qui s'imposent par la force du génie, de la
mode et des circonstances. Plus heureux ou
plus malheureux que leurs frères, ils pénètrent
seuls dans le monde idéal; acclamés ou maudits
ils vivent dans la solitude. S'inspirant d'âge en
âge ils ne s'entendent qu'entre eux, et comme
ces jeunes Grecs dans les courses du Cyré-
naïque ils se passent le flambeau sacré, qui
parfois semble s'éteindre et se rallume toujours.
Virgile suit Homère, Dante suit Virgile, Shakspeare les salue de loin, Goethe les réunit dans
son panthéon. De longs cortéges suivent ces
grandes ombres dont la marche est l'histoire de
la poésie. Quant au reste des hommes, il a passé
comme un vil troupeau emporté par le torrent
de ses passions et de ses intérêts, sans deviner
le secret de l'idéal.

Eh bien, ce peuple si longtemps méprisé, il
rêve, il chante à notre insu, il a sa poésie et son

idéal! Un grand et sourd travail se fait en lui. A certains âges, surtout aux époques primitives, comme aux temps de renaissance et de révolution, chaque fois qu'un souffle de liberté l'arrache à ses misères et lui ouvre un plus vaste horizon, ce travail intérieur éclate au dehors en jets vigoureux. Parfois ces œuvres instinctives passent dans la littérature, mais leurs véritables auteurs restent inconnus. Alors même que rien n'en arrive aux oreilles des gens de lettres et des classes cultivées, l'imagination populaire continue son œuvre souterraine, multiple, créatrice, incessante. Sans savoir lire ni écrire le peuple a ses chants, ses légendes, ses poèmes. Il invente des épopées comme des religions, et ses créations sont en un sens plus intéressantes que les chefs-d'œuvre des plus beaux génies parce qu'elles sont pures des frivolités de la mode, des calculs de l'ambition et des hypocrisies de la vanité. Profonde, invisible croissance pareille à la végétation du corail qui s'élève lentement en ramifications infinies du fond de la mer et finit par percer à sa surface en îles charmantes qui étonnent et ravissent le navigateur. En un mot, à côté de la poésie officielle il y a une poésie cachée, avant l'art réfléchi il y a un art spontané, sous l'idéal des grands esprits il existe un idéal populaire qui naît sans leur concours et s'enfante de lui-même, si j'ose dire, dans l'âme du peuple.

Cette grande découverte dont on n'a pas encore tiré toutes les conséquences, nous la devons aux plus hardis esprits de l'Allemagne, à ceux qui firent la révolution poétique dans la seconde moitié du dernier siècle. La littérature allemande était alors captive dans l'imitation de l'étranger et dans le pédantisme de l'école. On comptait des syllabes, on épluchait des mots, on imitait froidement la tragédie classique et les sonnets italiens. Une prosodie de savants, des vers de cabinet, fades pastiches des madrigaux de Versailles, voilà ce qui se targuait du nom de poésie. Mais la voix de Rousseau avait trouvé de puissants échos en Allemagne. Cet enfant du peuple, l'écrivain le plus audacieux, le plus sincère et le plus persécuté que la France ait jamais eu, voulait faire sortir la morale de la nature de l'homme, l'éducation de ses seuls besoins, la société de ses rapports naturels avec ses semblables, détruire l'hypocrisie, bannir des mœurs tout ce qui se fonde sur le préjugé, non sur la nature et la raison; car voilà ce qu'il entendait au fond par sa devise : revenir à la nature. Les Allemands plus portés vers l'idéal que vers la pratique, inspirés par lui ou par leur propre génie appliquèrent sa méthode à l'art. Revenons à la nature! devint le cri des forts; à

leur tête Lessing dans le drame et le jeune
Goethe enivré de Shakspeare. Ce furent les
vieilles ballades anglaises de Percy, ce furent
les poèmes d'Ossian que Macpherson disait
avoir traduits de chants gaëliques qui révélèrent
aux esprits l'existence d'une grande poésie populaire. Ce fut comme un éclair dans la nuit
profonde ; sa lumière éblouissante semble éteindre le pâle flambeau que nous portons et découvre à nos yeux un océan de montagnes.
Herder l'avait entrevu et se promit de le parcourir. Son regard se porta tout d'abord sur la
poésie lyrique et populaire de toutes les nations.
Il voulut montrer que le peuple sait chanter,
émouvoir, exprimer poétiquement sa vie sur
tous les points du globe. Et certes il était bien
fait pour remplir cette tâche, l'homme qui avait
développé cette pensée de Lessing : l'histoire est
l'éducation du genre humain, et l'avait formulée
ainsi : outre l'histoire de chaque peuple, il y a
une histoire de l'humanité ; les peuples se lèguent
et se communiquent le trésor de leurs mœurs,
de leurs arts et de leur culture. Pénétré de cette
pensée, il recueillit dans les vieilles chroniques,
dans les récits des voyageurs, dans la bouche
même du peuple les chants les plus simples, les
plus beaux et les réunit sous ce titre : *Voix des
peuples*. Ce livre est jusqu'à ce jour d'un haut intérêt. On y trouve des chants de presque toutes

les nations. Depuis l'Espagnol qui joue sa romance sous le balcon mauresque de sa dame, depuis le pêcheur de Sicile qui invoque la Vierge sous son ciel étoilé, jusqu'au pauvre Lapon qui s'entretient de sa maîtresse avec son renne fidèle, dans les steppes de neige de sa patrie; depuis la pensive Lithuanienne qui, dans sa harpe de tilleul, entend soupirer l'âme de sa sœur, jusqu'au Péruvien qui, dans sa mythologie naïve, imagine la pluie comme une jeune fille portant une cruche d'eau et le tonnerre comme un frère brutal qui vient la lui briser; dans toutes les zones, sous tous les climats, tout vit, tout aime, tout chante et chacun a sa voix. Il n'y a pas jusqu'aux sauvages de l'île de Madagascar, dont les chants ne soient d'une beauté saisissante. Comme le chevalier Parny l'avait déjà raconté, ces peuplades se divisent en une infinité de petites tribus qui se font une guerre à mort. Quoique sanguinaires, elles pratiquent l'hospitalité et leurs mœurs abondent en traits touchants. Le terrible roi Ampanani, après avoir réduit un village en cendre, pleure en voyant passer les enfants prisonniers. — Enfants innocents, dit-il, vous souriez et vous êtes esclaves ! Il veut prendre pour maîtresse la plus belle des prisonnières. Elle lui dit : « O roi, j'avais un amant. *Ampanani*. Où est-il ? *Vaina*. Peut-être est-il tombé dans le combat, peut-être s'est-il

sauvé par la fuite. *Ampanani*. Qu'il soit tombé
dans le combat, qu'il se soit sauvé par la fuite,
je veux être ton amant. *Vaina*. O roi, aie pitié
des larmes qui arrosent tes pieds. *Ampanani*.
Que veux-tu? *Vaina*. Ce malheureux a baisé mes
yeux et ma bouche, il a reposé sur mon sein,
il est dans mon cœur et rien ne saurait l'en arracher. *Ampanani*. Prends ce voile et couvre tes
charmes. Va en paix. *Vaina*. Laisse-moi le
chercher parmi les vivants ou parmi les morts.
Ampanani. Va, belle Vaina. Qu'il meure le
monstre qui peut ravir des baisers mêlés de larmes. » On le voit, les sentiments généreux et la
force de les exprimer ne sont pas incompatibles
avec l'état sauvage. Mais le fléau de ces peuples
fut la traite des nègres qui doubla leur férocité.
Car, depuis ce moment, ils ne songèrent plus
qu'à se vendre. La tribu vendait la tribu, le
frère sa sœur, la mère sa fille. C'est là le sujet
d'une des plaintes les plus poignantes qu'on ait
poussées contre l'esclavage :

« Une mère traînait sa fille unique au rivage
pour la vendre aux blancs.

« O ma mère! Ton sein m'a porté, je suis le
premier fruit de ton amour : qu'ai-je fait pour
mériter l'esclavage? J'ai soulagé ta vieillesse,
pour toi j'ai cultivé la terre, pour toi j'ai cueilli
les fruits, pour toi j'ai poursuivi les poissons
dans le fleuve; je t'ai protégée contre le froid,

pendant la chaleur je t'ai portée sous les ombrages embaumés, pendant que tu dormais j'ai veillé près de toi, j'ai chassé les insectes de ton visage. O ma mère, que deviendras-tu sans moi? l'argent qu'on te donnera pour moi ne te donnera pas une autre fille. Tu périras dans la misère, et ma plus grande douleur sera de ne pouvoir t'aider. O ma mère! ne vends pas ta fille unique.

« Vaines prières! Elle fut vendue, chargée de chaînes, jetée sur un navire et quitta pour toujours sa chère, sa douce patrie (1). »

Voilà de ces cris de la nature qui défient la poésie! Le recueil de Herder en est plein et ses contemporains en furent émus. L'attention des jeunes poètes se porta de plus en plus sur les chants populaires de l'Allemagne. Non seulement Herder en avait recueilli un certain nombre dans son livre, mais pendant son séjour à Strasbourg où il exerça une grande influence sur Goethe qui n'avait alors que vingt ans, il lui fit remarquer la beauté des chants populaires de l'Alsace. L'ardent jeune homme, dont le génie rapide s'emparait de tout au vol, profita du conseil; on retrouve dans les inspirations les plus suaves de sa muse lyrique la note touchante de la chanson populaire. Bürger vint

(1) Herder, *Stimmen der Völker. Sämmtliche Werke*, t. XVI, pag. 428 et s. — Cotta. Stuttgart.

après et adopta d'antiques légendes dans ses
ballades fantastiques ; les autres firent comme
lui. Tous prêtèrent une oreille attentive à la
voix du peuple qu'on avait entendue jusqu'alors
sans la comprendre. Ils ressemblaient à ces
jeunes héros de la Germanie païenne qui, après
avoir trempé leurs lèvres dans le sang du dra-
gon, comprenaient tout à coup le langage des
oiseaux et marchaient, saisis de terreur et de
ravissements, sous la forêt murmurante dont les
voix rieuses leur prédisaient un immense avenir. Ainsi, ces paroles, ces mélodies, prirent
un sens nouveau, on se mit à les noter, à
les recueillir pieusement. Achim d'Arnim et
Clément Brentano y consacrèrent leurs loisirs
et toute leur passion. Voici comment le premier raconte la révélation qu'il eut de cette
nouvelle poésie : « Ce fut à la campagne que je
compris pour la première fois le sens du chant
populaire et que j'en subis le charme puissant.
C'était au milieu d'une chaude nuit d'été, des
voix éclatantes me réveillèrent. J'ouvris la fenêtre et je vis à travers les arbres des soldats et
des paysans pêle-mêle. Ils chantaient et se ren-
voyaient ce refrain :

> Debout, mes frères, soyez forts !
> Voici le jour d'adieu.
> Nous allons par delà les mers,
> Nous partons avec Dieu.

« Ils partaient pour leur régiment. Ces vers réveillèrent en moi d'autres refrains qui avaient frappé mon oreille, et tout ce que j'entendais chanter par des gens qui n'étaient pas poètes de profession m'attirait alors davantage, depuis les graves accents du mineur sortant de son noir souterrain jusqu'aux gais couplets du couvreur suspendu sous le ciel bleu. Plus tard je m'aperçus que dans ces chants le peuple atteint du premier coup ce que les poètes de profession poursuivent en vain : c'est de faire retentir la même note en beaucoup d'âmes et de les unir toutes. » Parlant de la gent littéraire qui tient le haut du pavé, il dit : « Sous leur mine hautaine et sous leur langage précieux, ils cachent leur nullité et leur sotte extravagance. Ils se séquestrent dans un coin et vivent loin de cette partie du peuple qui seule peut encore supporter toute la force de l'enthousiasme. Nos amateurs de théâtre et de concert s'enfuiraient à toutes jambes devant l'art pur et vrai, ils tomberaient sans connaissance dans l'air des montagnes. » Et pourquoi ces deux vaillants champions entraient-ils en lice, en arborant le drapeau de la poésie populaire ? « Ce qui fait la richesse de tout notre peuple, dit Achim d'Arnim, en concluant, son art intime et vivant, tissu des âges et des puissances de l'âme, sa foi et son expérience, ce qui l'accompagna dans la joie et dans la

mort, ses chants, ses récits, ses légendes, ses
proverbes, ses histoires, ses prédictions et ses
mélodies, nous voulons rendre tout à tous (1).»

Ce fut en 1805 seulement qu'Achim d'Arnim
et Clément Brentano publièrent leur premier
recueil. Ils l'intitulèrent *Le Cor magique de
l'enfant*. Les délicats et les précieux ne manquèrent pas de s'égayer sur les naïvetés du peuple, mais parmi les esprits sérieux et dans le
grand public le succès fut général et de longue
durée. Le livre méritait son titre et ses effets
furent plus puissants que ceux du cor d'Obéron.
Car il réveilla une âme nouvelle chez les meilleurs de la nation, l'âme vraie, celle qui craint
toujours de se montrer, qu'étouffent les lâchetés
de l'éducation, les hypocrisies de la société.
Quelle joie mâle dut tressaillir dans ces hommes,
dans ces poètes amis du peuple ou sortis de ses
rangs, lorsqu'ils découvrirent cette vaste poésie
populaire comme une superbe forêt vierge derrière le jardin ratissé de la littérature? Le peuple chante aussi et mieux que nous, durent-ils
s'écrier. Sous la poésie que nous faisons il y en a
une autre qui se fait elle-même. Le génie du
peuple est tout un monde que nous ignorons et
qu'il faut connaître. Chez lui tout est vrai, parce

---

(1) *Des Knaben Wunderhorn*. — Préface d'Achim d'Arnim. T. I,
pag. 444.

qu'il chante ce qui l'émeut, chez nous tout est
faux, parce que nous chantons ce qui est convenu. Allons à l'école chez ces vagabonds, ces
lansquenets, ces filles amoureuses et ces gais
compagnons pour apprendre la langue de la nature. Qu'est-ce d'ailleurs qu'une poésie de salon,
de coterie, d'encre et de papier, de pédants et
de fats? Il nous faut une poésie nationale.
Comblons l'abîme qui nous sépare du peuple,
chantons avec lui et qu'il chante avec nous.
Donnons-lui la foi en l'idéal, il nous donnera la
puissance de la sympathie.

Voilà ce que pensaient Achim d'Arnim, Clément Brentano et leurs amis, ce qu'avaient
pensé avant eux Herder et Goethe. Ce mouvement fut d'une immense portée, d'abord pour
l'histoire de la poésie. On s'habitua à donner
une place capitale dans les littératures à toutes
les œuvres spontanées de l'imagination populaire, à y étudier les secrets de la création poétique. Les recueils de *Volkslieder* se suivirent et
se multiplièrent d'année en année. Les poètes
les plus illustres comme Uhland et Hoffmann
de Fallersleben rivalisèrent pour rétablir ces
chansons dans leur intégrité primitive. Dans
l'intervalle, d'autres études s'étaient ajoutées à
celles-ci. Les frères Grimm venaient de jeter un
jour nouveau sur la mythologie germanique et
scandinave qui, elle aussi, est une création po-

pulaire, ils avaient recueilli de la bouche même
du peuple les Contes (*Märchen*) où l'on retrouve
les derniers vestiges de cette antique religion.
Ces exemples trouvèrent des imitateurs dans
toute l'Europe. On écouta avec une admiration
mêlée d'étonnement les chants de la Grèce moderne, les chants des Serbes, les chants des
Bretons que M. de Villemarqué réunit dans son
bel ouvrage *Barzaz-Breiz*. Dès lors une nouvelle
tâche se posa à l'historien littéraire : étudier la
poésie du peuple à côté de celle des grands esprits et trouver leurs rapports.

Cette étude est en effet de la plus haute importance pour l'intelligence de la vraie poésie et
pour son rôle dans la vie humaine, pour son
présent, comme pour son avenir. On veut aujourd'hui que toutes les questions se résolvent
d'elles-mêmes par l'histoire. Plus de théorie sans
la contre-épreuve de l'expérience, plus d'expérience qui ne serve à la théorie. Ici l'histoire
vient compléter l'esthétique, et loin de donner
tort à l'idéal, le peuple dans sa poésie lui donne
raison sans le savoir. Car il sait faire jaillir
l'idéal vivant de toutes les situations et de toutes
les émotions de la vie. L'homme le plus simple,
quand il arrive à la conscience de sa liberté, de
son droit d'individu, éprouve sous le coup des
sensations fortes le besoin de se représenter, de
chanter et d'idéaliser sa vie pour en savourer

l'essence. La poésie n'est donc pas autre chose que l'essence de la vie clairement et fortement exprimée. Elle ne peut nous donner que ce qui se passe en nous et dans les autres. Mais la réalité est toujours obscure, fragmentaire. La vraie poésie débrouille, éclaire, achève. Elle saisit partout l'origine des sentiments, des passions et des destinées particulières, les incarne dans des êtres vivants, les isole de ce qui pourrait gêner leur développement, les renforce, les pousse à l'extrême et les transporte ainsi dans une région supérieure sous l'éclair de l'imagination. Mais ce qu'elle donne n'est que ce que nous sommes ou ce que nous pourrons être, c'est la nature refondue par l'esprit, mais qui ne cesse pas d'être la nature.

La poésie est donc un besoin universel et profondément humain. Le grand poète possède, dans une forte mesure, une faculté qui existe chez tout le monde à des degrés très divers. L'intelligence de la poésie populaire le lui a prouvé et qu'il s'en réjouisse. Car, s'il ne se croit plus l'inspiré des dieux, il se sent d'autant plus frère de tous les hommes : frère, parce que ceux-ci veulent chanter comme lui, frère, parce qu'il doit sentir ce qu'ils sentent, frère, parce qu'il doit les élever à une plus haute conscience d'eux-mêmes et de l'humanité, en leur faisant comprendre que l'homme aspire au juste, au beau et au vrai par la seule force de son être. Ainsi comprise, la poésie n'est plus un don d'en haut, mais l'effort éternel, instinctif ou voulu de tous vers la beauté; inextinguible symphonie qui chez le grand poète éclate en un chant triomphal.

C'est pour cela qu'elle vit dans le cœur de l'humanité comme la religion; mais elle s'en distingue. Elle regarde la terre et non pas le ciel. Elle considère moins l'homme dans son effrayante contradiction avec l'infini que dans les mille situations où son sort le jette; elle n'essaie pas de résoudre le problème de l'univers comme la philosophie et la religion, mais le problème de la vie qui se pose toujours en nouveaux termes. Elle ne se fonde pas sur le vain rêve d'une félicité parfaite qui serait la mort, mais sur la sympathie, sur le besoin qu'ont les hommes de s'épanouir les uns dans les autres; elle suppose l'égalité. Et, lorsque la conscience pure de l'idéal se joint à ce sentiment de la fraternité humaine, pourquoi la poésie ne pourrait-elle devenir une religion, puisque toute religion n'est qu'un beau poème sur l'éternité?

Telles sont les pensées que réveille le spectacle de la poésie populaire en grand. Il doit faire plus et nous faire entrer dans ses profondeurs. La poésie étant chose sérieuse et nécessaire à l'homme, c'est là qu'il faut en étudier le jet primitif et original; rien ne peut faire pénétrer plus avant dans sa nature. Le poète trouve dans son enthousiasme la foi à sa mission et n'en veut pas d'autre preuve, je le sais, mais il peut chercher ici les moyens de la mieux remplir. Car la poésie du peuple est la moins factice et la plus puissante, quelquefois la plus belle. Montaigne, l'un des rares écrivains, qui sut se maintenir en dehors du courant de la mode, qui eut le courage d'être lui tout cru et lui seul, l'avait déjà pressenti. « La poésie populaire, dit-il, et purement naturelle a des naïfvetez et grâces par où elle se compare à la principale beauté de la poésie parfaicte selon l'art; comme il se voit ès villanelles de Goscouigne, et aux chançons qu'on nous raporte des nations qui n'ont connoissance d'aucune sciance ny mesmes d'escriture. La poésie médiocre qui s'arrête entre deus est desdeignée, sans honeur et sanspris. »

Si c'est déjà une bonne fortune que d'entendre par hasard l'une de ces chansons à la campagne, c'en est une plus grande encore pour l'historien, le psychologue et l'ami du beau que de rencontrer toute une littérature de ce genre d'une inépuisable richesse. La chanson populaire en Allemagne est un vrai trésor. Grâce aux nombreux et consciencieux recueils qu'en ont fait des hommes à la fois poètes et savants, on peut remonter à son origine au quatorzième siècle, la suivre dans sa floraison au

quinzième et au seizième, dans sa décadence
pendant la guerre de Trente ans, dans sa renaissance féconde au dix-huitième siècle et l'accompagner jusqu'à nos jours. Ce n'est pas un
peuple vague, une masse confuse, un fantôme
d'abstraction, c'est un peuple vivant avec ses
types innombrables qui ressucite devant nous;
et chacun nous chante ses aventures, ses peines
et ses espérances. Jetons-nous dans cette foule,
écoutons un instant les voix du passé, qui sont
quelquefois celles de l'avenir. Il ne s'agit pas
ici d'une épopée héroïque et populaire comme
les Nibelungen, inspirée par de grands événements historiques, où une nation dépose sa
pensée collective, mais d'œuvres lyriques très
individuelles, très variées, où des enfants de la
nature ont répandu le trop plein de la séve riche
qui débordait en jets de musique et de poésie
de leurs âmes jeunes et vierges. D'un côté, ces
voix vibrantes des montagnes et des forêts, ces
hardies chansons de guerre, ces douces mélodies d'amour et de tristesse feront revivre à nos
yeux tout un peuple naissant, dans sa naïveté
primesautière; de l'autre, elles nous amèneront,
par maint sentier perdu, aux sources profondes
du vrai lyrisme germanique, qui s'épanche dans
la suite des temps en mille joyeux ruisseaux et
se déroule en fleuves si majestueux.

Il a tenu sa forte épée
    Celui qui fit ce chant,
Sa moisson fut bien moissonnée
    Dans le fer et le sang.

Il brandit l'épée et la vielle,
    Gai vielleur, bon soldat,
Il plait au seigneur, à la belle,
    Au danseur, au prélat.
                        VEIT WEBER. (XIV° siècle.)

II

NAISSANCE DU CHANT POPULAIRE

La poésie populaire chez les Celtes et les Germains. — Culte des Français pour la poésie officielle, des Germains pour la poésie libre et spontanée. — L'épopée païenne en Germanie. — Le christianisme étouffe la vieille poésie populaire. — Lutte entre le christianisme et le génie germanique. — Le réveil du peuple et les guerres des Suisses. — Chants sur la bataille de Sempach et de Morat. — Naissance du *Lied* moderne; il jaillit du sentiment de la liberté. — Son épanouissement au quinzième et au seizième siècle. — Son auteur, c'est le peuple tout entier.

Les Gaulois eurent de tout temps un penchant irrésistible pour la poésie officielle. Les récits des historiens romains et les plus vieux fragments de la littérature bardique nous montrent le collége des druides en possession de la religion, de la science et de la poésie. Dans les temps primitifs, hors de l'enceinte inabordable où les vieux druides blanchis dans l'étude des plantes divines, des révolutions célestes et des

trois cercles de l'existence enseignaient à leurs
disciples les secrets du ciel et de la terre, personne n'osait toucher à la harpe sacrée, ni chanter les exploits des dieux. Quand par l'avénement du christianisme les bardes perdirent leur
prestige religieux, ils n'en restèrent pas moins
une caste privilégiée, forte de ses traditions et
jalouse de son autorité. Il faut voir de quelle colère un barde breton du sixième siècle s'emporte
contre les poètes ambulants qui commençaient
à lui faire concurrrence. « Les *Kler* (écoliers-
poètes)! s'écrie-t-il, les vicieuses coutumes poétiques, ils les suivent; les mélodies sans art,
ils les vantent; la gloire d'insipides héros, ils la
chantent; des nouvelles, ils ne cessent d'en for-
ger; les commandements de Dieu, ils les violent;
les femmes mariées, ils les flattent dans leurs
chansons perfides, ils les séduisent par de tendres paroles;... de misérables gueux forment
leur société, etc., (1)... » Bien souvent les Français ont confirmé l'anathème du vieux Taliésin
contre la poésie populaire. Le besoin d'autorité
se dément rarement dans l'histoire de notre littérature. Inné à la race gauloise, il est corroboré
par la tradition latine, soigneusement entre-
tenue par l'Église catholique. Qu'il reconnaisse
une Sorbonne, une académie ou un chef d'école,

---

(1) Villemarqué, *Barzaz-Breiz*. I, Introduction, 21.

c'est toujours lui, c'est toujours l'esprit d'autorité qui réclame un tribunal souverain pour
décerner des récompenses et pour proscrire.

Un esprit tout opposé éclate dès les temps les
plus réculés dans la race germanique. L'individu s'y pose plus carrément et s'inquiète moins
de son voisin. Là, point de prêtres qui détien-
nent la religion, point de bardes qui jouissent
du monopole de la poésie. La religion appartient à tout le monde, la poésie est le besoin et
le droit de chacun. Chez les Germains, comme
chez les Anglo-Saxons, le chant volait de bouche
en bouche, au gré du souffle populaire. Dans la
salle des chefs, au festin de victoire, à la lueur
des flambeaux et des armes, était poète qui
voulait et gloire à l'inspiré du jour. A la cour
des rois, la harpe passait de main en main
comme la coupe d'hydromel. Les rois eux-
mêmes ne dédaignaient pas le chant. Dans le
poème de Beowoulf, le roi des Danois Hrodgar
saisit la harpe et célèbre les actions de ses
aïeux.

Dans Gudrun, Hettel, roi des Frisons, charge
Hôrant et deux autres de ses amis d'aller ravir
au delà des mers la belle Hilde, la fille du sauvage Hâgen. Ce n'est pas par la force qu'on
s'empare de la belle vierge, c'est par le chant
merveilleux de Hôrant qu'elle est émue, séduite
et attirée sur le vaisseau des ravisseurs, qui

part à toutes voiles avec sa proie. Aussi, quel chant irrésistible! Quant Hôrant élève sa voix, c'est une musique douce d'abord, puis de plus en plus éclatante, c'est un enchantement délicieux qui épanouit le cœur des hommes et saisit peu à peu toute la nature.

« Comme la nuit touchait à sa fin et que le jour commençait à poindre, — Hôrant se mit à chanter; et tout à l'entour dans les feuillages — les oiseaux se turent devant sa douce mélodie. — Les hommes endormis se levèrent en sursaut.

« Belle et pure résonnait sa voix, toujours plus puissante elle montait dans les airs; — Hâgen lui-même l'entendit et sa femme assise auprès de lui; — tous deux sortirent de leur chambre et montèrent à la tour. — Le chanteur était bien avisé; car l'entendait la jeune reine.

« La fille du sauvage Hâgen et ses jeunes servantes — immobiles, prêtaient l'oreille à cette voix, et les oiseaux — oubliaient de gazouiller dans la cour du château — et plus d'un héros s'étonnait, tant il était beau le chant du Danois (1). »

Hôrant est le type le plus vivant du roi chanteur que nous ait laissé la vieille poésie germanique. Il nous fait deviner tout ce que le chant

---

(1) *Gudrun*, sixième aventure, strophe 8.

avait d'insinuante magie pour ces peuplades barbares. A côté des rois, les simples guerriers jouaient de la harpe et de la viole (sorte de violon rustique), témoin le joyeux Volker des Nibelungen, qui berce ses compagnons fatigués avec les chants de la patrie lointaine. Tout chanteur, tout poète est le bienvenu, d'où qu'il vienne, pourvu qu'il charme ou qu'il émeuve. Tandis que les Gaulois, compagnons de Vindex, s'élancent au combat, au chant des bardes, les Germains, avant la bataille, entonnent en chœur leurs hymnes sauvages. Est-ce à dire qu'ils n'eurent point de chanteurs de profession? Loin de là; mais jamais ceux-ci ne formèrent une caste, jamais ils ne jouirent d'aucun privilége; jamais ils n'exercèrent une autorité tyrannique. Liberté complète d'inspiration, voilà le besoin qui s'accuse fortement chez les premiers Germains, qui finit par triompher dans l'histoire de la poésie allemande et qu'Uhland a proclamé en ce siècle avec tant d'autres lorsqu'il s'est écrié : Chantez, vous tous qui avez une voix, dans la libre forêt des poètes allemands!

Cette absence de monopole, cette haute et franche liberté du chant et de la poésie est un des caractères saillants de la race germanique. Elle s'y est toujours maintenue et s'y maintiendra toujours. Grâce à elle, se développèrent au sein du peuple ces grandes légendes épiques dont le chant de Hildebrand et de Hadubrand, le Beowulf anglo-saxon, le poème latin Walter et Hildegunde, Gudrun et les Nibelungen ne sont que des fragments grandioses, pareils à ces torses de marbre, mutilés par la massue des barbares, rongés par la terre et la pluie, mais dont les muscles puissants, les poitrails superbes trahissent la race immortelle des dieux helléniques et ressuscitent à nos yeux Hercule vainqueur de l'hydre ou Jupiter tonnant.

Toutes ces grandes épopées populaires sont l'œuvre du génie païen de la Germanie primitive. Survient le christianisme et Charlemagne, l'église et la société féodale s'élèvent sur les débris du paganisme. Dès lors, deux sociétés, deux puissances, deux génies divers sont en lutte, le peuple et l'Église, l'esprit païen et le christianisme, la poésie populaire et la poésie savante. Le christianisme triomphe, l'Église étouffe la vieille épopée au cœur du peuple, la poésie ne vient plus d'en bas, mais d'en haut, elle ne sort plus des entrailles du peuple, elle est imposée par le clergé. A partir de ce moment la nation allemande s'assimile le génie chrétien, la chevalerie crée un idéal nouveau et la poésie des *Minnesinger* s'épanouit dans toute sa splendeur au sein de la noblesse du douzième et du treizième siècle. Quant à la grande masse du peuple, elle n'eut aucune part à ce mouvement poétique. Artisans et serfs assujettis à leurs durs travaux ou à leurs lourdes corvées restèrent plongés dans l'ignorance et l'apathie. La poésie vraiment populaire et nationale était morte, mais elle devait renaître sous une forme nouvelle. Dès le quatorzième siècle, la haute noblesse qui exploitait le peuple à son profit commence à déchoir, l'Église et la féodalité s'ébranlent sur leurs bases. D'autre part, le peuple se sent plus fort et secoue le joug, les villes grandissent, organisent des milices et font la guerre aux seigneurs, les serfs murmurent et se mutinent. Plus les chevaliers sont déchus de leur grandeur, plus le peuple fait mine de se lever, jusqu'à ce qu'il se lève en effet, réclamant ses droits et la liberté de conscience.

La chanson populaire est l'accompagnement riche et varié à l'infini de ce grand mouvement ascendant du peuple, qui commence au quatorzième siècle, pour atteindre une force irrésistible au quinzième. Sans doute le peuple ne cessa jamais tout à fait de chanter, mais il ne se sentit des ailes, il ne prit son élan qu'avec le sentiment de sa force et de sa liberté. Alors il crée le *Volkslied*, le vrai *Lied* moderne. Désormais le chant lui reste et l'espérance avec lui. Plus de longues épopées, mais des cris de l'âme, des éclats de lyrisme pur. Ce sont encore des chants populaires, mais quelle différence avec ceux des temps barbares! On y sent l'avénement du peuple à la vie individuelle. Aux temps primitifs, l'homme est poussé vaguement en avant par une force aveugle; il se précipite comme en rêve à la guerre, à des vengeances sans pitié ou à des sacrifices sublimes, son âme d'enfant ne vit que dans le génie de sa race. S'il se devine lui-même, c'est par ses ancêtres, par ses héros, par ses divinités. Il ne fait qu'un avec eux; lorsqu'il agit, elles lui commandent, puissances terribles et mystérieuses qui pèsent de tout leur poids sur sa destinée. Voilà le caractère de l'homme aux âges barbares, voilà le génie de la grande épopée. Mais aux époques de révolutions religieuses et morales, l'homme revient sur lui-même, s'abandonne sans frein à tous les caprices de sa nature et s'enivre de sa force. Voilà le génie du vrai lyrisme. Ce fut celui de la chanson allemande à son origine.

Le premier cri de la chanson populaire fut un cri de révolte et d'indépendance; il partit de la Suisse. On sait que le lac des quatre cantons fut le berceau de la liberté helvétique. Là vivait depuis des siècles un peuple de pâtres, de pêcheurs et de chasseurs de chamois, que les seigneurs des environs n'avaient pu plier à leur joug de fer. C'était un peuple vierge et

indompté; les dîmes, les corvées, le servage
n'avaient pas passé sur lui. L'empereur y exer-
çait la justice capitale, mais c'était tout. Pour le
reste, on s'en tenait aux hommes les plus respec-
tés des villes et des villages, chacun vivait de
son travail sur sa terre; dans les grandes circonstances seulement, on tenait conseil, et le dernier pâtre y avait une voix. République patriarcale s'il en fût, qui ne peut s'épanouir qu'au vent
des glaciers, sur les hauts pâturages entourés
de précipices et au bords des lacs, cernés de
montagnes. Se voyant menacées dans leur indépendance par la maison de Hapsbourg, ces
villes, qui jusqu'alors avaient vécu paisiblement,
sans lien politique bien solide, s'unirent pour se
défendre à la vie et à la mort. La lutte constante
contre la nature avait merveilleusement pré-
paré ces montagnards à la lutte contre les seigneurs, leur énergie morale ne fut que l'expression ennoblie de leur vigueur physique. Sur le
point d'être écrasés par la noblesse des pays en-
vironnants, ils se déclarèrent, d'une voix una-
nime, une nation libre, forte de ses droits et se
conduisirent en grands citoyens. Ces paysans
gagnèrent, au commencement du quatorzième
siècle, sur la fleur de la chevalerie autrichienne
les batailles de Laupen et de Morgarten.

La victoire de Sempach (1383) fit sur l'Europe l'effet d'un coup de tonnerre. Elle fut chan-

tée par l'un des combattants, Halb Suter, homme
obscur d'ailleurs. La bataille en valait la peine,
car plus que jamais la liberté de la Suisse y fut
en jeu. Dans l'espace de douze jours les quatre
cantons reçurent cent soixante-sept déclarations de guerre de princes, d'évêques et de chevaliers. Déjà toute la noblesse de Thurgovie,
d'Argovie, d'Alsace, de haute Bourgogne et de
Wurtemberg marchait contre eux sous la conduite de Léopold le Débonnaire. La rencontre
eut lieu près du petit lac de Sempach. Léopold
marchait fièrement en tête de son armée, et
c'était un vrai héros. Il fit descendre de cheval
l'élite de la noblesse et lui commanda de former
un grand front de bataille, hallebardes en avant.
Quand les chevaliers ainsi rangés virent les
Suisses s'agenouiller selon leur coutume pour
invoquer l'assistance de Dieu, ils crurent qu'ils
demandaient grâce. Mais quel fut leur étonnement quand ils les virent se relever, se former
en pointe et marcher contre eux d'un pas ferme.
C'est ici qu'il faut écouter le poète populaire. Il
personnifie l'armée autrichienne dans un lion et
celle des Suisses dans un taureau :

« ..... Lucerne, Uri, Schwytz, Unterwalden
avec plus d'un homme vaillant rencontrèrent le
lion d'Autriche à Sempach devant la forêt:—Hé!
le taureau sauvage était prêt : — Lion, veux-tu
te battre avec moi? Je ne refuse pas la bataille.

« Le lion dit : — Sur ma foi, c'est un droit qui m'est dû. J'ai là dans cette campagne plus d'un fier chevalier, plus d'un écuyer hardi. Hé! je vais te payer ton salaire, car jadis à Laupen tu m'as navré de cent blessures.

— Oui, près de Morgarten tu m'as tué plus d'un combattant fervêtu. Mais crois-tu que je te laisserai vaincre aujourd'hui? Hé! j'accepte la bataille. Et le taureau dit au lion : Tu te repentiras de ton audace.

« Le lion se mit à rugir et à battre ses flancs de sa queue. Alors le taureau s'écria : En avant, marche! si tu veux te mesurer avec moi. Hé! approche donc et que la verte campagne boive ton sang rouge.

« Ils se mirent à tirer sur notre front de bataille. Un mur de lances marche sur les braves fédérés. Hé! cette insulte n'était pas douce. On voyait tomber les plus forts comme les chênes avec leurs branches superbes.

« Les nobles se tenaient ferme, un large mur hérissé de lances. Nos vaillants hommes commençaient à s'irriter. Alors Winkelried s'avança : — Hé! voulez-vous prendre soin de ma femme et de mes enfants? Alors je percerai ce mur.

« Compagnons fidèles et bien-aimés, j'y perds ma vie. Le mur de fer nous enveloppe, le renverser est impossible. Hé! je veux y faire une brèche. Souvenez-vous de ma race à tout jamais et suivez-moi!

« Et ce disant, il prend dans ses deux bras des lances tant qu'il peut et les enfonce dans sa poitrine. Il tombe! — et par dessus, nous nous ruons dans la brèche. Hé! il avait l'âme d'un lion. Sa mort intrépide, sa virile mort sauva les libres villes des forêts!

« Et le voilà rompu le mur de fer de la noblesse, on le perce à coups d'épée, on l'abat à coups de massue. Dieu aie l'âme de Winkelried! Hé! sans lui plus d'un vaillant fédéré eût jonché la terre.

« Ils frappèrent sans crainte, ils tuèrent plus d'un homme libre. Les braves fédérés s'exciaient entre eux. Hé! le lion en était bien marri. Le taureau baissa ses cornes et lui donna un grand coup.

« Alors le lion se mit à hurler et à marcher en arrière. Le taureau fronça les sourcils et lui donna encore un coup. Hé! comme il mordit la poussière. —Je te le dis, lion sauvage, il faut me laisser ma pâture (1)! »

Ce chant est encore à demi épique par la forme. Le poète raconte une bataille, mais il ne la domine pas de haut comme Homère domine

---

(1) *Heinrich Kurz, Geschichte der deutschen litteratur*, t. I, pag. 600.

les armées des Grecs et des Troyens, comme le
poète des Nibelungen domine ceux des Bour-
guignons et des Huns. C'est un soldat tout
couvert de la poussière du combat et encore
tout embrasé du baiser de la victoire, qui ne
chante que pour perpétuer la gloire de son pays
et le courage de ses amis. Cela donne à ce chant
un caractère essentiellement lyrique, et la répé-
tition du cri : hé! dans chaque strophe, fait passer à travers l'ensemble un accent de triomphe.
On songe involontairement à l'admirable chant
de Tyrtée : « Il est beau de combattre pour la
patrie, au premier rang de bataille! » où l'on
croit voir les Lacédémoniens muets, fermes,
impassibles, luttant avec leurs ennemis, homme
contre homme, bouclier contre bouclier et poitrine contre poitrine. Ici ce sont des cris sauvages, ce n'est pas une armée aussi exercée, mais
elle n'est pas moins intrépide. Ici, comme chez
Tyrtée, un chant enthousiaste tient lieu de discipline militaire. Dans une nouvelle bataille il
excitera les courages, et par cette vertu secrète
du rhythme uni à la pensée, il maintiendra les
combattants dans leurs rangs et roidira leurs
membres sous la grêle des lances. Seulement, ce
qui manque à la chanson populaire, c'est cette
brièveté et cette perfection plastique dont les
Grecs seuls eurent le secret. Mais on y sent ces
corps vigoureux, ces muscles de fer, cette

armée qui marche comme un seul homme et les coups terribles de ces massues garnies de pointes, que les Suisses appelaient *étoiles du matin;* mais par dessus tout, on y entend le rugissement de colère de ces rudes montagnards et l'âpre joie qui succède à la victoire de la liberté. Joie et force immenses, où la mort du héros n'attriste pas et n'est plus qu'une douloureuse mais sympathique modulation dans l'harmonie du triomphe.

C'est dans ces luttes à mort pour son indépendance, que l'homme éprouve toute sa force ou toute sa faiblesse en un seul moment. Alors le ressort de sa volonté met en une fois tout son être en mouvement, ou se brise pour toujours. Il grandit d'une coudée en un jour, ou retombe dans le néant. S'il trouve l'énergie de braver la mort, il arrive, dans cet amer renoncement, à la plus haute affirmation de son être et à la plus grande intensité de vie. Dans cet effort suprême qui donne l'élan à toutes les puissances de son âme, comment ne trouverait-il pas une langue nouvelle? C'est le cri de Winkelried, c'est la voix de son compagnon; et voilà le chant, voilà le commencement de la poésie populaire.

Elle se développa dans les longues luttes où la fédération suisse assura sa liberté. Toutefois nous ne la voyons reparaître qu'environ cent ans plus tard, entre l'année 1474 et 1476. L'Autriche

vaincue au quatorzième siècle, les Suisses eurent à combattre, au quinzième, un nouvel
ennemi, le plus fameux et le plus terrible des
ducs de Bourgogne. Charles le Téméraire, déjà
maître de la Flandre, des Pays-Bas et de la
Picardie, pensait asservir sans peine un peuple
de *vachers*. Ceux-ci lui envoyèrent une députa-
tion, qui lui dit : « Notre pays ne vaut pas autant que l'argent aux rênes de tes chevaux. »
Le duc, s'imaginant qu'ils avaient peur, la renvoya en riant. Il pénétra en Suisse avec sa célèbre artillerie et 40,000 hommes. Sur son chemin il rencontre le château de Granson ; premier
obstacle. Il somme la garnison de se rendre à
merci ; sinon, le gibet pour tous. Les braves
Suisses se défendent pendant dix jours. Charles
leur promet la vie sauve s'ils se retirent. Ils sortent, mais le duc furieux pend les uns, noie les
autres. A cette nouvelle, l'armée suisse qui approchait fut saisie de fureur. Quoique plus faible de moitié, elle se précipite contre l'armée
bourguignonne. Les premiers assaillants donnèrent déjà à réfléchir aux gens de Charles. En
voyant accourir toujours de nouveaux bataill-
lons, le front plus superbe et plus méprisant,
quand les cornes de bataille d'Uri et d'Unterwalden se mirent à mugir pour l'attaque géné-
rale, quand on vit s'avancer l'arrière-garde des
Hautes-Alpes avec ses haches et ses *étoiles du.*

matin, quand on se trouva face à face avec ces
hommes grands et chevelus, dont les pères
avaient combattu à Morgarten et à Sempach,
le duc, qui ne tremblait jamais, fut saisi d'une
sorte de terreur : Qu'allons - nous devenir?
s'écria-t-il ; déjà les premiers nous ont fatigués.
A ces mots qui courent de bouche en bouche, la
panique s'empare de toute l'armée. En vain
Charles veut l'arrêter. D'indignation il se serait
fait tuer, lui qui avait pour seule vertu d'insul-
ter la mort et de braver le monde entier. Mais
son armée l'entraîne dans sa fuite et se disperse
comme paille au vent. Le fou du duc galopait
après lui, cramponné à son cheval ; le pauvre
fou était pâle et mort de terreur. Quand ils furent en sûreté, il respira et se souvenant que son
maître aimait à se comparer à Annibal ; monsei-
gneur, dit-il d'une voix piteuse, nous voilà bien
annibalés !

Cette victoire et celle de Morat qui la suivit
de près, donnèrent au patriotisme des Suisses
un nouvel élan, qui eut un puissant écho dans la
poésie populaire. A en juger par les traces qui
en restent, ce mouvement eut un caractère plus
prononcé que le premier. Car le chanteur Veit
Weber, auteur de cinq ou six chants patriotiques, que les chroniqueurs notèrent à cause de
leur grande popularité, n'est plus un simple
combattant devenu poète par la force des cir-

constances, mais un chanteur de profession.
Nous ne savons de sa vie que ce qu'il dit dans
ses chansons. Né à Fribourg en Brisgau, il se
fit chanteur ambulant, métier qui n'était guère
plus estimé que celui de saltimbanque. Mais
notre chanteur n'en était que plus gai. Joyeux
compère et fringant aventurier, ne dédaignant
pas les belles, il aimait les combats autant que
le chant. Un bruit de guerre éclatait-il en
Suisse, vite il jetait sa vielle pour prendre l'épée,
et quittait la table de l'évêque ou la cour du
Seigneur, pour aller combattre avec ses braves
compagnons. Mais après la bataille, sous la
tente de l'ennemi, vidant les cornes pleines de
vin à la lueur des torches, il ravissait ses compagnons par un chant énergique qui allait courir la Suisse et porter jusqu'en Allemagne ce
fier sentiment de liberté, qui ranimait l'espérance du peuple asservi, et redoublait la rage
des seigneurs. Voici son chant qui célèbre la
bataille de Morat :

Dans nos montagnes on s'écrie :
Gare au duc de Bourgogne ! —
Debout, debout pour la patrie
Debout contre Bourgogne !

Gai ! marchons dans la verte plaine,
Gai ! braves paysans.
Hé ! répond Renaud de Lorraine,
Où sont les premiers rangs ?

Nos chefs tiennent conseil ensemble,
Mais il nous faut du cœur !
Plus de conseil, mort à qui tremble,
En route ! avez-vous peur ?

Le soleil a chassé l'aurore
Moins paresseux que vous.
Il brille ! et nous tardons encore
A frapper les grands coups.

Ils tonnent les canons de Charle,
On en rit de grand cœur.
On marche, on frappe et nul ne parle,
Qu'importe si l'on meurt ?

Le glaive en cercles étincelle,
La lance vibre au poing,
Le sang jaillit, le sang ruisselle,
La soif ne cesse point.

Les fiers chevaliers hors d'haleine
Reculent devant nous,
Leurs corps entassés dans la plaine
Nous vont jusqu'aux genoux.

Le soleil touche les montagnes.
Victoire ! tout s'enfuit.
Fuyez, félons, par les campagnes
Dans la honte et la nuit.

Son camp, sa tente, sa couronne,
Qu'aux pauvres nous laissons,
Tout nous revient, le duc nous donne
Cet or pour sa rançon.

Voici le jeu d'échecs du prince,
Nous le savons aussi !
Charle est venu de sa province
Pour nous l'apprendre ici.

Il a roqué le Téméraire,
Roqué devant Morat.
Trop tard ! apprenez donc la guerre,
Beau duc ! Échec et mat !

Il a tenu sa forte épée
Celui qui fit ce chant.
Sa moisson fut bien moissonnée .
Dans le fer et le sang.

Il brandit l'épée et la vielle,
Gai vielleur, bon soldat.
Il plaît au seigneur, à la belle,
Au danseur, au prélat.

Quand je fus né, ma forte mère
Me dit en m'embrassant :
Jean, sois vaillant, j'en serai fière !
Et je m'appelle : Jean ! (1)

Charmante confiance en soi, aimable courage, vraie gaîté de la vie, voilà ce qui pétille dans cette chanson. On voit que dans l'espace d'un siècle cette poésie populaire tout instinctive, et par conséquent très lente à se développer, a changé de caractère. Dans la chanson de

---

(1) *Des Knaben Wunderhorn*, t. I, pag 58, 1ʳᵉ édition.

Halb Suter sur la bataille de Sempach, il y a encore quelque chose de l'épopée C'est un récit passionné sans doute, mais où la personnalité du chanteur ne se dessine pas encore nettement. Ici tout est lyrique d'expression, d'âme, de sentiment; l'individualité se dégage avec une remarquable énergie. Ainsi plus on approche du seizième siècle, plus la poésie populaire devient individuelle, sans cesser d'être spontanée.

Un grand fait ressort de ce mouvement poétique en Suisse, c'est que l'avénement du peuple à la poésie individuelle eut lieu avec la conscience de sa force, de ses droits et de sa liberté.

Les guerres victorieuses des Suisses mirent l'Allemagne en émoi. Quand le paysan sut qu'un peuple opprimé s'était affranchi tout seul, la pensée de l'imiter dut lui venir. Les Ditmarses firent en 1500 contre le Danemark ce que les Suisses avaient fait contre l'Autriche et la Bourgogne. C'était une race forte et encore indomptée. Leurs ancêtres, les Frisons, avaient étonné les Romains en réclamant la place des sénateurs au théâtre de Pompée, parce que, disaient-ils, aucun peuple de la terre ne surpasse les Germains en courage et en franchise. Leur devise fut toujours : « Plutôt mort qu'esclave. » Quand Jean de Danemark leur demanda un tribut de quinze mille marcs et le droit de bâtir

trois châteaux forts dans leur pays, ils refusèrent net. Leur chanson populaire dit : « Alors
les Ditmarses s'écrièrent de toute leur force :
Cela n'arrivera ni aujourd'hui, ni jamais! Pour
rester libres nous risquerons la gorge et la fortune, pour être libres tous nous voulons mourir,
plutôt que de voir le roi de Danemark se ruer
sur notre beau pays! » Ils le battirent. Mais
pour fonder d'une manière durable leur indépendance, il leur manquait les montagnes et
l'alliance des villes. Cinquante-six ans plus tard
ils furent soumis; encore n'en tira-t-on qu'un
faible tribut. Mais un soulèvement bien plus
général et plus redoutable avait fait trembler les
seigneurs au commencement du seizième siècle.
La guerre des paysans avait éclaté sous l'influence de la Réforme. Accablés sous le poids du
malheur, les paysans avaient fini par se persuader qu'ils étaient d'une nature inférieure et par
se résigner, Mais lorsqu'ils entendirent prêcher
que tous les hommes étaient les enfants de Dieu,
que tous étaient égaux devant lui; quand la voix
tonnante de Luther, sévissant contre toutes les
tyrannies, retentit du haut de la Wartbourg et
que ses échos pénétrèrent dans les derniers villages et dans les auberges des plus pauvres ha-
meaux, le courage leur revint. Ils osèrent récla-
mer la prédication de l'Évangile pur, la liberté
et l'abolition de tous les droits seigneuriaux.

Les uns en rirent, les autres les leurrèrent de promesses, les moins timorés, pour toute réponse, les firent piller par des soldats. Ils frémirent d'indignation et se soulevèrent en masse. Dans le Wurtemberg, en Bavière, dans les pays du Rhin, en Thuringe, ils arborèrent le drapeau du *Bundschuh* (1) avec la devise hardie :

> Vous tous qui voulez être libres
> Suivez ce rayon de soleil!

Et qui ne l'eût suivi ce rayon, qui semblait à ces malheureux l'aurore d'un jour splendide? Mais ce ne fut qu'un rayon trompeur, suivi d'une nuit plus noire. Les paysans manquaient de chefs, de discipline, de décision ; ils avaient contre eux le clergé et tous les seigneurs du monde. En Wurtemberg, en Alsace, en Thuringe, ils furent écrasés et leur affranchissement retardé de deux siècles.

On ne chante que ses victoires, on se tait sur ses défaites, surtout quand elles amènent la servitude. Les paysans d'Allemagne retombèrent dans le silence ; ils n'avaient pas leur journée de Sempach à célébrer. Mais le puisssant réveil de l'âme et le sentiment de liberté qui produisit

----

(1) Littéralement : le soulier de la ligue. Le soulier était l'enseigne du paysan, les éperons l'enseigne du chevalier.

cette insurrection, avait traversé tout le peuple
allemand et suscité dans son sein une vie nouvelle, que la féodalité ne put étouffer.

Deux grandes puissances agitaient alors la
société et favorisaient l'essor du lyrisme. C'était
d'abord la Renaissance. Les humanistes, en ressuscitant le monde grec et romain aux yeux de
leurs compatriotes, créèrent l'Idée moderne. Jusqu'alors, l'horizon intellectuel des hommes ne
dépassait guère leur milieu et le temps présent.
Enfermés dans leurs châteaux, leurs cités, ou
leurs huttes, ils ne voyaient dans les autres
pays et dans le passé que l'effrayant inconnu,
dans le paganisme qu'une monstrueuse idolâtrie. Quel fut l'étonnement et bientôt l'admiration de ces chevaliers, de ces bourgeois, de ces
artisans et même de ces hommes du peuple,
quand ils entendirent parler de la Grèce radieuse, de Platon et de ses disciples, d'Homère
et de ses combats, de la cité antique avec ses
dieux, ses sages et ses héros! Vision sereine,
éblouissant spectacle de la vie heureuse au
sein de la nature, qui fit sortir les imaginations assombries de l'enceinte étroite du
christianisme et les entraîna sur l'océan des
âges comme la voix irrésistible d'une belle
sirène. Séduits, éperdus, les esprits ardents
s'écriaient alors : Il y a deux mille ans qu'ils
ont vécu, ces philosophes, ces poètes, ces grands

citoyens. C'étaient des hommes puissants et heureux, nous ne les valons pas, il faut les égaler ! Et les plus hardis pensaient : la nature n'est ni mauvaise, ni maudite comme le veut l'Église ; le monde n'est pas une vallée de larmes, mais un temple de force et de beauté ; le bonheur n'est pas dans l'ascétisme, mais dans l'harmonie des sens et de l'âme, du plaisir et de la conscience, de la nature et de l'esprit. Ces idées non encore formulées, mais débordant des fortes têtes en vives images étaient vulgarisées par une foule de satiriques, de nouvellistes, de curieux. Elles entraient ainsi déguisées en farces, en lazzis, en anecdotes, jusque dans la boutique de l'artisan et dans la cabane du serf. Un monde nouveau s'ouvrait à l'esprit, et l'écolier s'en allait chantant l'histoire de Pyramus et de Thisbé, de Hero et de Léandre.

A la Renaissance vint s'ajouter une force plus redoutable encore, la Réforme. Depuis Jean Huss elle travaillait le peuple ; par la voix de Luther elle éclata formidable, incendiaire, armée. Au moyen âge, le centre de la religion fut l'Église, son représentant le prêtre, son moyen de gouvernement le terrorisme. Tout le monde la haïssait, on la subissait toujours. C'est alors que les réformateurs osèrent dire : Le siége de la religion c'est votre conscience, il n'y a personne qui ait le droit de se mettre

entre Dieu et vous. Croyez, aimez, embrassez-
vous en frères et il vous entendra. De la
Thuringe au Wurtemberg, des prédicateurs
exaltés comme Thomas Münzer parcouraient
l'Allemagne en prêchant au bord des routes,
au coin des rues devant des foules enthousiastes,
l'abolition des prêtres, du servage, des droits
seigneuriaux et la fraternité universelle, au ris-
que de se faire lapider. L'imprimerie vint au secours de la Renaissance et de la Réforme mul-
tipliant à l'infini leurs découvertes, leurs haran-
gues, leurs appels au grand combat. Avec tout
cela, les guerres privées et publiques sévissaient
en Allemagne et personne n'étant sûr de sa vie,
chacun était forcé de se défendre. Mais les
tempéraments énergiques se trempaient dans
ces luttes physiques, dans ces crises morales;
les penseurs ne sachant parfois pour qui prendre
parti dans le chaos politique et religieux, sentaient naître en eux l'idée d'une patrie allemande.

Sous le coup de tant de mouvements divers
qui transformaient la société, un invincible besoin de voir, d'apprendre, de voyager s'empare
de tout le monde. Le chevalier se met en route
pour combattre les Turcs; le compagnon va
faire son tour d'Allemagne; le paysan quitte la
charrue pour se faire lansquenet et chercher
fortune en Italie; l'enfant en haillons du serf
prend la fuite et devient étudiant dans une uni-

versité; le libre penseur, une épée au côté, un
Virgile et un Aristote dans sa valise, trésor
inappréciable en ce temps, se met en route pour
la conquête de la science et de la poésie. Et
combien d'aventuriers sans foi ni loi, sans feu
ni lieu courent les auberges, battent les grandes
routes, ne sachant pourquoi, mais poussés par
un vague désir de jouir, d'aimer et de vivre.
Par une foule de rapides intuitions l'homme
se transforme tout d'un coup. Il franchit les
barrières de sa caste, rompt les liens de sa
naissance et se rit de ses maîtres; il se sent lui-
même avant tout, avec toutes les énergies de
son être et s'écrie : Je veux vivre pour moi! Il y
a là plus d'un pauvre mendiant qui n'a rien à
perdre et tout à gagner; plus d'un cavalier
fringant qui veut jouir de sa journée, ne sachant si demain le frais gazon le couvrira; plus
d'un triste compagnon au cœur brisé qui a dû
quitter sa bien-aimée, peut-être pour toujours;
plus d'un chasseur léger qui aujourd'hui se
repose et demain sera en route, qui aime
aujourd'hui deux lèvres rouges et aimera
demain deux yeux bruns rayonnants; plus d'un
audacieux écolier qui a pouvoir sur le diable et
les femmes, qui le matin mange le pain noir de
la paysanne et le soir sera page d'une reine.
Quelle vie autrement riche que celle des chevaliers du treizième siècle, que d'action, de mou-

vement, de vie de l'âme et des sens? Ils parcouraient le monde avec leur pauvre valise, leurs amours et leurs illusions, sans songer au lendemain. Rarement ils revoyaient leur pays ; leur première amie qu'ils avaient tant aimée les attendait sept ans et plus, mais en vain. Ils ne revenaient pas, ils étaient morts à la lisière d'un bois ou au fond d'un bouge, nul ne savait leur tombe et bientôt ils étaient oubliés. Mais qu'importe? ils avaient vécu et laissaient à leurs compagnons ce qui les unissait tous : leurs chants!

Et comment si riches d'âme et de courage n'auraient-ils pas chanté la vie dont ils s'enivraient à torrents? Comment n'auraient-ils pas donné une voix à leurs tristesses et à leurs voluptés, eux qui jetaient aux quatre vents du ciel leur cœur, leur flèche et leur chanson? L'eau qui s'amasse au cœur de la montagne ne trouve pas plus sûrement une issue à travers les rochers que les émotions secrètes de l'âme à travers l'écorce des plus rudes natures. Qu'on observe l'enfant abandonné à lui-même ; au milieu de ses jeux solitaires et de ses courses sauvages, il parle et chante sans discontinuer. Sa vie intérieure est alors une perpétuelle conversation avec lui-même ; les mots se cherchent, se rencontrent au hasard dans sa tête et se jouent sur ses lèvres sans pouvoir exprimer tout ce qui l'agite confusément ; c'est plus qu'un murmure et ce n'est pas encore un chant. Le dimanche après-midi, les jeunes paysannes font presque de même, dans certaines contrées de l'Allemagne surtout. Quand elles ne chantent pas, elles fredonnent sans cesse en se promenant bras dessus bras dessous en longues rangées sur la grande route. Quelle force plus grande encore avait ce sentiment de vie débordante au seizième siècle, alors qu'il éclatait pour la première fois :

> S'il est des sources jaillissantes,
> Il faut s'en abreuver,
> S'il est des filles florissantes,
> Il faut, il faut aimer,
> Leur faire signe et leur sourire,
> Leur marcher sur le pied.
> Être amoureux et n'en rien dire,
> Est un vilain métier (1).

Voilà l'origine et toute l'explication du lyrisme populaire ; le vase trop plein déborde, la surabondance de vie crée le chant.

Les auteurs de la chanson populaire allemande ne sont donc pas des poètes de profession, ni même des chanteurs ambulants. Son auteur, c'est tout le monde; c'est le chevalier coureur d'aventures, non moins que la pauvre fille délaissée, c'est la paysanne éprise du lans-

(1) Uhland, *Volkslieder*, t. I, pag. 71.

quenet comme la bourgeoise amoureuse de l'étudiant, c'est le rêveur mystique qui chante l'amour sans bornes de la Vierge, tout aussi bien que le protestant enthousiaste qui entonne son cantique de combat. Ils chantent malgré eux et presque sans le vouloir, ce qui les y force, c'est le trop plein du cœur, et voilà ce qui prête à leurs chants un charme intarissable. Car le fond inexprimé de l'âme s'agite tout entier sous ces simples paroles. La chanson, une fois jaillie sous le coup de la douleur ou du plaisir, de l'amour ou de la haine, vole de bouche en bouche en subissant quelques changements sans doute, mais en conservant toujours le jet primitif. Ce sceau indélébile de l'individualité créatrice suffirait à démontrer leur origine, mais des preuves plus frappantes encore viennent la confirmer; c'est qu'un grand nombre de ces chansons portent leur signature avec elles. Par exemple, un soldat a supplanté son rival auprès de sa maîtresse. L'infortuné est un écrivain public, personnage régulièrement sacrifié. L'heureux amant chante victoire, et voici comment il termine sa chanson :

> Ah ! l'écrivain, pauvre écrivain
> Qui reçut sa corbeille, (1)

(1) Expression proverbiale pour : il a eu un refus.

> Il donnerait bien un florin
> Pour qu'on ne chantât ce refrain.
> Il reçut sa corbeille —
> Ah ! l'écrivain, pauvre écrivain !

Ou bien, c'est un pauvre meunier qu'aima la fille d'un chevalier. Pour elle, ce n'était qu'un caprice, mais pour lui, c'était de l'amour. L'amante passionnée est redevenue la fière et froide souveraine et l'a congédié. Il ne sait ce qui lui arrive et chante pour se consoler :

> Ah ! l'adieu ! faut-il que j'en pleure !
> Mais qui donc a pu l'inventer ?
> Il fait souffrir de bien bonne heure
> Mon jeune cœur libre et léger.
> Ah ! l'adieu ! cette chansonnette,
> La chante un meunier peu joyeux.
> Il fut conduit par la fillette,
> Conduit de l'amour à l'adieu.

Tous ne sont pas aussi résignés. Un chasseur jure la mort de son rival.

> Et qui nous a chanté la ronde ?
> Mathieu le chasseur est son nom.
> En vidant la cruche profonde,
> Il a lancé cette chanson.
> Il hait son ennemi dans l'âme !
> Il n'a pu rencontrer l'infâme,
> Mais attendons !

Ces poètes primitifs sont ordinairement si

pénétrés de leurs sentiments, qu'ils oublient le monde entier dans l'ivresse du moment. Certes qu'il chantait pour son plaisir, celui qui pouvait s'écrier :

> Son cœur lui rit et d'amour lui tressaille
> A celui qui rêva ce chant !

Et, c'est un orgueil charmant, le véritable orgueil du premier amour celui qui ose dire :

> Celui qui fit la chansonnette
> Imagina l'amour.
> A sa bonne amie il souhaite
> Mille fois le bonjour !

Quelquefois aussi on se mettait à deux pour faire une chanson et les belles filles y aidaient des yeux, de la cruche et de la voix.

> Ceux qui nous ont chanté la ronde,
> Ah, qu'ils ont bien chanté ;
> Ce sont deux francs tailleurs de pierre
> De Fribourg la cité.
> Ah ! comme ils chantaient dans l'ivresse
> D'un verre de vin frais !
> Et la fillette de l'hôtesse
> Était assise auprès.

Il y a des centaines de chansons, où les auteurs se trahissent ainsi dans la joie de leur cœur, et toujours les situations sont nouvelles. Cela prouve assez que le peuple est le véritable au·

teur de cette poésie, et qu'il y a mis le plus pur
sang de sa vie.

Les musiciens du seizième siècle qui recueil-
lirent ces chansons, alors très répandues, nous
en ont aussi conservé les mélodies ; et d'ailleurs le peuple lui-même chante encore les plus
belles. Elles sont d'une grande beauté, franches
dans la joie et si profondes dans la tristesse,
qu'involontairement, elles font venir les larmes
aux yeux. Elles ont fait l'admiration des plus
grands musiciens qui ont désespéré d'en égaler
la touchante simplicité, tant il est vrai que tout
ce qui est spontané dans les manifestations de
l'âme humaine a un charme indéfinissable, que
le génie même ne saurait remplacer. Ces mélodies sont évidemment nées avec les paroles,
d'une seule et même inspiration. Elles se confondent si bien avec elles, les deux forment une
si parfaite unité, qu'on ne peut les séparer une
fois qu'on les a entendues ensemble. Les premières notes de la mélodie font venir les paroles
aux lèvres et les paroles prononcées prennent
sans qu'on le veuille la douce cadence de la mélodie. C'est là la vraie poésie lyrique, celle qui
pénètre le plus avant dans le cœur. Car, plus
que tous les autres arts, la musique exprime
l'inexprimable. Les mélodies populaires fixent,
dans leurs simples modulations, ce qu'il y a de
plus intime dans le sentiment du peuple. Les

paroles rendent ce qu'il y a d'universel dans une
émotion et l'éternisent par la pensée, mais la musique en exprime, pour ainsi dire, la naissance
mystérieuse, le mouvement instantané et la vibration intérieure. Toute pensée lyrique sort
d'un état indéfini de tout notre être, qui échappe
au signe abstrait de la parole articulée. La
poésie ne peut que le faire pressentir; mais,
dans la musique, l'âme s'épanouit tout entière et
communique aux autres le rhythme de sa vie,
comme la vague à la vague. Ceux qui n'ont pas
entendu les chansons populaires chantées par
le peuple n'en ont point connu la force et l'originalité. Quand, sur les bords du Rhin, on descend un dimanche soir des hauteurs boisées du
Siebengebirge, quand les montagnes, les collines,
les vignobles, les clochers et les villages, semés
de vergers, déroulent à vos pieds leur ondoyant
tapis, et que le fleuve majestueux paraît s'en-
dormir sous la pourpre du couchant, parfois on
entend deux voix de femmes chanter dans un
vallon perdu, et une simple harmonie pleine de
douceur et de tristesse s'élève dans l'air pur du
soir. La première voix soutient la mélodie, la
seconde la suit avec de naïves inflexions dans
les notes graves et vibrantes de l'alto. Ce sont
deux bonnes amies, deux *compagnes de jeu*,
comme dit le peuple, et ce qu'elles chantent, c'est
toujours quelque vieux chant d'amour et de

regret. Alors ces refrains si connus, ces plaintes
éternelles, ces espérances toujours renaissantes
s'animent d'une beauté extraordinaire, on les
sent couler de l'éternelle source de vie et il
semble qu'on les entende pour la première fois.

La chanson populaire éclata à peu près en
même temps dans toute l'Allemagne, mais il y a
des contrées où elle se développa avec plus
d'abondance. Ce sont les mêmes pays qui, trois
siècles auparavant, avaient produit la plus belle
floraison de la poésie chevaleresque : la Suisse,
la Souabe, la Franconie et les pays du Rhin, la
Bavière, le Tyrol, l'Autriche et la Thuringe;
voilà le berceau de la chanson populaire. Jusqu'à nos jours, elle a conservé son caractère
particulier dans chacun de ces pays. En Autriche, sur les bords du Danube, on est le plus
gai. Ce n'est pas la tendresse qui prédomine
dans l'art primitif de ces contrées, comme dans
la Souabe et sur les bords du Rhin, mais l'ironie
de l'amour dans la passion même, une folle insouciance unie à une sensibilité profonde. Pendant les haltes des pèlerinages, les jeunes filles
chantent d'un ton moitié triste, moitié joyeux :

> Il a plu frais dans la prairie,
> La goutte aux arbres tremble encor,
> J'avais une fois une amie,
> Je voudrais bien l'avoir encor.

Les jeunes gens répondent gaiment :

> Sur l'eau frétillent les poissons.
> Et gai ! Dansons nous aut's garçons.

Dans le Tyrol, dans la haute Bavière et en Suisse, la poésie populaire a un caractère campagnard, comique et paysanesque. Les Tyroliens surtout ont parfois quelque chose de la gaîté enjouée du Sicilien. Les plus joyeux gaillards se réunissent à l'auberge ou à la veillée pour rimer tant bien que mal les événements comiques de la semaine, où l'on ne manque pas de trahir les secrets des amoureux et de les tourner en ridicule.

En Souabe et dans les pays du Rhin, la chanson populaire a le cachet le plus pur et le plus universel. Quoique inspirée par la réalité, elle s'élève toujours à l'idéal et nous charme par cette mélancolie pénétrante, qui révèle un si profond sentiment de la vie et qui semble trempée d'un amour infini.

Quoique les chansons populaires eussent leur caractère fortement accentué dans chaque pays, les plus belles faisaient rapidement le tour de l'Allemagne. Et quoi de plus facile en ces temps de voyage, où tout ce qui se sentait libre allait chercher fortune et courir les aventures au loin! Le pâtre chantait dans les solitudes des Alpes :

> Ah ! s'il est quelque part un homme qui respire,
> Je voudrais être auprès de lui !

Il se croyait seul, mais un chasseur l'avait entendu et rapportait ses refrains au village, et de vallée en vallée la chanson descendait jusqu'au Rhin. Un gai compagnon en train de faire son tour d'Allemagne l'emportait avec ses autres couplets sur un bateau marchand de Bâle à Strasbourg. La nuit, sur le pont, quand les bateliers se chauffaient autour du feu, et que la gourde faisait la ronde, les chansons de montagne alternaient avec les chansons de plaine, et l'étudiant en voyage chantait l'amourette sur sa cithare à demi cassée. A Heidelberg, nouveaux voyageurs, nouvelles chansons. C'est la Souabe qui les envoyait du fond de son riant jardin, comme une bouffée de printemps par l'embouchure du Neckar. Vrai torrent de chansons qui grossissait à mesure qu'il s'approchait du *Rheingau.* C'est là le vrai pays du chant. A l'ombre de ces rochers pittoresques qui encaissent le fleuve, parmi ces riches vignobles, au fond de ces villages nichés dans les hautes ravines, dans tous ces coins délicieux, le chant naît de lui-même. Les voyageurs fatigués amarraient leur barque. Ils étaient bien

étonnés en entendant l'ermite chanter devant
son ermitage :

> Dans les sombres ravines,
> Sur les hautes collines,
> Que d'oiseaux, que de chants !
> Et l'ermite s'élance
> A la danse, à la danse,
> Et son froc flotte aux vents ! (1)

Mais une douce ivresse les saisissait lorsqu'ils
voyaient passer sur les prairies, à la lisière de
la forêt, des jeunes filles couronnées de fleurs et
que la brise leur apportait ces rimes légères :

> Le coucou, de sa voix,
> Enchante tout le monde,
> Le soir gaiment au bois·
> Les filles font la ronde ;
>
> Bras-dessus bras-dessous
> Vont cherchant la verveine,
> Et de fleurs et de houx
> Couronnent la fontaine.
>
> Les fleurs sont en honneur !
> Tout est joie et ramage,
> Et le peuple en voyage
> Cherche au loin le bonheur ! (2)

Ainsi voyageaient ces chansons. Par ces con-

---

(1) Wunderhorn, t. III, pag. 25.
(2) Hoffmann v. Fallersleben, *Gesellschafslieder*, nº 150.

tinuels échanges poétiques entre les divers
pays, qui se faisaient par le mouvement même
de la vie, il se forma une chanson pupulaire vraiment allemande et si j'ose dire idéale, qui réunit
dans une harmonieuse unité les traits communs
du peuple. C'est celle-là qui est digne d'être
connue par toutes les nations. Mais il faut la
suivre dans les diverses régions de la vie intime
et sociale, car au seizième siècle elle les parcourt toutes, depuis la vie naïve au sein de la
nature, à travers la vie aventureuse et toutes
les luttes de l'amour jusqu'à la vie religieuse et
patriotique. Elle prend sa source dans les dernières profondeurs de la nature et jamais aucun
lyrisme n'a été plus vrai, plus dégagé de toute
convention. C'est là ce qui fait sa beauté incomparable et sa puissance éternelle.

Achim d'Arnim et Clément Brentano ont mis
en tête de leur recueil une ballade populaire.
Un jeune homme inconnu qui parcourt le monde
sur un cheval rapide, entre au château de l'impératrice. Il descend de cheval, se présente à
son trône, s'agenouille devant elle et lui offre
un cor d'ivoire orné de pierres précieuses.
C'est une fée de mer qui envoie ce présent à la
jeune souveraine pour prix de sa pureté et de
sa sagesse. Il suffit de le toucher d'une certaine
façon pour qu'il s'en échappe une musique divine.
Cette musique est plus douce que le gazouille-

ment des oiseaux, que le frémissement de la
harpe, que la plus pénétrante voix de femme et
même que le chant des sirènes. L'impératrice
touche le merveilleux instrument, aussitôt
d'ineffables mélodies viennent chanter à son
oreille. Tout le monde est sous le charme, elle
veut remercier le jeune homme inconnu, mais
déjà il est reparti sur son cheval et disparaît au
loin. Ce cor magique n'est-ce pas la chanson
populaire elle-même, sortie des profondeurs de
l'âme du peuple et envoyée au monde entier sur
les ailes de la musique? Elle ne révèle ses plus
chers secrets qu'aux cœurs purs, aux plus simples comme aux plus élevés; mais l'aimer c'est
déjà la comprendre.

Quand le mai nous revient tout est jeune et joli,
Tout verdit, tout festoie et la source s'empiit.
      La colombe sauvage
      Prend son vol et voyage
Et par monts et par vaux retentit l'hallali.

On y rit, on plaisante et l'on songe à causer,
On y chante, on y saute et tout veut s'amuser,
      Et l'amie à l'amie
      Conte amour et folie,
Mainte bouche reçoit à la danse un baiser.
CHANSON POPULAIRE.

III

LES BALLADES MERVEILLEUSES ET L'IDYLLE DANS LES BOIS

Groupement naturel des chants populaires. — Ils réflètent la vie du
peuple allemand au seizième siècle. — Débris de la mythologie
païenne. — Métamorphoses des dieux germains persécutés par l'Église
chrétienne. — Les génies des lacs et des montagnes. — Les Nixes en
Suède et en Allemagne. — Le seigneur Olaf des forêts. — L'idylle
primitive ; le pâtre et la bergère.

La chanson populaire nous précipite dans le
tourbillon de la vie du seizième siècle. On ne
sait au premier abord comment s'y orienter.
Ouvrez le recueil d'Achim d'Arnim et de Clément Brentano où toutes les chansons sont je-
tées pêle-mêle, c'est tout un peuple que vous
rencontrez, un peuple qui vit, chante, pleure et
s'exalte. Chacun passe devant vous, son refrain
à la bouche et ne songe qu'à vous dire ce qui
l'agite à l'instant même, chacun veut vous dé-

couvrir le fond de son âme. Tantôt c'est un brigand saisi de remords qui, après avoir tué sa victime au coin d'un bois, se prend à l'aimer dans un accès de désespoir; tantôt apparaît un moine agenouillé, qui adresse sa prière à la Vierge et voit sa douce tête lumineuse flotter dans les ténèbres de sa cellule. Ici chemine gaîment un lansquenet armé de pied en cap, là pleure une pauvre fille, perdue au fond des bois. Ici un chevalier hautain séduit la fille du peuple en passant son anneau d'or à son doigt, là le hardi charpentier lève ses regards victorieux vers la femme du margrave. On est entraîné comme au vol par monts et par vaux, à travers toutes les provinces de l'Allemagne, à travers tous les rangs de la société. On va de l'étroite boutique du pauvre tailleur au trône des rois, à peine s'est-on bercé sur la barque paresseuse du pêcheur qu'on est emporté sur le cheval fougeux du hussard au beau milieu de la bataille. Toutes les situations de la vie se succèdent de chansons en chanson; les adieux les plus émouvants et les plus humoristiques séparations, les serments les plus passionnés et les plus froides trahisons. Tous les sentiments se croisent et semblent vouloir se détruire les uns les autres en luttant de force. La tendresse la plus douce éclate à côté de la haine la plus féroce, l'égoïsme le plus brutal alterne avec les dévoûments les plus sublimes, les joies les plus fières avec les plaintes les plus tristes sur la mort et sur les terreurs de l'éternité. Et dans ces accents que de franchise, de délicatesse, de sensualité, de naïve rêverie, quelle poésie et quelle musique! Au milieu de cette foule parfois étrange mais toujours plus vivante qui vous assaillit, vous ressemblez à ce magicien qui, par de longues incantations avait évoqué les esprits du fond des abîmes. Ils sortent de tous les coins de sa chambre, fantômes de tout âge, de tout sexe, de toute forme. Déjà ils la remplissent; il veut les chasser; mais il a oublié la formule qui les ferait rentrer sous terre, et il en vient toujours davantage, il tourbillonnent jusqu'au plafond et se pressent en masse autour du cercle infranchissable qu'il a tracé au dessus de sa tête.

Comment se retrouver au milieu de ce monde bigarré? Comment saisir le lien qui unit tous ces personnages? Au premier moment c'est impossible. Mais à mesure qu'on les observe et qu'on les comprend mieux, on y distingue des groupes de plus en plus marqués, dont chacun correspond à une certaine phase de la vie intérieure. Ce qui les unit tous sans qu'il le sachent, ce qui amène sur leurs lèvres les paroles et le chant, nous l'avons vu, c'est qu'en tous tressaille le sentiment de leur force et de leur liberté, c'est que tous ils aspirent à la vie indépendante.

Mais ce grand réveil a des degrés infinis dont chacun marque un nouveau développement, depuis le demi-sommeil jusqu'à la pleine conscience.

Il y a une série de chansons où l'homme apparaît encore comme perdu dans la nature et dominé par elle. Ses sensations et ses pensées ne sont alors que le reflet du ciel et de la verdure, l'écho vibrant de la brise et du cri des oiseaux. A ce premier degré de la vie de l'esprit, l'homme ne se sent guère que comme une partie de la nature et se confond sans cesse avec elle. Elle vit en lui, il ne vit qu'en elle. On peut appeler cet état de l'âme *la vie primitive* parce qu'il correspond à l'état d'âme de l'enfant et à la période mythologique des peuples. La chanson populaire nous y ramène dans quelques ballades mythiques, dans ses chansons de printemps, de rossignols et de bergers. Le second groupe forme avec le premier un contraste frappant. L'homme est sorti de ce demi-sommeil pour se jeter dans le tourbillon du monde. Sa vie n'est plus un rêve, mais une action incessante; la scène où il se meut n'est plus la nature, mais la société. Il brûle de jouir, de se faire valoir, se rit du monde entier et ne croit qu'en lui-même. Tels sont ces compagnons, ces chasseurs, ces lansquenets, ces étudiants qui se plaisent dans les vicissitudes de *la vie aventureuse*. L'amour paraît déjà dans leurs chansons, il n'y joue cependant qu'un rôle accidentel. *Les chants d'amour* proprement dits forment un groupe à part, et de beaucoup le plus important. Ce n'est pas sans raison que ce sentiment joue un rôle capital dans la poésie lyrique des peuples modernes. C'est que l'âme s'y révèle à elle même avec ses énergies primitives, elle s'y trahit dans ce quelle a de plus intime et découvre sa destinée en se donnant librement à une autre aussi libre qu'elle (1). Mais le degré le plus élevé que l'âme puisse atteindre dans son développement, c'est *la vie religieuse*, où elle s'élève au dessus de sa destinée personnelle et cherche à saisir sa relation avec l'infini. Les chansons religieuses formeront donc le der-

---

(1) Après la poésie amoureuse on pourrait placer les *Chants patriotiques.* Toutefois ils ne sont ni assez nombreux ni assez beaux pour former tout un chapitre dans cette étude. Les chansons comme celles sur le prince Eugène et sur Charles-Quint n'ont qu'un intérêt historique très relatif. Comme poésie elles sont bien au dessous des chants suisses du quatorzième et du quinzième siècle que j'ai cités dans le chapitre précédent. Quelques chants énergiques des lansquenets rappellent de loin en loin ces mâles accents Ils paraîtront dans le chapitre sur la vie aventureuse. Le patriotisme n'était, en effet, qu'un épisode dans la vie de ces hommes. La patrie n'existait pas pour eux. Qui l'eût chantée? qui aurait cru à son existence? Un seul; le vaillant Ulric de Hutten, mais son courage ne servit de rien, tous ses efforts se brisèrent contre l'égoïsme des princes et l'esprit borné de sa caste. Personne ne l'écouta et les lansquenets de Franz de Sikingen répétèrent seuls par toute l'Allemagne le hardi refrain du chevalier humaniste : Je l'ai osé !

nier groupe (1). En accompagnant ainsi la chanson populaire depuis ses rêves enfantins au sein de la nature, à travers les hasards du monde et les conflits de l'amour jusqu'aux hauteurs de la pensée religieuse, nous assisterons pour ainsi dire au développement intérieur et caché du peuple. Sous cent types variés, par mainte joyeuse aventure et plus d'une mort désespérée, dans la bonne comme dans la mauvaise fortune, à travers mille plaisirs et mille souffrances, nous le verrons lutter, grandir et aspirer à la plénitude de la vie, à la liberté.

(1) La division ordinaire adoptée par les Allemands est celle-ci : *Chansons historiques — légendes — ballades — chants des divers états. — chansons d'amour -- chansons religieuses — sentences, énigmes*, etc... Cette division est plus scientifique que celle qu'on va trouver ici, parce qu'elle permet une classification plus rigoureuse. Mais il importait avant tout, de présenter de cette poésie un tableau saisissable, de faire ressortir la beauté des parties et le sens profond de l'ensemble. La poésie populaire qui commence à poindre au quatorzième siècle, se développe au quinzième, s'épanouit au seizième et subsiste jusqu'à nos jours, quoique le progrès des lumières, la cessation de la vie instinctive et la civilisation industrielle la rendent de plus en plus impossible, cette poésie, dis-je, m'est toujours apparue comme un grand mouvement du peuple vers l'émancipation de l'âme et de l'intelligence. Il chante en ses meilleurs moments parce qu'il commence à se sentir, parce qu'il veut comprendre sa destinée et celle du monde. Pour suivre ce mouvement je me suis attaché à divers degrés de la vie de l'âme, dont le premier est cette sorte de communion avec la nature qu'on retrouve encore chez beaucoup de montagnards et dont le plus élevé est la conscience religieuse J'ai groupé ces études dans cet ordre. De cette façon, je l'espère, on pourra saisir la grandeur de cette révolution morale qui s'accomplit dans le peuple, et embrasser d'un coup d'œil les beautés supérieures qui donnent à sa poésie une valeur universelle et hautement humaine.

Depuis l'ère chrétienne les hommes n'avaient plus vécu en paix avec la nature. Comme tous les peuples du monde, les Germains l'avaient divinisée autrefois dans leur mythologie. Survint l'Église chrétienne qui proclama un seul Dieu invisible et fit à toutes les divinités païennes une guerre d'extermination aussi implacable que celle de Charlemagne contre les Saxons. Une grande lutte dut se livrer dans l'âme inquiète du peuple, entre les dieux de ses pères et le Dieu chrétien, lutte douloureuse qui dura plusieurs siècles. Le Dieu invisible triompha, les dieux germains furent détrônés et dès lors la nature changea de face pour l'homme. Ce n'était plus la terre, mère féconde et bien-aimée, antique berceau des géants et des dieux, mais le sol maudit depuis la chute de l'homme, repaire du mal et du péché, le royaume de satan, sombre vallée de larmes et de tentation. Autrefois, l'adorer était toute la religion; maintenant, l'aimer en secret était déjà un crime.

Et pourtant on l'aimait toujours, car les vieux dieux n'étaient pas morts. L'Église avec toutes les promesses du ciel et toutes les menaces de l'enfer n'avait pu les arracher de ces fortes âmes. Les prêtres, ne pouvant persuader aux barbares que Wuotan (Odin, chez les Scandinaves), Donar (Thor) et Freya (Frigg) n'existaient pas, durent leur faire croire que c'étaient des esprits du mal, des suppôts de Satan. Leur foi se trouva partagée entre deux religions, deux mondes ennemis. Ils étaient forcés de croire au christianisme, parce qu'ils le voyaient victorieux et triomphant, renverser leurs chênes sacrés et mettre des églises à la place ; mais ils croyaient encore au paganisme, parce qu'ils le portaient en eux-mêmes. Quand ils sortaient des voûtes de la basilique, ils rentraient dans leurs forêts pour y écouter les voix tristes et menaçantes de leurs dieux abandonnés. Au milieu de ces déchirements intérieurs, ils essayaient de concilier l'ancienne et la nouvelle religion. Car comment haïr les dieux de leurs pères ! Mais ainsi, les dieux du Walhalla, les anciens maîtres du monde, tombèrent de génération en génération au rang de divinités secondaires ; persécutés, rapetissés de siècle en siècle, ils finirent par n'être plus que des esprits errants, malheureux, relégués dans un coin obscur. On n'en voit plus rien dans la poésie chevaleresque du douzième et du treizième siècles. Là brille dans toute sa splendeur le ciel chrétien et devant ses rayons les dieux mâles et farouches de la vieille Germanie ont disparu. Mais tout ce monde de divinités s'agitait encore confusément dans l'imagination populaire. Sans doute pour elle aussi, le Christ règne dans le ciel, mais les profondeurs ténébreuses de la nature sont toujours peuplées d'esprits. Les géants se sont retirés dans les cavernes des montagnes d'où ils font encore de rares apparitions. Le puissant Wuotan n'est plus que l'homme au chapeau qui se promène par la pluie dans les forêts et vient se réchauffer de temps à autre au foyer des bûcherons. Ses filles superbes, les fières Walkyries, les vierges de la mort qui recueillaient l'âme des guerriers sur le champ de bataille ne sont plus que de vieilles sorcières qui font l'ascension du Broken sur leurs balais. A côté de ces dieux déchus, il y a le peuple des divinités inférieures, habitants des forêts, des lacs et de la mer, légion innombrable tantôt malfaisante, tantôt amie. Ce sont les nains et les Trolls, gardiens de l'or dans la terre, les Elfes qui dansent au clair de lune, les belles Nixes qui chantent dans les lacs. Toutes ces divinités gracieuses ou laides, bonnes ou méchantes sont attachées aux hommes par un lien mystérieux et indestructible. Elles les charment, les séduisent, les perdent. C'est qu'elles les aiment et ne peuvent leur pardonner de les avoir trahies. De là leur tristesse, leur humeur fantasque. Ceux qui se promènent le soir dans la forêt, entendent murmurer quelquefois les petits *elbes* qui se cachent dans les fleurs. Ils accusent les enfants des hommes et disent : Que le ciel est haut, et que l'infidélité est grande!

La fidélité est avec la sincérité une des plus antiques vertus germaniques, la poésie populaire en fait foi, et tandis que d'autres peuples rient de cette vertu qui leur semble trop gênante dans les relations de la vie, le vrai Germain en fait son bonheur et trouve dans la persévérance de ses sentiments les plus nobles, comme un avant-goût d'immortalité. Ce qu'il a aimé une fois, il lui semble qu'il doive l'aimer toujours; il reste fidèle même aux dieux déchus, tant qu'il peut. Ces reproches délicats, ces tendres appels des esprits abandonnés que l'homme du peuple croyait entendre dans les fleuves et les forêts, le remplissaient de tristesse et de remords. Il éprouvait alors pour ces êtres souffrants et maudits de ces retours inattendus d'affection, comme les enfants et le peuple peuvent seuls en avoir. Une légende suédoise le dira mieux que tout le reste. Les deux enfants du pasteur jouaient un soir au bord du fleuve. Voici qu'un beau Nix sort des flots avec une harpe et se met à jouer. Les enfants espiègles le taquinent et lui crient : « Pourquoi joues-tu, pourquoi chantes-tu, méchant Nix? Tu n'entreras pourtant pas au ciel! » A ces mots, le Nix jette sa harpe, pleure amèrement et redescend dans les profondeurs du fleuve. Cela amuse beaucoup les enfants, ils reviennent à la maison et racontent en triomphe à tout le monde qu'ils ont fait pleurer le Nix.

Mais le père leur reproche leur cruauté et leur
ordonne de s'en retourner au fleuve pour consoler le Nix. Les enfants s'en vont au rivage.
Le Nix était assis sur l'eau se lamentant et pleurant. Ils lui disent : « Console-toi, le père a dit
que le Sauveur est aussi venu pour toi. » Alors
le Nix reprend sa harpe et joue ses plus joyeuses
mélodies, et longtemps encore après le coucher
du soleil, on entend résonner sa douce musique. Comme ces deux enfants, le peuple est
ému de pitié pour ses divinités proscrites. Il y
revieñt sans cesse, il ne peut s'en détacher. En
vain, l'Église les damne, il a plus de foi qu'elle,
et veut les sauver.

Chassées de la religion et de la poésie offi-
cielles, ces divinités étranges n'en vivaient donc
pas moins dans la conscience du peuple. Aussi
se montrent-elles dans les chants populaires de
toutes les races germaniques, en Allemagne,
dans le Danemark, en Suède, en Norvége, et
en Angleterre. C'est dans les pays du Nord
qu'elles se maintinrent le plus longtemps, en
Suède surtout, où elles furent toujours revêtues
d'une grâce et d'une mélancolie particulières.
Dans ces fleuves d'un bleu sombre les Nixes
vivent comme en des palais d'azur. Ces êtres
capricieux, il y en a des deux sexes, poursuivent
les enfants des hommes de leurs amours perfides et de leurs enchantements. Ils jouent admi-

rablement de la harpe et subissent ce même charme de la musique qu'ils exerçent si fortement. Quand on sait les prendre par là, on les subjugue facilement et on parvient à leur arracher leurs victimes. Christine doit épouser le seigneur Pierre. Elle pleure, car ses deux sœurs ont été enlevées par le Nix le jour de leur noce sur le pont de Ringfalla, et on lui a prédit le même sort. Le seigneur Pierre fait mettre des sabots d'or au cheval de sa fiancée, pour qu'il ne bronche pas sur le pont. Lorsqu'ils arrivent à Ringfalla un cerf au bois d'or joue au bord de la route, tout le monde s'élance à sa poursuite et Christine traverse seule le pont. Son cheval bronche et tombe dans le fleuve ; la voilà comme ses sœurs la proie du Nix. Mais alors le seigneur Pierre a recours à la puissance de sa harpe, pour forcer le dieu du fleuve à rendre les trois jeunes filles.

Le seigneur Pierre dit à l'écuyer servant :
Cours me chercher ma harpe et revient sur-le-champ.

Ah ! comme il fait vibrer sa harpe harmonieuse !
Le Nix tout aussitôt sort de l'onde écumeuse.

Pour la seconde fois frémit la harpe d'or ;
Le Nix pleure à sa voix, sourit et pleure encor.

Pour la troisième fois la harpe d'or résonne ;
Un bras blanc sort de l'onde et le fleuve en frissonne.

Il joue, il joue un air suave et si divin
Que les petits oiseaux le dansent en chemin.

Il joue, et chaque rose avec amour s'incline
Il joue, et sur son cœur il attire Christine.

Et le Nix sort du fleuve à ce chant triomphant,
Sur chacun de ses bras est assise une enfant.

Voilà bien la foi enfantine dans la puissance de
l'âme sur le monde extérieur, ravissante illusion
qui n'appartient qu'aux âges primitifs. Le senti-
timent est si fort, que par son énergie l'homme
croit pouvoir subjuguer tous les éléments, comme
les puissances de son âme subjuguent son propre corps et le font vibrer à leur ré. Il prend
la nature pour un clavier docile, sur lequel il n'a
qu'à jouer, pour en faire sortir toutes les harmonies. Et, chose étrange, c'est elle qui joue sur
lui, et toute cette musique étourdissante s'échappe
de son propre cœur. Mais il ne s'en aperçoit pas
et s'imagine que des êtres surhumains, quoique semblables à lui, l'écoutent et lui répondent, lui commandent ou lui obéissent. Dans
les ballades suédoises il y a une sorte de gageure
entre les hommes et les esprits, c'est à qui l'em-
portera sur l'autre. Celui qui sent en soi le plus
de musique, le plus de force dominatrice et enchanteresse, restera vainqueur. La lutte est
dangereuse, car ces esprits ne font pas grâce, ils

n'ont que le désir de fasciner, de posséder.
Toutes les jeunes filles qu'ils enlèvent ne sont
pas aussi heureuses que Christine. Une vierge
avait rencontré le roi de la montagne; il l'entraîne dans son royaume souterrain. Après sept
ans, elle lui demande la permission d'aller revoir
sa mère. Il la lui accorde à condition qu'elle ne
le nomme pas. La fille revient chez sa mère, et,
se croyant sauvée, elle nomme son séducteur.
Aussitôt le roi de la montagne est devant elle
et l'emporte pour toujours. Revenu dans son
royaume, il lui fait boire de l'hydromel dans une
corne d'or.

> Pour la première fois elle vida la corne,
> Elle oublia le ciel et la terre.

> Pour la seconde fois elle vida la corne,
> Elle oublia le soleil et la lune.

> Pour la troisième fois elle vida la corne,
> Elle oublia son père et sa mère.

La voilà devenue Elfe, reine de la montagne,
immortelle, mais au prix de tout amour, de tout
souvenir humain. Ainsi l'imagination populaire
va filant son rêve. Ne lui demandez pas ce
qu'elle veut dire, laissez-là se jouer dans le
royaume des songes. Elle a besoin de s'expliquer le monde et la destinée humaine; elle le

fait par des images comme nous le faisons par
des lois. Le charme insaisissable de ces naïfs
récits sera toujours cette profonde intimité de
l'homme enfant avec la nature, encore toute rem-
plie de belles divinités palpitantes de vie et de
désir. L'illusion une fois perdue, elles disparaî-
tront pour ne plus revenir et toute la puissance
des poètes sera vaine pour les rappeler.

Ce monde merveilleux se retrouve dans la
chanson populaire des Allemands, mais il y est
plus rare et y a perdu quelque chose de sa magie. Les Nixes et les Elfes, si sveltes et si dia-
phanes en Suède et en Norvége qu'elles semblent se confondre avec les vagues mobiles et
les feuillages frisonnants, deviennent quelquefois trop réelles et trop palpables dans les chansons allemandes. Le paysage aussi n'a plus ces
profondeurs sombres, fuyantes, mystérieuses
qui jettent l'esprit dans une rêverie sans fin. Les
causes en sont nombreuses. D'une part, la nature a rarement en Allemagne ce caractère sauvage et grandiose qui favorise la croyance aux
divinités élémentaires, de l'autre, l'esprit du
peuple allèmand, quoique très porté au merveilleux, n'y incline pas autant que les peuples
scandinaves et se plaît davantage dans les
affections purement humaines. Ajoutons surtout qu'à l'époque où fleurit la chanson populaire il était déjà trop éveillé, trop secoué par

la politique et la religion, trop travaillé par le besoin d'agir pour s'absorber dans sa vieille mythologie. Il se passionne plus volontiers pour des personnages en chair et en os, pour les scènes dramatiques de la vie réelle. Cependant le monde des divinités évanouies lui apparaît de temps en temps comme une vision lugubre noyée dans le crépuscule. Les elfes le hantent encore. Ecoutons l'histoire d'Olaf (1).

Olaf la nuit au bois chevauchait hardiment,
Pour inviter la noce ; il fredonnait gaîment.

Les Elfes en dansant lui barrent le chemin,
Et la reine des bois lui tend sa blanche main.

— Salut, seigneur Olaf, soyez le bienvenu !
Pour danser avec moi n'êtes vous pas venu ?

— Danser ? non, je ne puis, je ne veux pas danser,
Demain au point du jour je dois me marier.

— Écoute, bel Olaf, viens danser avec moi,
J'ai deux éperons d'or que je garde pour toi.

J'ai la plus belle robe et le plus riche habit,
Mes doigts fins l'ont tissé, la lune l'a blanchi.

— Danser ? non, je ne puis, je ne veux pas danser,
Demain au point du jour je dois me marier.

(1) Cette ballade est d'origine suedoise. Elle existe sous plusieurs formes dans cette langue. La version allemande est une reproduction non une traduction.

— Écoute, bel Olaf, viens danser avec moi,
J'ai dans mon vert palais un monceau d'or pour toi.

— Un monceau d'or de toi, je veux bien l'accepter,
Mais pour l'amour de Dieu, je ne saurais danser.

— Quoi ! tu refuses donc de danser avec moi ?
Que la mort sans retard monte en croupe avec toi.

Elle élève le bras et lui frappe le cœur.
— Grand Dieu, qu'ai-je senti, grand Dieu, quelle douleur !

Et puis, le replaçant pâle sur son cheval :
— Va-t'en danser demain avec ta belle au bal.

Et quand il s'en revint au seuil de son château,
Sa mère l'attendait, et lui dit aussitôt :

— O mon fils, qu'as-tu donc ? Mon fils tu me fais peur !
D'où vient ton œil si terne et d'où vient ta pâleur ?

— Ma mère, calme-toi, ma mère n'aie pas peur,
Une Elfe des forêts m'a frappé sur le cœur.

— Couche-toi, fils chéri, que ton sommeil soit doux.
Ta fiancée, hélas ! que lui conterons-nous ?

— Dis-lui que je chevauche et par monts et par vaux,
Que j'essaie en chassant mes chiens et mes chevaux.

Il se couche et s'endort. A l'aube du matin
La fiancée arrive, elle chante en chemin.

— Quoi, tu pleures ma mère, et qu'as-tu donc, dis-moi.
Pourquoi mon bien-aimé n'est-il pas avec toi ?

— O ma fille, il chevauche et par monts et par vaux,
Il essaie en chassant ses chiens et ses chevaux.

La vierge souleva le manteau brodé d'or,
Et le seigneur Olaf était là pâle et — mort!

C'est là une de ces vengeances implacables
comme les aiment les divinités proscrites. La
reine des Elfes, aux yeux bleus scintillants,
doux et cruels, aux bras éblouissants comme la
neige, à la chevelure blonde qui flotte follement
autour de ses épaules nues, l'Elfe rieuse et sauvage qui danse au clair de lune sur la pointe
des herbes entre les bouleaux frissonnants, est
plus puissante que la pieuse fiancée. D'un éclat
de rire elle l'emporte sur un long et fidèle
amour. Olaf la voit danser, au premier coup
d'œil il est fasciné, déjà il aime, et quoiqu'il
fasse il succombera à cette séduction. En vain
sa bouche est-elle fidèle à sa fiancée, son cœur
l'a déjà trahie. La reine des Elfes le poursuit,
le presse, et comme il refuse toujours de danser
avec elle, elle le frappe au cœur d'un coup mortel. La nature se moque des vœux éternels, elle
commande en maîtresse et tue qui lui résiste.
Cette ballade est un hymne tout païen à sa puissance, que le peuple célèbre sans le savoir.

L'homme du fleuve (*Wassermann*) et la fée
de mer (*Meerfei*) font aussi leur apparition dans
la chanson populaire allemande. Mais ce ne

sont que les fantômes pâlissants d'un monde qui
s'en va, et leurs chants sont comme les derniers
soupirs des divinités païennes qui meurent
solitairement au fond de leurs lacs et de leurs
forêts. A l'époque où elles régnaient dans tout
leur prestige, l'homme était encore sous le
coup de la nature. Elle le frappait, elle le péné-
trait d'effroi, de désir ou de volupté ; il ne réagis-
sait pas. Les sensations douces ou violentes, qui
ébranlaient tout son organisme, se traduisaient
à son imagination en êtres gracieux et sauvages, dont il se croyait fasciné, aimé, poursuivi. Heureux ou malheureux, le divin lui apparaissait dans ce vaste enivrement de terreur
et d'amour, où son âme était comme perdue.
O sombres génies des torrents de la montagne,
Elfes des forêts fantastiques, Nixes ondoyantes
qui vous jouez au bord des lacs dormants, pourquoi vivez-vous toujours, pourquoi hantez-vous
encore les enfants des hommes, pourquoi nous
appelez-vous parfois de vos voix tristes et caressantes, qui se marient aux sons de la harpe ?
D'où vient que nous ne pouvons vous dire
l'éternel adieu ? et par quelle loi mystérieuse
sommes-nous liés à vous ? C'est que vous nous
parlez d'une voix si douce d'un temps où vous
étiez les rois du monde et où l'homme vous
adorait. Alors, rien ne le séparait encore de la
nature vivante, il la saluait dans un premier

élan d'enthousiasme et c'est vous qui avez retenu
le secret de ses ravissements. L'Église vous a
maudits, la civilisation vous chasse, le peuple,
qui vous aimait, à son tour vous raille et vous
oublie. Mais nous nous souvenons encore de
vous, belles divinités. Car, malgré nous, nous
revenons à la nature, à cette mère universelle,
(γῆ παμμῆτορ) comme dit Eschyle, pour nous fortifier dans ses embrassements et sentir l'esprit
éternel qui circule en toute chose. C'est alors
que vous ressuscitez un instant et que nous
retrouvons dans vos sourires la joie des premiers âges!

Du monde crépusculaire de la mythologie
germanique, passons avec la chanson populaire
au monde riant et lumineux de la vie patriarcale. Nous voici au fin fond des montagnes, en
quelque vallée perdue, que n'atteignent pas les
révolutions de l'histoire. Là vit une population
bien simple d'esprit, bien primitive de mœurs,
tout absorbée par son travail. Ce sont des char-
bonniers qui veillent jour et nuit près de leurs
montagnes de bois toujours fumantes. Ce sont
aussi des bûcherons qui sans cesse font retentir
les forêts des coups secs de la cognée. Ce sont
encore des mineurs qui passent la moitié de
leur vie dans les flancs de la montagne, ou bien
les couvreurs qui vivent suspendus dans les airs
et sifflent comme des merles en travaillant.

Ces gens-là vivent réellement avec la nature, avec le rocher, avec l'arbre et la forêt; leur existence s'y incruste pour ainsi dire. L'homme qui a vu grandir depuis son enfance le chêne avec toutes ses branches ne met pas la cognée à sa racine sans une sorte de regret et regarde avec émotion les nombreux rejetons qui perpétueront la beauté de la forêt. Le mineur a pour les entrailles de la terre, avec son labyrinthe de cavernes, une admiration mêlée d'orgueil et de respect. Il en connaît tous les détours, il bénit la source souterraine qui jaillit du rocher et lui attribue la vertu de donner une longue vie. Encore aujourd'hui rien de plus gai, de plus éveillé, de plus aimable que le mineur du Harz. Presque toujours privé de la lumière, il la salue par des cantiques improvisés chaque fois qu'il la revoit. L'habitude du danger établit entre lui et ses compagnons une joyeuse fraternité qui s'étend à tous les visiteurs. Son bon vouloir et sa tranquille confiance se résument dans un mot par lequel il apostrophe l'étranger à l'entrée et au sortir de la montagne : *Glückauf!* ce qui résonne à notre oreille comme : Bon courage, et Dieu vous protége! Autrefois tous ces ouvriers des montagnes, de métiers si divers avaient l'habitude de consacrer leur travail par le chant, lui donnant par là un prix supérieur au gain, une dignité morale et religieuse.

Mais le roi de ce monde primitif, c'est le
pâtre, le plus insouciant des hommes et le plus
gai des chanteurs. N'ayant que son troupeau à
surveiller, toujours au grand air et libre de
tous ses mouvements, il peut vivre tout à sa
guise. On se le figure aisément, ce fils de bûcheron, robuste adolescent à la nuque vigoureuse
bronzée par le soleil, au front rustique qui semble défier la grêle. Quand, au retour de la belle
saison, il s'achemine vers la haute montagne,
laissant derrière lui les villages et les dernières
habitations humaines, une vive sensation de
liberté lui dilate la poitrine. Il se dit, ou plutôt
il sent par instinct que cette vaste étendue lui
appartient et n'aura d'autre maître que lui. Le
voilà libre de courir sur ces pelouses à perte de
vue, de guetter l'oiseau dans le taillis, de se
rouler dans la fougère mouillée pendant que le
soleil darde le dôme impénétrable de la forêt et
de rafraîchir sa lèvre brûlante aux baies sauvages qui foisonnent dans les fourrés. Mais pendant ces longues matinées, et ces soirées si
calmes, que faire si ce n'est un peu de musique
sur un de ces instruments primitifs que les bergers de tous les pays savent fabriquer. Musette
ou cornemuse peu importe, cela excite les
oiseaux, fait dresser l'oreille au chien et fait
passer des heures entières dans un bercement
délicieux. Mais quand le matin est plus clair que

d'habitude, quand un vent vif et tranchant rafraîchit le sang et l'âme, il jette avec impatience musette et cornemuse et se met à chanter, et quel plaisir d'entendre sa propre voix résonner contre les rochers :

> Non loin de mon troupeau dormant,
>   Bien doucement,
> Couvert de mousse je sommeille.
> Au sein du bonheur je m'éveille
>   Frais et content.
> Châteaux à tourelle dorée
>   Du val lointain,
> Vous n'êtes pour moi que rosée
>   D'un beau matin.
>
> Et quand paraît l'aurore en feu
>   Je chante à Dieu !
> Je souffle dans ma cornemuse,
> De mon troupeau la voix confuse
>   Me rend joyeux.
> Pas de chant triste et monotone
>   Au point du jour,
> Car le soleil m'a fait un trône
>   Tout de velours.
>
> Sous l'ombre à midi qu'il fait beau !
>   Le ciel est chaud,
> La source rafraîchit mes lèvres,
> Vaches, brebis, agneaux et chèvres
>   Sont au préau.
> Je vais m'asseoir sur ma banquette
>   Avec mon pain,
> Je n'ai jamais sous la houlette
>   Pleuré de faim.

10

Enfin quand l'étoile du soir
                Se laisse voir,
A la cascade murmurante,
Rossignol de sa voix vibrante
                Me dit bonsoir.
La liberté c'est la richesse
                D'un cœur léger,
Adieu la pompe et son ivresse,
                Je suis berger! (1)

Ces accents sont empreints de la sensation large et vague des hautes montagnes où l'azur sans nuage enveloppe les dômes de verdure éternelle. Nul combat intérieur n'altère l'accord majeur de cette harmonie, nul désir n'en hâte le retour cadencé. Le jeune pâtre laisse expirer lentement sa dernière note sur les croupes amènes des hauteurs ondulées et semble la suivre encore au loin. Personne ne l'entend, mais il se sent heureux; Dieu l'écoute.

La vie cependant a ses revers. Parfois l'orage et la tempête le surprennent loin de son réduit. La pluie le fouette au visage, la foudre tombe à ses côtés, le froid pénètre. Il s'en rit et siffle dans l'ouragan, mais sous ces nuées sombres des pensées tristes lui viennent. Il songe à sa pauvreté, à son abandon et se compare aux riches d'en bas qui ont un abri et une famille,

_____

(1) Se trouve dans le recueil : *Des Knaben Winderhorn.*

les danses et les fêtes. Il songe enfin que pas
âme qui vive ne se soucie de lui. Les larmes
amères de la solitude lui montent aux yeux. A
ce moment le coucou reprend son cri monotone
dans la forêt voisine et l'arrache à sa mélancolique rêverie. C'est son oiseau favori, son compagnon perpétuel avec lequel il aime à converser
des heures entières. Ne devrait-il pas être triste
aussi par ce temps noir? Mais non, il chante
malgré la pluie et attend le prochain rayon de
soleil.

> L'oiseau gris chante à la feuillée,
>   Coucou, coucou !
> Il pleut ; sa pauvre aile est mouillée,
>   Coucou, coucou, coucou !
> Le soleil perce les nuages,
>   Coucou, coucou !
> L'oiseau fait sécher son plumage,
>   Coucou, coucou, coucou !
> Il prend son vol d'une aile fière,
>   Coucou, coucou !
> Vers le lac bleu, vers la lumière,
>   Coucou, coucou, coucou ! (1)

Le pâtre se console avec lui. Lui aussi se promet de s'élancer vers le bonheur et la lumière,
dès que le ciel sera plus serein. Au premier beau
jour le voilà parti pour la vallée. Caché dans un

---

(1) Recueil d'Uhland, n° 11.

bouquet d'arbres qui s'élève sur un versant rapide, il voit passer plus haut sur le sentier des
jeunes filles qui fredonnent à mi-voix :

Quand le mai nous revient tout est jeune et joli,
Tout verdit, tout festoie et la source s'emplit,
    La colombe sauvage
    Prend son vol et voyage.
Et par monts et par vaux retentit l'hallali !

Les garçons qui sont en bas et s'efforcent de les
rejoindre répondent par la strophe suivante sur
un ton un peu plus provoquant :

On y rit, on plaisante et l'on songe à causer,
On y chante, on y saute et tout veut s'amuser,
    Et l'amie à l'amie
    Conte amour et folie.
Mainte bouche reçoit à la danse un baiser !

Notre berger n'y résiste pas et court à la fête.
Une foule d'hommes, de femmes et d'enfants se
pressent autour d'un char sur lequel gesticulent
les deux héros. Le premier est un fringant
gaillard aux joues rouges, à la forte carrure.
Vêtu en roi, d'étoffes reluisantes et bariolées, il
porte sur sa tête une épaisse couronne de fleurs
et de feuillages et tient à la main un sceptre
fleuri de liserons. C'est l'été. L'autre est un
vieillard à barbe grise, accoutré comme un

mendiant ou un bandit et couronné de feuilles sèches, qui s'appuie sur un bâton de houx. C'est l'hiver. L'été s'avance fièrement, agite son sceptre et dit :

> C'est aujourd'hui le plus beau jour de fête,
> L'été, l'été va faire sa conquête.
> Regardez-moi ; n'ayez pas peur,
> L'été est un vaillant seigneur.

Mais l'hiver s'avance à son tour et lui répond en grommelant :

> Tu mens, je suis plus fort et je te brave,
> Je suis l'hiver ; tu n'es que mon esclave.
> Regardez-moi, je n'ai pas peur,
> L'hiver est un puissant seigneur (1) !

La lutte s'engage. L'hiver parle de glace, de frimas et de gelée. L'été hausse les épaules et prétend qu'il les fera fondre d'un rayon de soleil. Mais l'hiver lui dispute le terrain pied à pied, il gronde, menace de sa voix creuse et fait le moulinet avec son houx, d'un air résolu. Alors l'été éclate de rire et le touche de son sceptre fleuri. L'hiver tressaille comme étourdi sous les clochettes printannières des liserons.

---

(1) Cette scène est encore représentée dans certains villages d'Allemagne. Le dialogue dont je cite le commencement se trouve dans le recueil d'Uhland, t. I, pag. 23.

Sa voix devient chevrotante, essaie encore la menace et finit par supplier humblement. Enfin l'hiver hésite, recule et s'enfuit chassé par une pluie de muguets. L'été seul occupe triomphalement la scène.

A cette victoire éternelle du printemps sur l'hiver, de la vie sur la mort, la foule pousse un immense cri de joie, un cri à réveiller les divinités païennes endormies dans les cavernes des montagnes. Puis, ivre de plaisir, elle court la célébrer par la danse en plein air. Entraîné par le flot, le berger se glisse au pré où les couples mènent leur danse champêtre; cependant les longues files de paysannes qui le regardent en riant, ne sont pas faites pour l'encourager. Les plus hardies lui lancent par dessus l'épaule une œillade avec un bout de chansonnette significative :

> S'il est des sources jaillisantes, .
> Il faut s'en abreuver.
> S'il est des filles florissantes,
> Il faut, il faut aimer.

La seconde ajoute :

> J'ai fait choix d'une fille
> Vertueuse et gentille. —
> — N'est-ce pas? —

Vient la troisième qui fredonne d'une voix malicieuse :

> Ne hâtons rien, beau page
> Restons honnête et sage,
> Au bout de l'an, oui, oui ; oui, oui je reviendrai.

Est-ce pour l'agacer, est-ce pour se moquer de lui? Il ne sait, mais pour un empire il ne se risquerait pas au milieu de ces rieuses, dont les voix lui tintent dans les oreilles et qui se laissent entraîner l'une après l'autre à la danse vagabonde. Inquiet, moitié ravi, moitié maussade, il se retire sous un arbre pour observer la fête à son aise, lorsque une ravissante apparition attire ses regards. Dans le chemin creux, entre les haies, il aperçoit la bergère de la vallée. Les mains jointes sur son tablier, la tête légèrement inclinée en avant et les yeux grands ouverts, elle s'avance furtive, légère, inquiète, à pas lents. Pour toute parure elle porte sur sa tête une couronne de chèvrefeuilles dont les fleurs sauvagement entrelacées tremblent au vent avec sa chevelure brune comme pour rehausser l'expression suave et agreste de son visage. Arrivée au pré, elle s'arrête tout à coup et prête l'oreille à la musique bizarre du ménétrier. Une villageoise la prend sous le bras pour l'emmener vers les beaux du village, elle résiste. Une

autre la prend de l'autre côté et veut l'entraîner
de force; elle se dégage et s'esquive. Un paysan
lui saisit la main et veut la faire danser. Mais
la fille des montagnes lui lance un regard
oblique et courroucé, s'échappe et se précipite
sous l'arbre derrière lequel se tient le pâtre
émerveillé. Elle ne l'aperçoit pas. Alors il s'en
approche et l'entoure doucement de son bras.
Elle se retourne vivement et le regarde de ses
grands yeux doux et sauvages. Mais elle ne
s'enfuit pas. Ils restent immobiles et se regardent longtemps. « Viens avec moi, dit-il à voix
basse, n'entends-tu pas le chant tendre du rossignol, qui chante là en bas dans les vallées?
T'effraies-tu de marcher à l'ombre, là en bas
dans la mousse? je te conduirai. Viens! » Les
yeux de la fille des bois prennent une expression plus rêveuse et plus passionnée. Elle
écoute tour à tour le rossignol qui chante là en
bas et la voix caressante de l'enfant hardi qui
la presse de son étreinte. Puis tout à coup
d'une voix décidée : « Là en bas? Non, je n'ose,
vas-y seul. Adieu! » Et d'un bond elle disparaît
dans les buissons.

Il descend, descend, il cherche, cherche
encore. Point de bergère dans la clairière du
vallon, point de bergère à la fête; il faut s'en
retourner à la montagne, seul, triste, mais fier
comme un page qui vient de ramasser une

plume tombée du chapeau de sa châtelaine.
Certes, il se promet de revenir un jour à la danse
et d'être plus heureux. Mais en attendant il
erre souvent au dessus du vallon perdu. Son
ami le coucou l'accompagne toujours à distance
et a soin de se nicher assez près pour se faire
entendre. Ces deux joyeux musiciens ont besoin
l'un de l'autre et se servent d'auditoire dans les
jours de pluie et de soleil. Le coucou aidera-t-il
au berger à découvrir la sauvage bergère? Il
n'en doute pas et souvent il chante par dessus
la haie :

Je suis le gai coucou des bois
   Qui passe et qui repasse,
Mon nom joyeux est dans ma voix,
   Je chante et ne me lasse.
L'hiver j'habite les forêts,
   Et l'été les prairies,
Toujours mon cœur séjourne auprès
   Des bergères fleuries.

Quand mon troupeau paisiblement
   Se répand dans la plaine,
Je m'arrête et m'assieds gaîment
   Parmi la marjolaine.
Je crie à haute voix : coucou !
   J'appelle au loin, j'appelle !
Du fond des bois je ne sais d'où
   Répond, répond ma belle ! (1)

(1) Recueil de M. Simrock, n° 121.

Mais personne ne répond, et toutes ses chansons hardies et suppliantes, voluptueuses ou plaintives vont se perdre sur le versant impassible des montagnes, et si l'écho mélancolique d'une vallée lointaine n'en répétait mystérieusement les derniers mots, du fond des sapins, il douterait que jamais quelqu'un en soit touché.

La bergère de la fête les entend peut-être, mais elle n'en fuit que plus loin sur sa lande déserte et n'ose en sortir. La vie de cette singulière enfant a bien changé depuis la scène de la danse, où sans doute une curiosité de jeune fille l'avait entraînée. Le ciel lui paraît plus bleu, la forêt plus verte et le vent qui frôle les feuilles chuchote des paroles étranges. Les fleurs brillent de couleurs plus vives, les unes brûlent comme des flambeaux dans les ténèbres de la forêt, les autres la regardent tristement et ont l'air de lui dire : Prends garde (1). Les oiseaux

(1) A ceux qui douteraient de la vivacité d'impressions semblables chez le peuple, il suffit de rappeler la symbolique des fleurs qui joue un si grand rôle dans la chanson populaire. Chaque fleur porte un nom significatif dans le vocabulaire de l'amour; dans ces noms doux et mystérieux, depuis le *Vergissmeinnicht* (ne m'oublie pas) jusqu'au *Jelangerjelieber* (d'autant plus longtemps, d'autant mieux), on ne peut assez admirer la puissance de l'imagination à saisir le rapport entre la forme de la plante et la pensée qu'on lui prête. Nos froides analyses, notre langue prude et solennellement ennuyeuse ne risquent jamais d'exagérer le feu caché du sentiment populaire. Elles restent toujours bien au dessous.

Voir : Hoffmann, v. Fallersleben. — *Gesellchafts-lieder aus dem sechszehnten Jahrhundert*, 160 et 166.

tantôt la poursuivent de longues risées, tantôt
la saluent de mélodies passionnées et gonflent
son sein d'un inexprimable désir. Il en est un
surtout qu'elle écoute avec une anxiété mêlée
d'espérance. C'est le rossignol. Car de même
que les bergers de la chanson populaire ont le
coucou pour conseiller, les jeunes filles, et surtout celles de la montagne, ont pour ami le rossignol, ou plutôt rossignolette (*Frau Nachtigall*),
c'est ainsi qu'elles l'appellent. L'oiseau chanteur
par excellence, qui joue déjà un si grand rôle en
Orient et au moyen âge, est encore le plus célébré et le mieux compris par le peuple allemand.
Pour les poètes arabes et persans comme pour
les *minnesinger*, il n'est guère que le chantre du
désir. Au moyen âge le rossignol était très redouté comme tel par de grands personnages de
l'Église. Quand saint Bernard, dit la légende,
visita le couvent des Cisterciens, il s'aperçut que
la discipline des moines était très relâchée.
Mais il n'eut pas plutôt entendu autour du couvent le chant voluptueux des rossignols, qu'il
comprit la cause de l'esprit mondain des frères.
Plein de colère il éleva la main et bannit toute
la gent ailée qui prit son refuge dans un couvent
de femmes et y obtint, dit-on, des succès encore
beaucoup plus remarquables. Mais au temps de
la chanson populaire, Rossignolette etait un être
à part, extrêmement fantasque et d'une nature

supérieure. Ses chants et ses rôles sont très divers. Elle enflamme et calme les amants, elle séduit et sermonne les jeunes filles, elle est tour à tour confidente, messagère, prophétesse d'amour et consolatrice des pauvres captifs, mais elle est avant tout la reine des forêts, la libre, la passionnée, plus heureuse que les hommes, mais les aimant comme une amie. C'est là une création éminemment populaire. Les organisations primitives, les âmes poétiques sans manifestation apparente reçoivent de la nature vivante des impressions bien plus fortes que nous autres enfants de la civilisation. Toute leur attention est tournée au dehors et se concentre dans leurs sens qui en acquièrent une finesse de perception, auprès de laquelle nous sommes des sourds et des aveugles. Un bûcheron, une pauvre fille qui vivent dans les bois, distinguent à la longue dans le chant des oiseaux, mille nuances, mille inflexions qui se confondent pour nous et qui pour eux ont un sens précis. Car ces cris, ces modulations leur découvrent toutes les nuances de leurs propres sensations.

Rossignolette est donc la grande amie de la bergère. Elle n'en a point d'autre et jusqu'ici leur union était restée bien paisible. Que de fois couchée sous un arbre, ses cheveux bruns épars à grands flots dans la mousse fraîche, les yeux perdus dans le fouillis des feuillages sombres et lumineux n'a-t-elle pas écouté sa mélodieuse compagne? Elle voulait qu'elle lui apprenne à chanter, et elle chantait déjà :

Près de la maison de mon père
Là-haut il y a un vert tilleul,
Rossignolet de sa voix claire
Tous les jours il y chante seul.

Rossignolet au doux ramage,
Si tu veux m'apprendre à chanter,
D'or je veux border ton plumage,
Un bijou je veux t'apporter.

Mais l'oiseau répondait :

Et que m'importe l'or qui brille?
Ton bijou ne peut me tenter,
Libre et fier je lance mon trille
Et nul ne saurait me dompter (1)!

En automne, elle craignait pour Rossignolette la fraîche rosée du soir et la froide gelée du matin. Mais elle répondait : « Que la fraîche rosée me mouille, le chaud soleil me séchera. » Souvent aussi par les nuits sereines, assise sur sa lande, elle écoutait s'élever dans les airs sa

(1) Recueil d'Uhland, 16, 17.

voix pure et enthousiaste, quand déjà tous les autres oiseaux se taisaient depuis longtemps. Il lui semblait alors que cette voix ne lui parlait plus à elle, mais à un être supérieur, à Dieu sans doute, dont elle ne sait que peu de chose, si ce n'est qu'il réside au dessus des étoiles; et pénétrée d'un profond sentiment d'adoration, elle mariait sa voix à celle de l'oiseau bien-aimé :

Charme des nuits, ô rossignol,
Qu'au ciel ton chant prenne son vol,
Au ciel ta voix aimante !
Des oiseaux le dernier soupir
Sous la feuille est venu mourir,
O chante, chante, chante !
Du fond du bois sombre et dormant
Chante dans le silence,
Et que ton cœur s'élance
A Dieu qui règne au firmament !

Déjà le soleil s'est couché,
Et les ténèbres t'ont caché,
Mais la voix vibre encore,
La voix qui chante au fond du cœur
La gloire de son créateur,
Mon cœur toujours adore !
Du fond du bois sombre et dormant
Chante dans le silence,
Et que ton cœur s'élance
A Dieu qui règne au firmament !

Silence! au loin qu'ai-je entendu?
L'écho sauvage a répondu,
Lui qui toujours sommeille.
Si le sommeil veut nous dompter,
Par joie il faut en triompher,
L'écho lui-même veille.
Du fond du bois sombre et dormant
Chante dans le silence,
Et que ton cœur s'élance
A Dieu qui règne au firmament!

Petit oiseau, cher à mon cœur,
Alerte! redoublons d'ardeur,
Exaltons-nous encore!
Le jour viendra s'épanouir
Le monde va se réjouir,
Chantons jusqu'à l'aurore!
Du fond du bois sombre et dormant
Chante dans le silence,
Et que ton cœur s'élance
A Dieu qui règne au firmament (1)!

Mais, depuis qu'elle a entendu le jeune pâtre lui murmurer des paroles d'amour, l'oiseau parle une autre langue. Le bel enfant n'a-t-il pas voulu la conduire au vallon perdu pour écouter le rossignol, et ne chantait-il pas ce jour-là d'une voix étrange et forte? Elle n'y est pas allée, mais, depuis ce jour, l'oiseau tentateur la poursuit et répète la sauvage mélodie du val perdu.

(1) Wunderhorn, I, pag. 183.

Effrayée, elle lui dit : « O rossignol, petit oiseau, cesse ton chant si fort ! » Mais il ne cesse ; ses accents languissants pénètrent plus avant dans l'âme et ont parfois tant de puissance, qu'ils semblent devoir briser sa gorge délicate, lorsqu'ils jaillissent par bordées éclatantes. Troublée, éperdue, elle s'en retourne à sa hutte près de la métairie.

Des semaines, des mois se passent, un jour de danse est revenu. Le matin, des jeunes filles, qui passent devant sa hutte, ont l'air de dire pour elle :

Au bel été, gazouillent les oiseaux
Et dans le foin gambadent les agneaux,
Il vont chanter à la porte des belles .
Venez, venez danser sous les tonnelles.

La tentation est trop forte. Elle s'apprête, se pare, met sa couronne. Déjà, elle marche dans le chemin creux, déjà les premiers sons de la musique font battre son cœur, quand une branche d'églantine qui retombe jusqu'au milieu du chemin par une courbe gracieuse attire son attention.

— Bonjour, bonjour, belle églantine
Pourquoi si verte ce matin ?
— Bonjour, fille fraîche et lutine
Pourquoi si belle ce matin ?

— D'où me vient ma joue empourprée ?
Je te le confierai sans peur,
Je bois du vin à la vesprée,
Le vin frais met ma joue en fleur.

— Tu bois du vin à la vesprée,
Le vin frais met ta joue en fleur,
Et sur moi tombe la rosée
Qui fait ma force et ma verdeur.

— Prends garde à toi, belle églantine.
Sois sage et regarde à l'entour,
Pour me fleurir, ah ! tu devines,
Je vais te couper un beau jour.

— Si tu me coupais en automne
Au printemps je reverdirais,
Mais fille qui perd sa couronne,
Ne la retrouve plus jamais ! (1)

Cette pensée l'effraie et la retient. Comme le chevreuil, un instant, séduit par la fanfare des cors et qui tressaille au cri de la meute, elle revient sur ses pas et prend la résolution de ne plus retourner à la danse et encore moins à la mystérieuse clairière. En passant dans les champs, elle entend le bruit d'une faucille qui coupe les blés et deux moissonneuses qui causent ensemble. Elles sont cachées par les hauts

(1) Recueil d'Uhland, n⁰ 25.

11.

épis et ne se doutent pas qu'on les entende.
L'une chante fièrement :

> Coupons les blés, coupons, fillette,
> Qu'importe? ils tombent sous le fer.
> D'un amoureux j'ai fait conquête,
> Les bluets sont au trèfle vert !

L'autre murmure d'une voix triste :

> D'un amoureux fais la conquête,
> Les bluets sont au trèfle vert,
> Mais moi je reste ici seulette,
> J'ai dans le cœur un mal amer !

Ces deux voix la plongent dans une profonde
méditation et font palpiter étrangement son
cœur. Elle ne se doute pas que la moissonneuse
triste a été trahie par son amant, et que l'autre
n'en est encore qu'à la joie des premières amours.
Elle n'entend que le tressaillement de bonheur
de l'une, elle ne sent que le « mal amer » de l'autre. N'est-elle pas seule aussi? Mais ne pourrait-elle pas ressembler à l'autre? Et comme il
serait beau de chanter à son tour d'une voix
triomphante :

> D'un amoureux j'ai fait conquête,
> Les bluets sont au trèfle vert !

Cette mélodie qui vient de s'échapper comme
d'elle-même de son sein la fait frémir. La fille
sauvage se gonfle d'orgueil et d'amour, elle ou-

blie tous ses vœux et s'élance par bonds vers le
val perdu. Mais, à mesure qu'elle descend dans
les taillis épais, elle marche plus lentement et
s'arrête souvent en écartant les branches. Enfin
elle arrive, le val perdu est désert, la lisière des
bois immobile et sombre. Elle écoute, pas un
bruit. Pourquoi n'entend-elle plus la voix vibrante qu'elle a entendue une fois et qui l'appelait:

> Du fond des bois je ne sais d'où,
> Répond, répond, ma belle !

Maintenant, plus rien. Mais voici que le coucou se met à pousser son cri monotone. C'est un
oiseau de bon augure. Elle s'assied dans les
hautes herbes et, palpitante, attend ; mais pas
une branche ne remue. Le coucou seul se fait
entendre. Impatientée, elle se décide à consulter
l'oiseau pour savoir combien d'heures, elle at-
tendra son ami, et selon la croyance populaire,
l'oiseau doit dire autant de fois : coucou, puis
s'arrêter. Et quel fut l'oracle du coucou? La
belle et farouche enfant ne vous le dira pas.
Mais un vieux pâtre malicieux qui, par hasard,
rôdait dans ces parages l'a entendu et en a fait
une gaie chanson :

> Une bergère menait paître
> Ses moutons dans les prés,
> Les bluets venaient de renaître
> Dans les champs bigarrés.

Et gaîment au bosquet voisin
Le coucou chantait son refrain :
    Coucou! coucou! coucou!

S'assit dans l'herbe la pauvrette
    Toute pensive, et dit :
Comptons, combien de temps seulette
    J'attendrai mon ami.
Elle compta bien jusqu'à cent,
Et l'oiseau chantait constamment :
    Coucou! coucou! coucou!

Ah! c'en est trop, dit la fillette
    Qui bondit en sursaut,
Je te battrai de ma houlette,
    Sot et méchant oiseau.
Par bonheur l'oiseau l'aperçoit,
S'envole, et crie au fond du bois :
    Coucou! coucou! coucou!

Dans la forêt elle s'enfonce
    Et tombe lasse enfin.
Va, crie encor, moi j'y renonce
    Je te poursuis en vain,
Mais le berger à ce moment
Paraît, l'embrasse et dit gaîment :
    Coucou! concou! coucou (1)!

Et la fin de l'histoire? C'est encore le vieux
pâtre malin qui la sait, et lorsqu'on la lui de-

_____

(1) Chanson populaire de Westphalie.

mande, il répond comme toujours par une chansonnette de sa façon :

> Un garçon vit un jour fleurir
>   La rose des bruyères,
> Dans sa fraîcheur belle à ravir.
> Il s'arrêta fou de plaisir,
>   Le cœur tout en prière.
> Petite rose, ô rose rouge,
>   O rose des bruyères !
>
> Il lui dit : Je te cueillerai !
>   O rose des bruyères !
> Elle dit : Je te piquerai !
> Et jamais ne le souffrirai,
>   Je suis beaucoup trop fière !
> Petite rose, ô rose rouge,
>   O rose des bruyères !
>
> Et le sauvage enfant cueillit
>   La rose des bruyères.
> La pauvre fleur se défendit,
> Fallut bien qu'elle le souffrît ;
>   Bientôt se laissa faire.
> Petite rose, ô rose rouge,
>   O rose des bruyères (1) !

Il y aurait encore plus d'un épisode de cette

(1) On sait que Goethe a reproduit textuellement cette chanson
populaire dans son recueil de poésies lyriques. Il n'y changea qu'un
vers à la dernière strophe, au lieu de : *Et puis de plaisir tressaillit*,
il dit : *Fallut bien qu'elle le souffrît.* (Musst es eben leiden), ce qui
est plus délicat et plus élevé.

vie primitive du peuple à raconter. Ces histoires
sont parsemées dans les rimes nombreuses qui,
de ce temps, sont parvenues jusqu'à nous, et
dont beaucoup se chantent encore. Les motifs
s'appellent l'un l'autre, s'entrelacent et se combi-
nent à l'infini comme dans la réalité. Je n'ai
voulu qu'ouvrir une échappée dans ce monde de
l'idylle primitive. Que ceux qui veulent y pénétrer plus avant lisent les chansons populaires
elles-mêmes, et certes ils ne s'en repentiront
pas.

J'ai dit idylle et je me trompe. Car le genre
littéraire qu'on désigne ordinairement par ce
nom est l'œuvre d'une civilisation avancée.
L'idylle savante est le retour réfléchi du poète
fatigué de la corruption et des hypocrisies sociales à la simplicité première de la vie, à l'entière franchise de toutes les affections humaines.
Mais les chansons populaires, qui font deviner
cette existence instinctive au sein de la nature,
sont l'œuvre du peuple lui-même, échappées à
ses loisirs, à ses heures de rêverie et de contemplation. Elles se rattachent donc à ce
qu'on pourrait appeler la poésie pastorale primitive.

Ce serait une histoire curieuse à poursuivre
que celle du berger dans la race aryenne. Car,
de peuple en peuple et de siècle en siècle, son
rôle et sa destinée ont subi bien des vicissi-

tudes. Le pasteur nomade est placé à l'origine
de cette grande civilisation indo-européenne.
Riche, puissant, redouté, il est le maître de la
terre, il est roi, prêtre et poète. Mais, à mesure
que la civilisation se complique et se développe,
il perd son prestige, jusqu'à ce qu'il tombe au
dernier rang de la société. Déchu, dépaysé, couvert de mépris dans le monde moderne, il est
comme le dernier représentant de cette vie primitive qui s'efface de plus en plus. Dans cette
histoire, quelques chansons populaires slaves,
allemandes, écossaises formeraient le dernier
chapitre. On y retrouverait le berger naïf, insouciant, amoureux quelquefois; caractère spontané, contemplatif, enfant de la nature avant
tout et toujours musicien. C'est dans ses notes
traînantes, qui se perdent dans les gorges oubliées, que va mourir mélancoliquement le premier idéal de la grande race. Mais on aimera
longtemps encore à s'y rafraîchir; car ces chants
respirent une paix profonde. L'homme y est
heureux, tranquille, plein de sympathie pour
tous les êtres vivants. Sa vie s'écoule dans une
douce harmonie avec la nature et dans une
grave contemplation, dont il n'a pas encore
conscience. Pour lui, point de combats intérieurs; il n'est pas parvenu à ce degré de réflexion, où la vie est une lutte perpétuelle entre
le bien et le mal, entre le vrai et le faux. Et,

pourquoi en saurait-il quelque chose? Il est plus heureux ainsi, les orages qui nous agitent, ne l'atteignent pas encore et rien ne trouble l'harmonie première de ses pensées.

Alerte ! compagnons, en route !
Valise au dos, il faut marcher.
Le premier pas, le seul qui coûte
Est fait ; partons sans plus tarder.
Mais, verse-nous, la belle fille !
Le vin à flots, et qu'il pétille,
Ah ! que c'est beau de voyager !

CHANSON POPULAIRE.

IV

LES AVENTURIERS

Le Don Juan des bois. — Le joyeux vagabond. Miracles du vin. —
La mort du brigand et le repentir du bandit. — Le soldat malgré lui
et le soldat quand même. — Les bohémiens. — Le pauvre ménétrier.
— L'étudiant et la bourgeoise. — Le vaillant charpentier et la belle
comtesse. — Ulric de Hutten, le chevalier de la liberté.

Les vies paisibles cachées au sein de la
nature sont des exceptions chez les peuples civilisés. Elles ressemblent à cette maison de
Philémon et de Baucis destinée à périr dans la
cité travailleuse de Faust. Aussi les chansons
idylliques des pâtres, des bûcherons et des char-
bonniers qui nous transportent dans un monde
patriarcal, ne sont-elles que des voix perdues
dans la vie orageuse du seizième siècle. Le
peuple alors se réveille, se lève, s'arrache à un
long servage pour se jeter tête perdue dans l'ac-

tion, comme un jeune homme impatient, qui va courir le monde après s'être nourri de chimères. Pour la première fois le fils du serf a foi en sa destinée, pour la première fois il veut tenter la fortune. Il se fait chasseur, lansquenet, étudiant, et célèbre ses bonnes fortunes. Avec ces héros, nous sortons de la mythologie et de l'idylle pour entrer dans l'histoire.

Parmi ces aventuriers alertes, il en est un qui fait voir à merveille la brusque volte-face de l'innocence au désir téméraire, du rêve à l'action hardie et qui représente, si j'ose dire, le passage de la vie primitive à la vie aventureuse. C'est le chasseur.

> L'entendez-vous ? C'est le chasseur sauvage.
> Le voyez-vous derrière le feuillage ?
> Sa verte plume au vent flotte toujours ;
> C'est le chasseur qui séduit mes amours.

Ainsi parle un pauvre paysan auquel le chasseur a volé le cœur de sa payse. En vain a-t-il rappelé à sa bonne amie le « Val des roses » et la place où ils venaient s'asseoir ensemble. Elle ne veut plus y retourner, elle n'écoute rien, elle n'entend que le son du cor magique qui chante amoureusement au fond des bois, et chaque fois qu'il reprend sa fanfare, elle reste immobile comme sous le coup d'un charme. Il a suffi au chasseur d'un mot et d'un regard pour ensorceler la pauvre fille. Et d'où lui vient cette magie? C'est que le chasseur est le don Juan du peuple. Il court les forêts, le fusil sur le dos, le cor pendu au côté, toujours seul, toujours mystérieux, toujours cornant et chantant, toujours à l'affût des plus belles filles du pays. Et comment lui résisteraient-elles? Sa fierté, son air entreprenant, son pourpoint de velours aux boutons d'acier et par dessus tout sa plume verte leur font tourner la tête. Lorsqu'elles en parlent entre elles, toutes se récrient, mais au fond, chacune brûle de le voir. Il a cela de commun avec le malin que lorsqu'on y songe trop et qu'on l'évoque le soir dans la forêt, il finit par être là, sans qu'on ait le temps de se raviser, et par chuchoter à votre oreille de ces paroles qu'on n'oublie plus. On se dit tout bas qu'il a vendu son âme au diable. Mon Dieu, ce n'est qu'un enfant de la nature qui porte dans ses amours ses instincts à demi sauvages.

Au printemps les senteurs de la forêt l'enivrent, le cri des oiseaux l'excite, le démon de la chasse s'empare de lui. Alors, rien ne l'arrête.

Le chasseur fringant et superbe
Chevauche au bois de grand matin,
Il cherche les beaux cerfs dans l'herbe
Et les doux chevreuils dans le thym.

Au bord de la forêt épaisse
Il voit grande joie et liesse.
Au mois d'amour, sur les gazons
          Tourne la ronde
          Vagabonde,
Tournent fillettes et garçons.

Coucous joyeux, coqs de bruyère,
Ramiers roucoulent de désir,
Et son cheval frappant la terre
Hennit d'orgueil et de plaisir ;
Et le chasseur en rêve et pense,
O chasse folle, ô joie immense !
Au mois d'amour sur les gazons,
          Tourne la ronde
          Vagabonde,
Tournent fillettes et garçons.

Voici qu'une jeune fille vient à sa rencontre :

Il la prit par sa main de neige
Ainsi que font tous les chasseurs :
— Belle vierge, où te conduirai-je ?
Dans mon château d'or et de fleurs.
Le bonheur est rond comme boule.
Ah ! viens le suivre, il roule, roule !
Au mois d'amour sur les gazons,
          Tourne la ronde
          Vagabonde,
Tournent fillettes et garçons.

Il est sincère dans ses serments. Chaque fois
qu'il voit une belle jeunesse, il se persuade
naïvement que c'est son premier et son dernier

amour, tant il est brûlant et instantané; mais
bientôt sa fougue l'entraîne plus loin. Souvent
l'aventure gaîment commencée finit bien tristement. Les premiers refrains disent : « La jeune
fille riait si fort! » et les derniers : « La jeune
fille pleurait si fort! » Le chasseur a disparu.

Une fois cependant il est touché au cœur. Il
se prend d'amour pour une brunette douce et
craintive. Mais c'est un amour étrange, à la
fois tendre et sauvage comme celui qu'il a pour
la biche gracieuse et tremblante. Il ne peut
aimer paisiblement, c'est là sa malédiction. Il
la conduit au fin fond de la forêt et la fait asseoir
sous un arbre sur lequel gazouille un oiseau.
Un désir bizarre, mais irrésistible s'empare
de lui. Il faut qu'il tue cet oiseau et le fasse
tomber sur les genoux de sa maîtresse. Elle
frissonne et le supplie de n'en rien faire. Mais il
n'écoute rien, il veut l'éprouver :

> « Mon baiser est doux et brûlant.
> Pourquoi rougir, ma belle enfant,
> Et me regarder suppliante?
> Je vais de ce rameau tremblant
> Faire tomber l'oiseau qui chante.

> « Dans la mousse assieds-toi gaîment,
> L'oiseau sur ton sein frémissant
> Va tomber du rameau qui tremble.
> Sur ton sein on meurt doucement !
> Si tu meurs, nous mourrons ensemble.

Mais la pauvre fille a trop peur. Elle bondit de sa place au moment où il tire, il veut se précipiter dans ses bras et la trouve morte.

> « Mon baiser est doux et brûlant !
> Pourquoi si pâle, ô belle enfant ?
> Hélas ! mon âme est assouvie.
> Sur ton sein on meurt doucement. »
> Sur son sein il se prend la vie.

Telle est la fin violente du chasseur dont la destinée tragique est de tuer sa bien-aimée la première fois qu'il aime.

Ce chasseur est de pur sang germain. C'est un arrière-petit-fils déchu des héros des vieux âges, des Sigurt et des Siegfried qui couraient les foréts immenses de la Germanie en cherchant des monstres à exterminer, des trésors à ravir et de belles vierges à gagner. L'obscur coureur des bois a comme une vague conscience de ses puissants ancêtres. Car parfois il lui semble qu'il comprend le chant des oiseaux; des voix mystérieuses le poursuivent dans les chuchottements de la brise et dans le gazouillement des fauvettes, et ces voix l'excitent à des actions héroïques. Mais où aller, qui combattre et qui conquérir? Dans la grande forêt il n'y a plus que des cerfs et des sangliers, et au village il n'y a que de pauvres payses. Le chasseur est un roi déchu de sa grandeur, mais quand il envoie un coup de fusil comme un tonnerre dans la montagne, et que la vieille forêt de chênes lui répond par un grondement amical, il se dit : Elle est à moi! c'est mon royaume!

Plus tard on le retrouve de nouveau dans la chanson populaire; mais cette fois-ci le volage Don Juan des bois se laisse convertir au mariage par « la fille aux yeux bruns rayonnants. » C'est lui-même qui chante sa dernière et sa plus belle victoire :

> Un chasseur dans la forêt verte
> Doit chercher son bonheur.
> O forêt sauvage et déserte,
> Douce est ta profondeur !
>
> Mon chien qui toujours m'accompagne,
> Leste et fringant gaillard,
> Bondit et suit dans la campagne
> L'éclair de mon regard.
>
> Mais d'où vient la voix qui m'appelle
> Par de si doux accents ?
> — D'où viens-tu dans ces bois, ma belle,
> Brune aux yeux rayonnants ? —
>
> — Et pourquoi me promènerais-je
> Dans ce bois enchanteur ?
> Par le soleil et par la neige
> Je cherche un beau chasseur. —
>
> Et j'embrassai cette jeunesse :
> — Pour Dieu, tu m'appartiens !
> Sois donc ma belle chasseresse,
> Viens partager mes biens.

> Tu ne seras plus vagabonde
> Dans les bois reverdis,
> Et tant que durera le monde
> Nous resterons unis.

Le chasseur sauvage va devenir le joyeux fores-
tier, père d'une troupe superbe de fils vigoureux
et de brunes filles, qui porteront dans leur sang
l'amour de la forêt et de la liberté. Sa carrière
aventureuse est terminée.

Si l'heureux chasseur est l'enfant de la nature
dont les jours pleins de soleil et de fanfares
s'écoulent au gré de sa fantaisie, le pauvre
vagabond qui erre de village en village et de
province en province, n'est qu'un enfant déshé-
rité de la civilisation et de la misère. Si pauvre
qu'il soit, le chasseur est le roi de la forêt, mais
le vagabond n'a pas de pierre où poser sa tête.
D'où vient-il? Dieu le sait, mais lui-même n'en
sait rien. Les haillons qu'il porte sont toute sa
fortune. En est-il plus triste? Il dit que non :

> J'étais si jeune encore et si pauvre déjà.
> Je n'avais pas d'argent, partout on me chassa.
> Lors je pris le bâton, le sac du pauvre hère,
> Et tout le long du jour sifflai le *Notre père*.

Et tout en sifflant il voit passer le monde. Où
vont-ils tous ces chevaliers étincelants d'or et
d'acier avec leurs fières amazones, ces soldats
insouciants avec leurs filles rieuses, ces mar-

chands chargés des sequins de Venise et ces
gais saltimbanques bariolés? Que n'est-il à leur
place! Il voudrait comme eux guerroyer, danser
aux fêtes avec les belles ou sur la corde à la
foire. Mais sa mise est si chétive, sa bourse si
légère et la paresse si douce! Chevaliers, belles
dames et fous de cour disparaissent dans la
poussière du chemin, en lui jetant une aumône
ou un éclat de rire. Le vagabond reste seul au
bord de la grande route, rêvant à leurs bonnes
fortunes et mendiant comme toujours. Pour peu
que deux ou trois pièces de monnaie sonnent
dans sa poche, il entre dans une taverne. Aussitôt toutes les félicités naguère regrettées viennent miroiter à ses yeux dans une bouteille
de vin. Le vin est le talisman qui lui donne tous
les trésors, toutes les jouissances et toutes les
gloires du monde. Comme l'ivrogne de Shakspeare il se métamorphose en grand seigneur. Il
boit, et le voilà riche, aimé; cent valets sont
prêts à le servir, et la plus belle des belles se
penche sur lui pour se mirer tour à tour dans sa
coupe d'or et dans ses yeux éblouis. Voilà ses
jours de richesse; ses jours de pauvreté sont
parfois tout aussi gais. N'avoir rien dans sa
poche n'empêche pas de s'asseoir à la table d'auberge en chantant :

> N'y a-t-il donc personne ici
> Qui me dirait : Mon cher ami,

Viens boire à ma santé, viens, bois
Un ou deux verres, deux ou trois?
Oui deux ou trois, eh oui! eh oui!

Du vin, du vin, entendez-vous!
Car que ferais-je de ce sou
Le jour où je ne serai plus?
Kyrie eleison! Kyrie eleison!

Quel lansquenet assez dur, quel marchand assez
chiche, pour ne pas exaucer cette prière et ré-
compenser d'un broc de vin les bons mots et les
facéties du pauvre vagabond? Sa bonne humeur
lui improvise des amis, et comme elle se donne
carrière! Ces soirs-là il aime le monde entier,
bien plus, il se sent la force de s'en faire aimer.
Malheur à la fille téméraire qui se hasarde alors
à regarder au fond de ses yeux pétillants. Une
chanson l'attire, une caresse la retient et au
troisième couplet l'aventurier triomphant l'attire
sur ses genoux à force de gaîté, de hardiesse et
de folie. C'est son plus beau jour, il boit dans
l'écume du vin, dans les baisers de sa maîtresse
la joie d'une vie entière :

Se pâmer aux bras d'une belle
Le verre en main, la bouche en feu,
Ah! quelle ivresse, vive Dieu!
Baisers brûlants, vin qui ruisselle.
Brûlez plus fort! ris, ô ma belle!
Plaisir de roi, plaisir divin,
Amour qui flambe dans le vin!

Il vit ainsi au jour le jour sans s'inquiéter du lendemain. Les fleurs des champs sont toujours bien vêtues, pourquoi se ferait-il des soucis? Les oiseaux chantent tout l'été, pourquoi craindrait-il l'hiver? Qu'un heureux coup de dé, qu'une bourse trouvée en chemin, ou coupée à la ceinture d'un marchand avare, l'enrichisse tout à coup, et notre vagabond sera plus magnifique qu'un seigneur à sa noce. Il appelle à sa table riches et pauvres, soldats et baladins, vieux joueurs de harpe et petits vielleurs. Tous sont forcés de partager son vin et sa joie. Si quelque ami prudent s'avise de lui parler d'économie : « Eussé-je tout le saint-empire romain, répond-il à ce cœur mesquin, eussé-je le péage du Rhin et les trésors de Venise, je boirais tout. A quoi bon épargner? Peut-être perdrais-je mon argent, et si un voleur l'attrapait je m'en repentirais toute une année. » Entouré de ses amis d'un jour et de quelques filles joyeuses, il fait sa profession de foi :

> Trois dés et trois cartes heureuses.
> Messieurs, voilà mon fier blason,
> Six jouvencelles amoureuses
> A mes côtés l'achèveront.
> Arrive, belle et folle fille,
> Réjouis ma bouche et mon cœur,
> Dans mon jardin d'amour qui brille,
> Viens, sois ma rose de splendeur.

Tourne le vent de la fortune, il ne s'en inquiète pas plus que la girouette. S'il n'a rien, il laisse son manteau à l'aubergiste; et si par malheur on emprisonne le pauvre diable, il obtiendra bien du geôlier un broc de vin. Et alors, vive la liberté! Tout seul il boit, il fredonne, il est heureux :

> Libres sont les pensées!
> Nul ne peut les saisir.
> Quand par folles volées
> Sous le vent du désir,
> Dans notre âme pressées
> Elles chantent en chœur.
> Oh! rêver, quel bonheur !
> Libres sont les pensées !
>
> Va, referme ta porte,
> Cachot sombre, sur moi.
> Je m'en ris ! et qu'importe !
> Dans mon cœur je suis roi !
> Ces barrières dressées
> Par la haine des forts,
> Je les romps et je sors.
> Libres sont les pensées !
>
> J'aime bien ma maîtresse
> Et j'adore le vin.
> Aimons donc dans l'ivresse
> Quand le cœur est trop plein.
> Quand le vin par ondées
> Coule, alors j'ai sa foi,
> Ma maîtresse est à moi.
> Libres sont les pensées !

Le pauvre vagabond, vous le voyez, ne revendique que la plus inoffensive de toutes les libertés, celle du rêve. Le brigand est plus ambitieux,
il veut être riche et puissant par le droit du plus
fort. Ce n'est pas un petit voleur timide qu'un
brigand de grand chemin au seizième siècle.
Avec sa bande il se sent l'égal du margrave
et lui fait une guerre ouverte. En face du brigand légal qui exploite le pauvre serf, il est
le franc bandit sans masque ni scrupule, qui
protége le pauvre et tue le riche. S'il a toute la
brutalité du barbare, il en a aussi la vertu : la
fidélité à ses compagnons. C'est par là qu'il rappelle les chefs germains qui pour s'amuser faisaient la guerre avec leurs amis. La chanson
populaire, éprise de toutes les témérités, se plaît
à vanter son courage et pleure en quelque sorte
sa destinée tragique, qui le fait succomber à la
puissance du seigneur.

Un brigand de grand chemin parcourt avec
sa bande les bords du Rhin et les ravage d'un
bout à l'autre. « Il en a bien joui » dit la chanson.

« A cheval, mes beaux compagnons (1),
Il faut tenter le sort, allons !
Car qui tout ose toujours gagne.
Alerte, au gai butin volons,
Allons, vite en campagne. »

(1) Disons une fois pour toutes que je ne me suis point astreint dans
toutes les traductions aux règles de la prosodie française dont quel-

Mais le margrave de Bade dresse une embûche
au brigand. Il le fait suivre par l'espion Caspar.
Pendant que le brigand dort dans une auberge
Caspar appelle les cavaliers du margrave.

> Le forgeron du grand tilleul
> Avait un fils qui veillait seul.
> Il pousse un cri d'alarme :
> « Mon père chéri, lève-toi
> J'entends le bruit des armes. »

> Le père dort, le père est las.
> Son fils le saisit par le bras,
> Lui donne trois secousses :
> « Mon père chéri, lève-toi
> Le traître est à tes trousses. »

Les soldats du margrave pénètrent dans la

ques-unes, soit dit en passant, sont très arbitraires; par exemple, la
rime pour les yeux. Rendre l'original, en donner la sensation vive
autant qu'il m'a été possible, tel était mon but unique. Me trouvais-je
en face d'une poésie correcte et rigoureuse dans la forme, je me suis
efforcé de la rendre sous une forme analogue. Rencontrais-je au contraire une chansonnette rustique et court vêtue, je n'ai point hésité
à lui conserver sa toilette négligée. Quand j'avais à présenter une
bergère, je ne l'ai point habillée en princesse. Il est d'ailleurs une
autorité que j'invoque, en ma faveur, c'est celle de la chanson populaire française. Mes hérésies sont les siennes. Il m'est arrivé de faire
comme elle, de me contenter de simples assonnances, ou même de ne
rimer qu'une fois sur quatre vers. En somme, j'ai plus insisté sur le
rhythme que sur la rime. Le rhythme c'est la mélodie du vers, la rime
c'est son harmonie. Or, dans la poésie populaire la mélodie prédomine,
l'harmonie est encore d'une simplicité primitive.

chambre d'auberge. Alors le brigand se réveille et saute à son épée.

Le forgeron du grand tilleul (1)
Était un libre cavalier :
« Je veux me battre en chevalier,
Et je vous brave tous. »
Les assassins sont trop nombreux.
Il tombe sous leurs coups.

« Et puisqu'il faut quitter la vie,
Au moins qu'on épargne mon fils
Et mon jeune écuyer.
S'ils ont fait du mal à quelqu'un
C'est moi qui les forçai. »

Caspar en rit et lui dit : « Non !
Pour l'aigle pâtira l'aiglon.
Pour trois la hâche est prête,
Et Bade la tant noble ville
Verra sauter leur tête. »

Ainsi tombe l'audacieux chef de bande entraînant, dans sa chute, ses compagnons fidèles. Il eût donné sa vie pour les sauver. Car le brigand, sans pitié pour les marchands et les seigneurs, aime ses compagnons comme ses enfants. C'est un homme malgré tout, ce sauvage révolté; à l'heure de la mort, c'est un héros. Ainsi du moins le voit le peuple qui prend fait

(1) *Der Lindenschmidt,* c'est le surnom du brigand.

et cause pour les réprouvés et les maudits, heureux et fier de trouver un fonds d'humanité dans un de ses semblables, fût-ce un bandit.

Au brigand incorrigible qui meurt sans crier grâce, la poésie populaire oppose le bandit repentant, celui qui reste comme frappé de la foudre devant la sainteté d'une femme pure et le courage d'une âme croyante. On célèbre la noce de la comtesse Élisabeth. Au milieu du festin, elle se lève dans tout l'éclat de sa parure nuptiale et se rend à une chapelle solitaire de la forêt, pour porter à la Vierge une offrande de fleurs. Elle s'agenouille et commence sa prière. A ce moment, un brigand entre dans le sanctuaire et lève son épée sur cette tête resplendissante de pierreries :

> Mais elle est calme sous le glaive,
> Son regard nage dans les cieux,
> Et sa prière à Dieu s'élève
> Comme un soupir mélodieux.
>
> Il voit ce regard si tranquille.
> Le remords entre dans son cœur,
> L'arme échappe à sa main débile,
> La foi désarme le pécheur.
>
> « D'où vient la divine auréole
> Qui flotte et resplendit sur toi ?
> Noble ange, encore une parole,
> O femme, prie aussi pour moi !

» — Marie, encore une prière !
Aie pitié de ce grand pécheur,
Délivre-le de sa misère ;
Adieu ! sois béni dans mon cœur. »

Il la voit partir noble et fière,
Le monde n'est plus rien pour lui.
Dans une forêt solitaire
Pauvre ermite il s'ensevelit.

La piété simple du peuple croyant célébrer un miracle, ne fait au fond que glorifier la puissance souveraine des âmes nobles sur les âmes incultes, mais naïves.

La fortune que le brigand veut conquérir par la révolte audacieuse, le soldat la brigue par le métier des armes. Au seizième et au dix-septième siècle, ce métier avait un grand prestige aux yeux du pauvre qui voyait la richesse dans le butin, aux yeux du serf qui prenait la licence et le bruit pour la liberté et la gloire. Les guerres privées et publiques abondaient en ce temps. Le fils du paysan, heureux de s'affranchir d'une vie monotone, s'engageait volontiers au service d'un seigneur ou d'un prince ; et lorsqu'il se voyait la lance au poing, il croyait déjà tenir puissance et fortune. Mais souvent aussi il allait en guerre malgré lui, par l'ordre de son seigneur et quittait son pays avec un triste chant d'adieu :

Il faut partir, ô ma patrie !
O mon pays, il faut marcher !
Adieu, ma terre tant chérie,
Adieu, maison, adieu, prairie,
Adieu, foyer qui me fut cher !

O mère, adieu, trop tendre mère !
Qu'avec toi reste le bonheur.
Tu m'enfantas — douleur amère,
Tu m'élevas — c'est pour la guerre,
Et ton adieu me fend le cœur.

O père, ta douleur me gagne.
J'ai bon courage, tu le vois.
Tous mes amis sont en campagne.
Tu peux, du haut de la montagne,
Me voir pour la dernière fois.

Ah ! pour longtemps, adieu, ma mie.
Tes yeux sont rouges, je le vois !
Ta joue est froide et bien pâlie.
Las ! je dois mon corps et ma vie
A Dieu là-haut ; entends sa voix.

Déjà les trompettes guerrières
Résonnent, adieu mon amour.
A toi mon cœur et mes prières,
Je vais combattre avec mes frères !
Entends-tu rouler le tambour ?

Le feu jaillit, le feu commence,
J'entends les balles ricocher.
O Dieu du ciel dans ta puissance,
Fais triompher mon espérance,
Ramène-moi vers le foyer.

Tout est vrai dans ce chant d'adieu, où le pays natal, les parents et la bonne amie ont leur place légitime. Les sentiments les plus simples y sont rendus avec une effusion entraînante et la nature éclate dans la dernière strophe, où l'enthousiasme guerrier fait place à l'attendrissement.

La chanson populaire accompagne le soldat dans toutes les péripéties de sa vie hasardeuse. Elle sonne l'attaque du combat et le signal de la retraite, elle chante les misères du bivouac et l'ivresse du pillage, les amours d'un jour et les adieux sans retour. Que de souffrances, que de déboires dans cette vie ! Heureux celui qui tombe sur le champ de bataille, au milieu de la danse des épées et du fracas des couleuvrines. Le pire sort qui menace le soldat, c'est la captivité suivie d'une mort honteuse. Quelquefois une jeune fille, attendrie du triste sort du prisonnier, essaie de le sauver ; mais c'est toujours en vain. Que peut l'héroïsme de l'amour contre les violences de la guerre? Quelques chants populaires racontent ces scènes émouvantes avec une vivacité dont eux seuls ont le secret. Trois soldats prisonniers passent le pont du Rhin et rencontrent une jeune fille :

« Brune fillett' jeune et jolie
Voulez-vous sauver notre vie.
Intercédez pour nous. »

Et la fillette se retourne
Et pleure abondamment.
Soupire la belle éplorée,
En soupirant s'en est allée
A la maison du commandant :

Beau commandant, cher commandant,
Laissez-moi vous prier.
Ah ! votre âme en serait bénie,
Rendez l'honneur, rendez la vie
Au jeune prisonnier.

Le commandant refuse froidement et répond
en riant qu'il va faire gagner la vie éternelle au
jeune soldat :

Et la fillette s'en retourne
Et pleure amèrement.
Soupire la belle éplorée,
En soupirant s'en est allée
A la prison de son amant.

Et de son sein que tira-t-elle ?
Sa chemisette blanche.
« Vois-tu, mon seul, mon doux ami,
De mon cœur mille fois chéri
Prends ceci pour mourir. »

Et que tira-t-il de son doigt ?
Un anneau d'or brillant.
« Vois-tu, ma belle, ma charmante,
De mon cœur seule et douce amante,
Voici ma promesse et ma foi. »

— Et que ferai-je de l'anneau,
Hélas ! sans mon amant ?
— Dépose-le dans ta cassette
Laisse-le dormir, ma fillette,
Jusques au jour du jugement.

" — Et quand je verrai ma cassette
Avec cet anneau d'or,
Ah ! mon cœur voudra se briser,
D'un couteau faudra le percer.
Dieu ! mon amant est mort ! (1)

Dans une autre ballade, la « vaillante fillette »
fait dix lieues par jour, pour sauver son ami.
Dans ce courage de la femme, aussi bien que
dans la résignation de l'amant condamné à
mort, apparaît le profond sérieux du caractère
germanique. Sa vie est dans la richesse de
l'âme qui se met au dessus de la réalité. Quoi
de plus mâle et de plus austère que ces fiançailles au seuil du tombeau, que cet amour qui
va par delà la vie et cette foi au dernier jugement, qui sera la justice suprême de l'amour?
Rien de faux, rien de maladif dans cette douleur. Chez la femme, l'amour est fort et sain, le
désespoir est contenu mais sans remède, le suicide sera sûr et prompt.

Le soldat malheureux supporte ses peines
avec une patience à toute épreuve. Mais il est

_____

(1) *Wunderhorn*, I, pag. 51.

un mal plus fort que lui, le mal du pays. Celui-là
le travaille jusqu'à ce qu'il jette les armes ; il
s'enfuit et si les sbires ne le rattrapent pas, aucune puissance de la terre ne peut le ramener.
Jamais peut-être la force irrésistible de ce désir
n'a été mieux dépeinte que dans le « Dernier
Chant du déserteur. » C'est un Suisse qu'on
avait placé en sentinelle sur le rempart de
Strasbourg. Au beau milieu de sa promenade
solitaire, il entend au loin le son plaintif du cor
des Alpes. A cette note si connue qui lui rappelle un monde, il jette au loin son fusil et se
met à courir vers cette voix de la patrie. Des
gendarmes se mettent à sa poursuite ; il les
entend derrière lui et court toujours. Le voici
au bord du Rhin ; il s'y jette à la nage. S'il atteint l'autre rive, il sera sauvé, il reverra ses
Alpes. Mais une barque le suit, il est saisi, lié,
ramené, condamné à mort. Quelques heures
avant d'être fusillé, il murmure une triste chanson que retiendront ses camarades exilés comme
lui, et qu'ils répéteront bien souvent les larmes
aux yeux :

> Au rempart de Strasbourg
> Mon malheur commença.
> Le cor alpestre au loin vint à chanter !
> Vers ma patrie il m'a fallu nager,
> Là-bas ! là-bas !

Au milieu de la nuit,
Las ! ils m'ont reconduit.
Ils m'ont pêché dans le sombre courant,
Ils m'ont conduit devant le commandant.
Tout est fini.

A l'aube du matin,
Je paraîtrai devant le régiment.
Il me faudra leur demander pardon.
Je le veux bien, s'il faut, mais à quoi bon ?
J'ai mon paiement.

Mes frères, mes amis,
Adieu, pour la dernière fois.
Oh ! le berger avec sa douce voix,
Le cor, le cor, pourquoi l'ai-je entendn ?
Il m'a perdu ! (1)

Voilà une poésie plus belle encore par ce qu'elle laisse deviner que par ce qu'elle dit. Dans ces derniers balbutiements d'un condamné à mort, quelle puissance, quelle émotion ! Le pauvre fils des Alpes ne se rend pas compte de la force qui l'entraîne, mais il y obéit fatalement. Dès qu'il entend le cor, il croit voir ses montagnes, ses pâturages, ses glaciers, il oublie tout pour s'élancer vers eux. Et après, quelle résignation ! Il ne se révolte pas, ne se plaint pas et n'accuse que le cor, le cor qui a fait tout le mal. Je doute que jamais poète ait

(1) *Wunderhorn*, I, pag. 151.

exprimé plus fortement l'influence magique de la patrie sur les âmes simples.

En face du soldat malgré lui, dont le type est très accusé dans la chanson populaire, il y a le soldat quand même, qui a la passion de son métier. Si le premier est mélancolique et rêveur, l'autre est d'une gaîté folle et d'une légèreté qui défie tous les coups du sort. Celui-ci ne mourra pas d'un excès de sensibilité. S'il se surprend dans un moment de tendresse intempestive, il s'empresse de s'en corriger :

> Que mon fidèle camarade
> S'affaisse au premier coup,
> De pleurs je ne fais point parade,
> Car je suis prêt à tout.
> Le corps tué tombe en poussière,
> L'habit demeure au compagnon,
> Et l'âme monte à la lumière
> Dans le bleu pavillon.

Vivre sous la tente, se battre tous les jours, boire au feu du bivouac, n'avoir ni frère ni sœur, ni femme ni enfants, mais trois ou quatre bons camarades, voilà son bonheur. S'il a un dieu, c'est le point d'honneur :

> Tout soldat fidèle et vaillant
> Sert son maitre et seigneur,
> Et s'il n'a pas beaucoup d'argent,
> Il a toujours l'honneur.

S'il a une religion, c'est le rire qui brave tout et l'enthousiasme de la destruction, poussé jusqu'au délire. Jeunesse, fortune, belles filles et joyeux camarades, tout passe devant lui, tout s'engloutit dans le néant ; sa gaîté seule survit à toute chose, et comme il ne pleure pas la mort de ses compagnons, il ne veut pas qu'on pleure la sienne.

> Quand je serai mort, qu'on m'enterre.
> Mes compagnons, ne pleurez pas.
> Roulez, tambours, comme un tonnerre,
> Ainsi le veulent les soldats.
> Tirez trois salves dans ma tombe,
> Hardi ! comme à la mort d'un roi,
> Gai j'ai vécu, joyeux je tombe.
> Que d'autres chantent après moi.
>   Trallalalala !

Voilà le refrain qu'il chanterait encore sur les ruines du monde.

S'il a une bonne amie, il faut qu'elle soit gaie, vive et légère comme lui, qu'elle aime le hennissement des chevaux, la fanfare des clairons et les panaches flottants. Penchée à sa fenêtre en pignon au coin d'une rue, elle le voit marcher au combat au milieu d'une forêt de piques. Il est radieux, elle est fière. Elle agite son mouchoir, il brandit son chapeau. Un baiser jeté, un bouquet, c'est tout. Prompts adieux, joyeux retours, ils s'aiment entre deux batailles. Mais parfois ces rapides amours ont une fin sinistre. Un matin, le soldat part au point du jour, il voudrait encore dire adieu à sa bien-aimée et fait halte sous sa fenêtre avec ses compagnons. Il la réveille par une aubade guerrière.

> — Le matin entre trois et quatre,
> Nous partons nous autres soldats,
> Par la petite rue, ô gai !
> Tralali ! Tralalé ! Tralala !
> Ma mie, descends ton escalier.

La prude refuse, disant que trop de gens en veulent à son honneur. Sur quoi le tambour lui répond :

> — Si je ne puis te dire adieu,
> Il faudra bien que je revienne,
> Que je vienne mort ou vivant.
> Tralali ! Tralalé ! Tralala !
> Te donner mon baiser brûlant.

La bataille est sanglante. Le joyeux tambour tombe blessé à mort ; « Frère, dit-il à son voisin, je suis blessé, porte-moi jusqu'en ville, ma mie pansera la blessure. »

> — Te porter, frère, je ne puis,
> Déjà l'ennemi nous poursuit,
> Te sauve le Dieu fort.
> Tralali ! Tralalé ! Tralala !
> Moi je marche à la mort.

Les ennemis arrivent et mettent le feu au camp. Personne ne s'occupe du moribond. Enfin il expire, mais au point du jour, le mort se relève et frappe son tambour (1). A ce roulement, ses compagnons morts se relèvent aussi et tous reviennent en ordre à la petite rue, sous la fenêtre de la bonne amie du tambour.

> De grand matin, dans les ténèbres,
> Ils s'avancent en rangs funèbres,
> Et le tambour marche en avant.
> Tralali! Tralalé! Tralala!
> Elle reconnaît son amant.

> « — Vois ma poitrine déchirée,
> Viens dans mes bras, ma bien-aimée,
> J'entoure ton cou de mes bras.
> Tralali! Tralalé! Tralala!
> Et la mort nous réunira (2).

Ce joyeux tambour meurt dans le premier flamboiement de sa jeunesse et de ses amours. Mais il n'est pas rare que l'aventurier soldat vieillisse dans son rude métier. Alors son horizon se rembrunit. Quand sa barbe commence à grisonner, quand les compagnons sont dispersés ou couchés sous l'herbe verte, quand la solitude se fait autour de sa tente, son cœur s'aigrit et

(1) Zedlitz a repris ce motif dans sa *Revue nocturne* où un tambour réveille les morts de la grande armée de Napoléon.
(2) *Wunderhorn*, I, pag. 81.

sa gaîté n'est plus qu'un feu follet, vacillant sur le cimetière de sa vie. Un jour il se souvient d'avoir eu jadis un foyer, une femme et de joyeux enfants. Que sont-ils devenus? Il voudrait les revoir et prend la route de son village.

> Le soldat revient de la guerre.
> Hourra!
> Ses habits tombent en poussière.
> Ohé! soldat d'où venez-vous?
> Hourra!

Il entre dans une auberge et donne son manteau gris pour payer son écot. L'hôtesse se met à pleurer.

> — Hôtesse, pourquoi pleurez-vous?
> Hourra!
> Regrettez-vous votre vin blanc?
> Et me croyez-vous sans argent?
> Hourra!

> — Je ne pleure pas mon vin blanc.
> Hélas!
> J'avais un soldat pour mari.
> Depuis sept ans il est parti;
> Et c'est vous sûrement.

> — D'où viennent donc tous ces enfants.
> Hourra!
> Je ne t'en ai laissé que deux
> Et j'en vois quatre au lieu de deux.
> Hourra!

— Un faux message m'a trompée.
Hélas!
M'annonçant ton trépas subit
Et j'ai pris un autre mari.

— Eh bien! partageons les enfants.
Hourra!
Le plus âgé sera pour moi.
Garde les trois autres pour toi.
Hourra!

Nous déclarons au roi la guerre.
Hourra!
Je me rengage en attendant.
Adieu femme et petit enfant.
Hourra! (1)

Et poussant dans la nuit ce cri strident qui fait frissonner jusqu'aux os son jeune fils, le vieux soldat repart et l'entraîne avec lui dans sa sombre destinée. Ainsi finit l'aventurier soldat. Sa vie rit à son aurore, comme une marche triomphale au son des fifres et des canons, elle devient sombre à son couchant comme un enterrement lugubre. Cet homme n'a ni famille, ni patrie, ni religion. Il vit au jour le jour, sans autre désir que de s'étourdir sans cesse, sans autre vertu que le mépris de la mort, ballotté à travers le monde par les hasards de la guerre, comme un navire

(1) *Recueil de Simrock*, pag. 475.

sans gouvernail par les flots de l'Océan. Il n'a
d'autre but que la fortune, d'autre foi qu'en lui-
même. C'est un homme pourtant ; car il dépense
toute son énergie, ne se courbe devant personne
et sait mourir sans se plaindre. Pour être un
héros, il ne lui manque qu'une grande idée ou
un grand sentiment.

Après ces audacieux chercheurs de fortune
que de pauvres aventuriers nous apparaissent
encore. La plupart d'entre eux pratiquent un
métier inoffensif, les plus malheureux se consolent de leur misère en sifflant des chansons.
Voici le tsigane qui sait prédire l'avenir, le
magicien qui charme les animaux, le vielleur
qui fait danser les villageois. Hélas ! que chan-
teront-ils ces misérables ? Pour eux, point de
patrie, de famille, de tradition. Ils n'ont pas
d'ancêtres à célébrer, la nature est une en-
nemie pour eux, la société une étrangère. Et
cependant l'esprit divin qui s'agite au fond de la
nature et de l'humanité les effleure par moments,
il se révèle par éclairs à ces deshérités de la
famille humaine. Chacun tire de lui-même et
de son pauvre métier l'étincelle de joie et de
poésie qui éclaire sa vie sans horizon. Le tsigane la trouve dans sa science prophétique,
le magicien dans sa puissance mystérieuse sur
les hommes et les animaux, le musicien dans son
luth compatissant. Tous sont pauvres et mépri-

sés, mais tous agissent sur les âmes. Ils fascinent, ils émeuvent, ils consolent, et c'est là ce qui les console eux-mêmes.

Les tsiganes sont des persécutés et des maudits. On les accuse d'être sorciers et de jeter des charmes, on les enferme ou on les met à mort. Mais le peuple prend leur défense, et les célèbre dans ses ballades. Sept bohémiens sont traînés devant les conseillers d'une ville, on les accuse d'avoir volé le saint ciboire. Déjà le grand juge casse le bâton au dessus de la tête du sixième ; c'est le signe d'un arrêt de mort. Alors le septième se lève, c'est leur roi, il prend la parole et dit avec calme : « Je comprends ce que disent les oiseaux dans les airs. Vous ne toucherez pas à un cheveu de ma tête. Bientôt le coq rouge (l'incendie) va pousser au loin son cri. » Aussitôt la flamme sinistre éclate aux quatres coins de la ville, sur la maison du tribunal et déjà ses langues ardentes sifflent autour des juges épouvantés, qui implorent maintenant la miséricorde du bohémien. Il leur arrache le sceptre de mort, les frappe sur la joue, à gauche et à droite en s'écriant : « Pourquoi répandez-vous du sang innocent? » Puis il parle amicalement au feu qui s'apaise soudain ; lui-même s'en va à travers les flammes. C'est ainsi que l'imagination populaire transfigure le tsigane persécuté, elle en fait le vengeur de l'innocence, le ministre de la justice divine, contre les cruautés des juges d'ici bas.

Le charmeur d'animaux se venge d'une autre façon de l'avarice des bourgeois. Ce bohémien aux vêtements bigarrés s'amuse un jour à parcourir la ville en jouant de la flûte. Aussitôt, les rats et les souris accourent de toutes les caves et de tous les greniers pour le suivre docilement. Il les attire dans le fleuve et les bêtes affollées de sa musique s'y noient par milliers. Pour cette bonne action il demande un salaire au conseil de la ville. On le lui refuse, disant que c'est un tour du diable. A ce mot, le magicien se fâche et recommence sa tournée par la ville en jouant une autre mélodie. Aussitôt, une foule d'enfants charmés par le son de sa flûte accourt et le suit. Il joue plus vivement et leur nombre augmente, il sort de la ville et la troupe le suit toujours. Il joue et les entraîne dans un pays lointain « où coule le lait et le miel » comme dit la chanson. « Et la flûte résonne toujours, mais le pays où donc est-il? Ah, pauvres, pauvres Allemands, que le pays natal était doux! » Ainsi finit la ballade. N'est-ce point une image de la folle espérance qui entraîne la race germanique vers la terre étrangère et lui fait rêver au delà des monts et des mers un introuvable Chanaan? Que de déceptions lui apporte cette foi naïve! comme elle regrette souvent la patrie perdue!

Mais il faut qu'elle suive sa destinée. Le désir qui l'entraîne au loin est une puissance historique, puisqu'il la fait se répandre sur la terre. Le regret qui l'obsède n'est pas moins fécond, puisqu'il l'aide à ne point oublier la patrie, à en conserver les mœurs et les traditions, et quelquefois à en fonder une nouvelle, à l'image de la première.

Le bohémien et le magicien ont pour charmer la foule et gagner leur vie, le prestige de leurs dons surnaturels ; le ménétrier n'a que son pauvre luth. Il n'est pas, comme le troubadour des beaux temps de la chevalerie, l'hôte des princes et des rois. Il ne joue guère qu'au bord de la grande route, et couche souvent à la belle étoile. Heureusement que le peuple l'aime, car il lui rappelle ses mélodies, il lui conserve ses chants bien-aimés. Il vit ainsi du bonheur des autres. Personne n'aime le ménétrier en haillons, mais quand il voit tourner à la danse les couples amoureux, il croit tourner avec eux. Il ne sera jamais riche, mais quand il parle des châteaux des rois, il croit voir des palais éblouissants s'entr'ouvrir devant lui. Il s'endort dans une grange, mais il rêve d'un jardin de roses où jasent de gais jets d'eau, où de fiers ménestrels suivent les blondes châtelaines sous de sombres berceaux. Quand tout l'abandonne, il lui reste son instrument, qui seul a compris toutes ses joies et toutes ses peines. Aussi, l'aime-t-il comme une sœur, comme une maîtresse. S'il faut l'en croire, ce violon fait des miracles. Un jour, nous raconte la chanson, un petit vielleur rencontre·en chemin la fille d'un roi, qui lui dit : Viens chez moi, viens chez moi, petit vielleur et joue moi une petite chansonnette. Il la suit dans son palais. Survient le roi qui les voyant ensemble, veut faire pendre le téméraire. Déjà il est monté sur l'échelle fatale. Comme dernière grâce, il demande à jouer encore une fois sur son violon :

> Il saisit sa vielle fidèle
> Il la fait gémir et vibrer,
> Il joue un triste chant d'adieu,
> Et le roi se prend à pleurer.

> — Descends vite, petit vielleur,
> Descends, car ma fille est à toi.
> En Autriche est un beau château,
> Dans ce château tu seras roi.

Réminiscence lointaine du beau temps des troubadours, songe d'or de quelque ménétrier amoureux, songe enfantin, mais qui peint à merveille la magie de la musique, si chère au peuple.

Dans ses courses vagabondes le ménétrier a des compagnons. Il en est un qui s'attache bien volontiers à ses talons pour apprendre à jouer du luth et de la guitare, épier ses airs, et lui voler ses plus lestes chansons; c'est l'étudiant. Ce personnage était au seizième siècle le roi des mendiants et des vauriens. Grâce à l'autobiographie de Thomas Platter, fils d'un paysan du Valais, nous connaissons la vie hasardeuse que menaient les étudiants d'alors. Enfant, il est pâtre au fin fond des Hautes-Alpes. Les chèvres qu'il allait relancer sur la pointe des roches escarpées et les aigles menaçants qui planaient sur sa tête, furent les seuls compagnons de son enfance abandonnée. Plus tard, sa mère le met chez un curé, qui le roue à coups de bâton. Par une nuit d'hiver, il s'évade avec un ami pour se faire étudiant, en serrant dans sa main à demi gelée une pièce d'or, toute sa fortune. Il court de ville en ville mendiant et maraudant, jusqu'à ce qu'il arrive à une université. C'est à peine s'il y apprend à lire; il ne peut subvenir à ses besoins et recommence sa vie errante.

Sur le point de mourir de faim il se fait braconnier, puis domestique, que sais-je encore. Après des années de cette vie, il trouve un bon maître qui lui apprend le latin, et le petit pâtre du Valais finit par devenir professeur à Bâle. Heureux ceux qui finissaient ainsi; c'était le petit nombre. Combien d'autres périssaient sur les grandes routes ou au fond de leur réduit! Pour quelques-uns cependant cette vie avait ses

jours de soleil. L'étudiant plaisait à un riche
bourgeois dont il égayait la table ; il gagnait au
jeu, ou faisait un héritage. Le mendiant de la
veille devenait alors plus fier qu'un gentilhomme
et se promenait par la ville en pourpoint de
velours, l'épée au côté, la tête haute et coiffée
d'une toque à plume. Sous ce costume il était
sûr de brûler les yeux aux jeunes bourgeoises
qu'une discipline sévère retenait à la maison.
C'est par leur bouche surtout que nous connaissons l'étudiant d'abord. Il est leur rêve ; et dès
qu'elles se croient seules elles le chantent :

> Ah ! quand ils passent, ils scintillent
> Comme l'étoile du matin.
> Qui n'aimerait leurs yeux qui brillent,
> Le luth qui frémit sous leur main,
> Quand leur chanson mélodieuse
> Vibre avec la corde amoureuse ?

L'un des admirés sans doute a entendu pareil
couplet. Et la nuit de la Saint-Sylvestre, sous la
fenêtre close de la jeune curieuse, il y répondra
par une de ces aubades où le ton populaire se
marie si voluptueusement aux formes flatteuses
de l'ancienne poésie chevaleresque. Écoutez-la
le lendemain :

> J'ai le cœur gai, leste et content,
> Se dit la fine jouvencelle,
> J'ai le cœur leste au nouvel an.
> Quelqu'un m'a dit que j'étais belle.

Ah! c'est un écolier galant.
J'ai le cœur leste au nouvel an !

Oui, il me faut un écolier,
Dussé-je me faire écolière.
Oui, je suis prête à m'envoler,
Qu'importe qu'en dira ma mère
Et qu'en dira le monde entier.
Oui, il me faut un écolier !

Que ne promet point la vive chanson? Déjà elle est à lui. Mais l'étudiant léger est aussi prompt à oublier qu'à conquérir. Il en aimera trois en même temps pour les oublier toutes à la fois. Tandis qu'elles rêvent encore à leur épouseur, il court noyer ses amours dans un broc de vin, en compagnie de quelques buveurs intrépides. En vain lui demandent-ils le récit de ses bonnes fortunes; il ne veut plus chanter que Bacchus, en allemand, en latin et dans toutes les langues dont il a retenu quelques bribes :

Alerte ! entonnons le refrain.
Levate sursum pocula !
Notre eau bénite, c'est le vin,
In sempiterna sæcula !

Le plus honnête, le plus sage et le plus heureux des aventuriers c'est l'artisan voyageur, le compagnon. Comme les autres il cherche la fortune et ne dédaigne pas le plaisir, mais il a fondé son existence sur le travail. Voilà ce qui

donne à sa physionomie un cachet d'assurance
et de dignité. Tous ces coureurs de grand chemin sont les jouets du sort, faisant bombance
un jour, jeûnant le lendemain. Mais le vaillant forgeron brandissant son marteau, le brave
charpentier maniant sa hache, ceux-là sentent
qu'ils tiennent la fortune dans leur main vigoureuse et regardent l'avenir avec courage.

L'adolescence du compagnon n'a rien eu
d'aventureux. Apprenti laborieux depuis l'âge
de quinze ans, il a travaillé sans relâche. L'atelier joyeux de son maître, les maisons paisiblement échelonnées de sa ville natale, le tilleul
centenaire où l'on danse les jours de fête, la
vieille église où il va s'asseoir le dimanche pour
mêler sa voix rude aux cantiques austères, voilà
tout ce qu'il a vu du monde, voilà tous les acci-
dents de sa vie. Devenu compagnon, il brûle de
voir le monde et s'impatiente du joug du maître.
C'est au printemps surtout que le désir de voyager, l'indicible *Wanderlust* fermente dans le cer-
veau bouillant des jeunes compagnons. « Ils
prennent la canne et l'épée et s'avancent vers la
table du maître : Holà, maître, faisons nos
comptes, car c'est le temps des voyages. » Sortis de la ville, ils s'arrêtent à la première auberge
et là, tournant le dos à la ville natale dont le
clocher s'amincit à l'horizon, les yeux fixés sur
la chaîne de montagnes qui déploie au soleil

les plis et les replis de ses vallées riantes, la
troupe voyageuse entonne un chœur plein d'allégresse :

Alerte ! compagnons, en route !
Valise au dos, il faut marcher.
Le premier pas, le seul qui coûte
Est fait, partons sans plus tarder.
Un cœur ouvert, un franc visage
Portent bonheur. Vite en voyage,
Pour les pays de l'étranger.

Le soleil printannier se lève.
A nous ses rayons les plus beaux.
Il rit ; la marguerite achève
D'égayer nos sentiers nouveaux.
Le ciel bleu s'en mêle et déploie
Son splendide étendard de joie,
Tout au loin par monts et par vaux.

Bientôt nous allons fuir la plaine
Pour traverser les frais vallons.
Bientôt sans soucis et sans peine
Dans les forêts nous épierons
Le rossignol et la fauvette
Qui viendront nous conter fleurette,
Aux gazons où nous dormirons.

Amis, poussons plus loin encore,
Pour les cités quittons les bois.
Servons les maîtres qu'on honore
Comme la majesté des rois.
Qu'on nous blesse, tirons l'épée
Et jusqu'au bout dans la mêlée,
Compagnons, défendons nos droits.

Qu'un lâche reste avec sa mère
Dorlotté par tous ses parrains,
Qu'il monte au bout de sa carrière
Au rang de gardeur de poussins ;
Ce métier n'est pas de notre âge
Nous avons un plus fier courage,
Nous allons à d'autres destins.

Alerte ! compagnons, en route !
Valise au dos, il faut marcher.
Le premier pas, l'adieu qui coûte
Est fait, partons sans plus tarder.
Mais verse-nous, la belle fille,
Le vin à flots et qu'il pétille,
Ah ! que c'est beau de voyager !

L'heure de la liberté a sonné pour le brave compagnon, le vaste monde s'ouvre devant lui. Il verra les cathédrales de bien des villes, il longera en sifflant la berge de plus d'un fleuve, il essaiera de plus d'un maître, il courtisera selon les règles plus d'une fraîche bourgeoise et sera supplanté par le fils d'un riche marchand, il dansera sous plus d'un vieux tilleul et mainte paysanne lui lancera l'œillade significative sans qu'il ose s'enhardir jusqu'au baiser. Car il est aussi gauche qu'honnête, aussi timide en amour que vaillant à la lutte. Ce n'est pas lui qui emporterait d'assaut le cœur des femmes. Il n'a pour les ensorceler ni le cor merveilleux du chasseur, ni la chaîne d'or du chevalier, ni la guitarre de l'étudiant au timbre narquois et vo-

luptueux. Il n'a que son franc visage, sa voix
bien sonnante et son cœur facilement ému; et
cela ne suffit pas. Mais il n'en perd ni sa bonne
humeur, ni sa confiance, et n'en travaille que
plus gaîment. D'ailleurs, au dire des joyeuses
ballades, qui en savent plus long que nous sur
son compte, les bonnes fortunes qu'il n'ose enlever d'audace viennent le trouver comme en
songe. Et lorsqu'il est heureux, il ne l'est pas
à demi. Cette amoureuse tombée du ciel, est-ce
une paysanne, est-ce une bourgeoise, une châtelaine peut-être? Bien plus, c'est la femme du
margrave. Écoutons :

> C'était un vaillant charpentier,
>   Un cœur joyeux et brave.
> Qui bâtit la forte maison
>   Du jeune et beau margrave.
>
> Et quand il eut fini sa tâche
>   Il s'endormit gaiment.
> La jeune femme du margrave
>   S'approche doucement :
>
> « Lève-toi, jeune charpentier,
>   Viens, ma bouche est de roses.
> Viens m'embrasser dans ta maison
>   M'embrasser si tu l'oses ! »

Le charpentier ne se fait pas prier deux fois
et suit joyeusement sa maîtresse rayonnante.

Une vieille camériste les surprend et les dénonce au margrave, qui dit :

> « Il a déshonoré ma femme,
>> La corde est son destin.
> Qu'il fasse son gibet lui-même
>> Près de Schaffhouse, au Rhin. »

> Gaîment le charpentier commence,
>> Charpente son gibet.
> Quand il eut bâti sa potence,
>> Y plante un frais bouquet.

> La comtesse apprend la nouvelle,
>> Dit à son écuyer :
> « Vite un cheval ! et vite en selle !
>> Sauvons le charpentier ! »

> Quand à Schaffouse vint la belle
>> N'osant plus respirer,
> Tout juste montait sur l'échelle
>> Le vaillant charpentier.

Sans hésiter la femme du margrave s'adresse à la foule :

> « Et si la femme du margrave
>> Venait auprès de vous,
> La renverriez-vous sans caresse
>> Ou l'embrasseriez-vous ?

> « — Et si la femme du margrave
>> Venait auprès de nous,
> Nous la couvririons de caresses,
>> La garderions pour nous.

« — Vous la couvririez de caresses,
La garderiez pour vous ?
Eh bien ! le jeune charpentier
A pensé comme vous. »

Le margrave est forcé de se rendre au jugement du peuple, il fait grâce au charpentier et
se contente de le bannir de ses terres.

Comme il traversait la prairie
Leste et toujours chantant,
La jeune femme du margrave
Est là, en satin blanc.

Que tira-t-elle de sa robe ?
Ses deux mains pleines d'or :
« Prends, mon jeune et fier compagnon,
Prends gaîment, prends encor.

Et si ton vin ne te conforte
Bois le chypre des rois.
Et si ma bouche t'est plus douce
Reviens auprès de moi ! »

Quelle franchise de plaisir, quelle fraîche vigueur dans ce naïf récit ! La muse populaire
seule a de ces hardiesses prophétiques. Car, ce
qu'elle célèbre ici, c'est plus que la victoire de
la nature sur les barrières sociales ; c'est la noblesse du travail qu'elle se plaît à consacrer
dans les vifs et joyeux embrassements de la
femme du margrave et d'un pauvre artisan. La
fière allure du vaillant charpentier ravit la jeune

comtesse. Il est beau quand il manie sa hache
et taille les troncs de chêne; il se trouve heureux et libre comme un seigneur, quand il char-
pente sa maison; et lorsqu'elle est achevée, il
s'endort comme un Dieu. Ce n'est pas lui qui
lève les yeux vers la noble dame, c'est elle qui
vient à lui humble et caressante, dans tout
l'éclat de sa jeunesse et de sa beauté. Condamné
à mort par le margrave, il n'en reste pas moins
gai, bâtit son gibet en chantant et le couronne
d'un bouquet. Par ces radieuses fleurs des
champs, l'artisan n'a-t-il pas l'air de défier le
margrave et de lui dire : Comme toi, j'ai mes
amours et mes insignes de noblesse, ma hache
vaut ton épée et mon bouquet tes armoiries.
Comme toi je suis jeune et fier. Pour ma jeunesse, ta femme m'a aimé une heure, pour ma
fierté, elle m'aimera toute sa vie. Que tu me
pardonnes ou que tu me pendes, tu ne me pren-
dras ni ma joie ni son amour!

Les chants du peuple ont évoqué devant nous
les plus saillants d'entre les aventuriers du seizième siècle. Ils ont tous cette confiance en eux-
mêmes, cette insouciance et cette gaîté imper-
turbable qui sont à elles seules des vertus.
L'organisation des États modernes, l'industrie,
la police, l'armée permanente, l'administration
minutieuse, les cadres étroits d'une société com-
pliquée n'ont pas encore refoulé les énergies

originales et parfois sauvages de ces natures primesautières. Il serait souverainement injuste de leur demander des mœurs plus polies, une morale plus rigide et la conscience des destinées supérieures de l'homme. Dans le bien comme dans le mal, ils montrent la nature sans frein. Ce sont des types germains primitifs, c'est là leur force et leur beauté.

Au moment de dire adieu à tant et de si joyeux compagnons, dont les refrains sont encore pour nous une source de vigueur et de mâle gaîté, je me souviens d'un grand et sérieux aventurier, leur contemporain, qui nourrissait des pensées singulièrement plus élevées, mais qui n'en chanta pas moins comme eux, souffrit leurs misères et vécut de leur vie, d'Ulric de Hutten, enfin. Cet illustre chevalier ne rêvait pas à sa propre fortune comme tant d'autres. Il avait jeté ses regards au delà de son existence sur celle de son peuple soulevé par d'immenses commotions politiques, sociales et religieuses. Il s'était donné une tâche héroïque, l'affranchissement de sa patrie et mourut en combattant, l'épée au côté, la plume en main et le cœur invaincu. Que les lansquenets et les artisans célèbrent leurs escarmouches et leurs bonnes fortunes, seul il chantera ses grandes espérances et ses douloureux revers dans le combat pour la liberté. Voilà pourquoi nous

clorons la série des aventuriers par ce chevalier qui risqua sa tête pour la grande aventure
des forts : la justice et la vérité.

Ulric de Hutten naquit en 1488. C'était le fils
d'un chevalier de Franconie. Son père le desti-
nait à la tonsure, ne se doutant guère que son
fils serait un jour, après Luther, le plus redoutable ennemi des prêtres. Il quitta donc bien
jeune encore le donjon féodal pour le couvent
de Fulda. Prison pour prison ; le couvent ne
plut guère au jeune homme avide de savoir et
de vivre. Les niaiseries scolastiques et les ri-
gueurs de la discipline achevèrent de l'exas-
pérer. A seize ans, il prit la fuite, jeta pour
toujours le froc aux orties et se fit étudiant. Ce
premier acte d'indépendance donna l'impulsion
à toute sa vie. Dès lors, il fut brouillé avec
son père et ne dut plus compter que sur lui-
même. Les persécutions, la misère, la faim
quelquefois, une vie toujours errante, voilà ce
qui l'attendait. Mais il préférait tout cela à une
aisance paresseuse au foyer de ses pères et à
l'oisiveté plantureuse des moines. Il voulait
connaître le monde et s'y distinguer. A ceux
qui lui parlaient du bonheur d'une vie tranquille, il dit : « J'aime à demeurer partout et ma
patrie est en tout lieu. »

Il alla donc étudier à Erfurt, à Cologne, à
Francfort, puis en Italie, à Pavie et à Bologne.

Sa vie ne fut ni rose, ni facile. Parfois à bout de ressources, il est forcé de mendier du pain et un gîte à la hutte d'un paysan. A Pavie, il est assiégé dans sa maison par les soldats français, puis pillé et emprisonné par les Suisses. Mais, à travers toutes ces vicissitudes, il poursuit son but, il étudie le monde, apprend le latin, le grec, et se fait humaniste. Les humanistes formaient alors une sorte de franc-maçonnerie en France, en Allemagne et en Italie. Ils professaient ouvertement le culte des lettres antiques et se proposaient de les restaurer; mais, ce qui les unissait plus profondément encore à leur insu, c'était leur indépendance à l'égard de l'Église établie et le secret désir de faire prévaloir l'idéal antique sur l'idéal chrétien, de mettre le citoyen à la place du fidèle, l'homme à la place du croyant, de rendre enfin leur puissance légitime à la nature et à la raison détrônées par le christianisme du moyen âge. Hutten donna en plein dans ces idées. Il fit la connaissance d'Erasme qu'il admirait beaucoup. Crotus, Coban Hesse, Mutianus Rufus devinrent ses amis intimes. C'est avec eux qu'il passa ses plus beaux jours. Réunis dans une verte treille autour d'une cruche de vin, les jeunes humanistes passaient des nuits entières à discuter l'avenir des lettres, entrelaçant leurs discours de vers d'Horace et de Virgile, improvisant distiques sur distiques, couronnant leurs coupes de feuillage et leurs fronts de roses comme les Grecs, et buvant à la mémoire des joyeux poètes éternellement jeunes de l'antiquité. Hutten était le plus enthousiaste, le plus sérieux et plus hardi de tous. Le jeune homme de vingt ans songeait à bien autre chose encore qu'à la période cicéronienne et à la prosodie latine. Il voulait mettre la valeur chevaleresque au service de la science et de la liberté, voilà ce qu'il prêchait à ses compagnons. « Nos aïeux, leur disait-il, étaient de grands guerriers, mais ne savaient pas léguer leurs exploits à la postérité. Nous savons écrire, mais nous ne savons plus combattre. »

Par toutes les fibres de son être, Hutten tendait à l'action, et les occasions ne lui manquèrent pas de défendre au grand jour sa foi ardente. Quand le savant et honnête Reuchlin fut accusé d'hérésie par le grand inquisiteur de Cologne pour avoir sauvé du bûcher les livres des Juifs, Hutten prit hautement sa défense. Car du premier coup d'œil, il vit que sa cause était celle des humanistes, de la science et de la liberté menacées par la hiérarchie cléricale. Sûr d'avance de la victoire, il écrivit son « Triomphe de Reuchlin. » Déjà s'y déchaîne ce torrent de passion et cette fougueuse éloquence qui brisent tout obstacle dans leur indignation. Grande fut la colère de la prêtraille de Cologne; mais tous

les hommes indépendants prirent le parti de
Reuchlin. Cet écrit posa Hutten en ennemi irré-
conciliable du clergé qui, dès lors, ne chercha
plus qu'à le perdre. De son côté, le chevalier
humaniste jura de le combattre jusqu'à son dernier soupir. Plus tard, il rencontra aux environs
de Cologne le grand maître inquisiteur Hoch-
straten, auteur du complot, son ennemi mortel.
Il le fait saisir par ses valets. « Enfin, s'écrie-t-il,
en tirant son épée, je te tiens, misérable. De
quelle mort, t'exterminerai-je, ennemi de tout
bien, assassin de la vérité? » Mais, voyant le
malheureux à genoux dans la plus humble des
postures, il se ravise. « Non, s'écrie-t-il, en re-
mettant son arme dans le fourreau, je ne souil-
lerai pas mon épée d'un sang si vil; mais sache
que des lames plus terribles sont dirigées contre
ta gorge, et que ta perte est assurée. » Ce trait
peint Hutten, caractère emporté, mais toujours
chevaleresque.

Bientôt s'éleva en Allemagne un adversaire
plus redoutable de l'Église que Reuchlin, ce fut
Luther. Ses paroles et ses actions agirent sur
Hutten comme des traits de lumière. Quand il
vit un moine obscur, protester au nom de sa
conscience contre les abus de l'Église, ne céder
ni aux cajoleries, ni aux menaces et braver le
bûcher d'un front serein, il vit le salut de l'Allemagne dans la rupture sans compromis avec

Rome, son affranchissement dans l'abolition de la hiérarchie catholique. A partir de ce jour, il passe de l'Humanisme à la Réforme. Mais l'impatient chevalier différait du moine prudent de Wittemberg, en ce qu'il croyait à la nécessité d'une lutte à main armée contre le clergé, contre tous les oppresseurs, qu'ils s'appelassent princes, évêques ou empereurs; et, pour cela, il rêvait l'alliance des paysans, des chevaliers et des villes. Il croit trouver dans son ami Franz de Sickingen, un chef digne de commencer cette guerre, se retire avec lui à l'Ebernburg qu'il appelle « la citadelle de la justice » et de là remue toute l'Allemagne par ses écrits incendiaires.

C'est à ce moment que, par la force des choses, au puissant souffle populaire, le poète latin se transforme en poète allemand. L'humaniste couronné par l'empereur Maximilien du laurier de la poésie latine s'aperçoit que pour être entendu du peuple, pour l'émouvoir, il faut lui parler sa langue.

> Plus de latin, langue vieillie ;
> Mon peuple ne me comprend pas.
> Je veux parler à ma patrie
> La langue des hardis soldats.
> Je la secoue et je m'écrie :
> Réveille-toi pour te venger !

Charles-Quint venait d'être élu empereur d'Allemagne. Hutten espérait qu'il prendrait en

main la cause de la Réforme. Mais il ne se berça
pas longtemps de cette folle illusion. Il vit bientôt que l'empereur diplomate vendait l'Allemagne au pape pour sauver son empire. Alors
il s'indigne; dans sa naïveté et son audace, il lui
envoie lettre sur lettre. « Par quoi l'Allemagne
a-t-elle mérité tant de mal? Pourquoi doit-elle
périr avec toi, non pour toi? Conduis-nous plutôt dans un danger visible, mène-nous au milieu
des épées et des flammes. Que toutes les nations
se rangent en bataille, que tous les peuples se
précipitent sur nous, que toutes les armes se
dirigent contre nos poitrines. Pourvu que nous
puissions éprouver notre courage dans le danger et que nous ne succombions pas vilement,
lâchement, comme des femmes, sans armes et
sans combat, pour être réduits en esclavage.
Fassent les dieux que ce début amène des suites
meilleures! Comment prendrions-nous confiance
au milieu d'un tel abaissement? Vit-on jamais si
grand empereur, roi de tant de peuples, et si
disposé à l'esclavage qu'il n'attend pas même qu'il
y soit forcé! » Une autre fois il lui adresse des
vers, lui montre quelle grande destinée ce serait
de se faire le défenseur de la libre Allemagne
réformée et s'écrie :

Sois donc un homme et prends courage !
Je puis t'exciter au combat,

16.

Plus d'un héros au fier visage
Que balle ni foudre n'abat.
Commande! à toi l'armée entière.
A l'aide, ô roi! voici le temps.
Fais voler l'aigle à ta bannière
Et tous nous serons dans nos rangs.

Ces accents trouvaient des échos vibrants en
Allemagne, et le clergé s'en effrayait. On menace le téméraire. Hutten en rit. Il rappelle que
Jean Huss et Jérôme de Prague ont été brûlés
aussi, mais la foi n'est pas morte avec eux :

Nul n'osa suivre leur grande âme,
Car tous ils ont peur de la flamme.
Mais Luther et moi nous disons :
Brûlez-nous, Jean Huss a raison !

Il voudrait communiquer à tous les puissants
de la terre le feu sacré qui le consume. Il
s'adresse à l'électeur de Saxe, aux chevaliers,
aux villes. On ne lui répond guère; il ne se dé-
courage et tout seul sonne le tocsin de la révolte :

Aux armes ! gens de la noblesse,
Seigneurs et villes, levez-vous,
Notre patrie est en détresse,
Car Rome, Rome est contre nous.
Ayez pitié de la patrie,
Je lutte seul dans ma fierté.
A l'aide ! amis, risquez la vie,
Pour conquérir la liberté !
Oui, Dieu le veut !

Hutten sentait que tous ses appels ne parviendraient pas à créer un parti de l'action à tout prix, dont Sickingen et lui eussent été les chefs. Les castes de la société étaient trop divisées par leurs intérêts pour s'unir dans une même pensée de liberté. L'heure de l'affranchissement n'avait pas sonné pour l'Allemagne. Mais Hutten ne pouvait pas se résigner comme Érasme, ni attendre comme Luther. Il voulait combattre contre toute espérance. Alors, sentant la grandeur de sa cause et l'insuffisance de ses forces, il ramasse tout son courage pour ne pas fléchir au dernier moment et pousse, du haut de l'Ebernburg, le cri de guerre :

> La Vérité vient de renaître
> Et le mensonge est démasqué.
> Gloire en soit à Dieu notre maître
> Et honte au menteur effronté.
> La Vérité fut écrasée,
> Mais elle a redressé son front.
> Elle marche !... et l'ont embrassée
> Tous ceux qui la délivreront !
> J'en suis. Je l'étreins palpitante
> Et rien ne peut me l'arracher,
> Je ne sais rien qui m'épouvante,
> Ni fer, ni poison, ni bûcher.
> Cent prêtres m'ont lancé la pierre,
> Ma pauvre mère en a pleuré.
> Dieu saura consoler ma mère,
> La Vérité m'a consolé.

Dussé-je périr en infâme,
Meure avec moi la liberté,
De mes deux bras, du sang, de l'âme
Je me défends ! Je l'ai osé (1) !

« Je l'ai osé ! » ou bien encore : *Alea jacta est !*
telle était la devise favorite de Hutten. Ce mot,
tant de fois prononcé, le poussait à l'action.
Sickingen, qui avait fait alliance avec les chevaliers du Rhin, résolut d'attaquer le plus orgueilleux des cléricaux, l'archevêque de Trèves.
Comptant sur les bourgeois, il espérait que son
exemple trouverait des imitateurs en Allemagne
et qu'ainsi la Réforme triompherait d'un seul
coup. Hutten allait plus loin encore. L'abolition
du clergé, le règne de l'Évangile pur, l'unité
de l'Allemagne, et élu son cher Sickingen,
grand justicier de la patrie délivrée, voilà les
rêves chimériques dont se berçait le généreux
aventurier dans la fièvre de l'exaltation. Une
voix intérieure lui disait peut-être qu'il était dangereux de commencer l'œuvre de la justice par
une violence. Mais un homme est-il maître de
revenir sur ses pas, quand dix ans d'éloquence
le poussent en avant? Les deux chevaliers se
préparèrent donc à la lutte. Ils pouvaient compter sur leurs fidèles lansquenets ; ils étaient tous
gagnés à la foi nouvelle. Hutten leur adressa

(1) *Ich hab's gewagt.* — *Vie de Hutten*, par David Strauss, II, ch. v.

une chanson qui est et sera toujours une vraie
chanson populaire. On y voit que le poète libre
penseur, tout en exprimant sa forte individualité, se laissa entraîner à chanter comme le peuple. Il y gagne en énergie, en vivacité :

> Je l'ai tenté dans l'âme,
> Du bras je l'ai tenté.
> Toi qui m'appelle : infâme,
> Vois ma fidélité.
>   Oui jusqu'au bout
>   Je brave tout,
> Pour sauver ma patrie.
>   Que tout Germain
>   Soit libre enfin,
> Qu'un prêtre en vain menace et crie.

> Que leur vaine colère
> Se déchaîne sur nous.
> Si j'avais su me taire
> On m'eût fait les yeux doux.
>   Mais j'ai tout dit,
>   On me proscrit,
> On me crie : En arrière !
>   Ne cédons pas,
>   Marchons au pas
> Et tenons ferme la bannière.

> Qu'un homme se refuse
> A connaître ses maux,
> Je me lève et l'accuse ;
> C'est un lâche, un cœur faux.
>   Mais s'il consent,
>   Je veux son sang,

Son bras, sa vie en gage.
　　Il faut lutter,
　　Tout engager
Sa foi virile et son courage.

Vous me dressez maint piége,
O courtisans sans foi.
Mais pourquoi m'en plaindrais-je?
Mon crime est dans mon droit.
　　Oui, plus d'un preux,
　　Met tout en jeu,
Pour cesser d'être esclave.
　　Bons lansquenets,
　　Tenez-vous prêts,
Ne laissez pas périr un brave!

Les lansquenets de Sickingen retinrent cette
chanson et la répandirent dans toute l'Allemagne. Ils répondirent même au chevalier par de
nombreux couplets. Ils sont fiers de leur Hutten, ils connaissent ses écrits :

Ulric de Hutten, noble sang
Nous fait de bons et vaillants livres.

Ils le regardent comme un champion de la
doctrine évangélique :

Ulric, Ulric, aie bon courage!
Que Dieu te protége en voyage
　　O cœur fier et vaillant.
Aux défenseurs de l'Évangile
Luira son étoile tranquille,
　　Son flambeau d'or brillant.

Toute simple, toute inoffensive qu'elle est, cette réponse de l'âme du peuple à la conscience du chevalier humaniste a quelque chose de beau et de touchant. Elle sonne à nos oreilles, comme la promesse de l'union toujours plus intime et plus féconde du peuple avec ses penseurs, ses philosophes et ses poètes.

Quant aux projets de Hutten et de Sickingen, ils échouèrent misérablement. Sickingen fut repoussé de devant Trèves, puis assiégé dans son château par trois princes et tué d'un boulet de canon. Hutten fugitif erra quelque temps encore en Allemagne et en Suisse, puis alla mourir abandonné dans une petite île du lac de Zurich.

Mais son âme, noblement indignée, ne périt pas avec lui. Il en avait insufflé quelque chose aux meilleurs de son peuple. Son ombre vengeresse apparut toujours comme un ange gardien aux amis de la liberté, et comme un sombre fantôme à ses oppresseurs. Le peuple même se souvint longtemps de lui et conserva une étincelle de son feu sacré. Cent ans plus tard, au milieu des fureurs de la guerre de Trente ans, où les passions brutales semblent avoir étouffé le patriotisme et la liberté, on retrouve son esprit dans le chant des lansquenets qui combattaient pour leur foi. C'est un vieux guerrier qui exhorte son jeune fils à se tenir ferme dans la bataille :

Marche en avant mon fils, mon compagnon de guerre,
.Risque au jeu des combats ta vie avec ton père.
Ta patrie est en deuil, ton foyer dévasté.
Ils t'ont donné le jour, rends-leur la liberté.
Dans ton cœur, dans tes yeux, que ton zèle soit flamme,
On ne t'arrachera ta foi qu'avec ton âme.
La foi fait triompher, tout le reste est trompeur,
La jeunesse s'en va, mais non la foi d'un cœur.

Si ton bras est coupé, que ta voix les pourchasse,
Et si ta voix s'éteint, que ton regard menace.
Fais trembler l'ennemi de ton souffle expirant,
Vends ton sang ce qu'il vaut ; sois vainqueur en mourant.
Au fort des feux croisés, ne songe qu'à la gloire
De tomber en guerrier digne de la victoire.
Ne quitte pas ton poste, attaque le premier,
Serre les dents, puis frappe et reste le dernier.

Que ton mâle honneur parle encor par tes blessures.
Sur la poitrine, ô fils, ce sont nobles parures,
Que l'implacable mort t'admire et t'étreignant,
Et qu'alors dans tes traits je trouve mon enfant.
Mon fils, pour s'affranchir de toute tyrannie,
Il faut d'un libre élan renoncer à la vie.
Qui ne veut que la mort et la brave en chantant,
Remporte la victoire et survit triomphant (1).

N'est-ce pas l'âme de Hutten qui revit dans ces accents? Qui sait chanter et combattre ainsi, n'est-il pas digne de la liberté? et si chacun portait en soi cet esprit ne serions-nous pas capables

(1) *Chant de Zinkgref. Wunderhorn*, I, 465.

de renverser toutes les tyrannies du monde? Oui, un souffle de l'esprit de Hutten devrait passer dans les libres penseurs de toutes les nations. Quels que soient les ennemis qu'ils ont à combattre, quel que soit le sort qui les attend, heureux ceux qui peuvent reprendre sa devise et s'écrier avec lui : Je l'ai osé!

Fleurissent les roses,
Adieu sombres jours :
Est-ce vrai que les roses
Font fleurir les amours?
La rose gentille
Fleurit tous les mais ;
L'amour — un jour brille
Et puis — plus jamais !

CHANSON POPULAIRE.

V

ÉPOPÉE ET TRAGÉDIE DE L'AMOUR

Les amours du compagnon. — La pauvre fille séduite. — Le page et
la fille du comte. — Les amours malheureux — La vengeance. —
Triomphe de l'amour dans la mort.

Les chansons d'aventure nous ont raconté les
luttes extérieures du peuple. Nous l'avons
trouvé aux prises avec les nécessités de la vie,
en proie aux hasards de la fortune. Sous ces
chocs violents on a pu voir éclater des passions,
saillir des caractères, mais le fond de son être
ne s'est pas encore révélé. C'est dans ses chants
d'amour que le peuple s'épanouit tout entier, se
donne sans réserve. L'âme émue par une autre
âme se reconnaît, se contemple dans un recueillement religieux et subitement se concentre sur
elle-même. Tout à l'heure elle n'était qu'un

17.

jouet fatal du monde extérieur, reflétant la nature changeante comme un lac reflète les nuages du ciel. Voici que, soudain, elle se trouve seule, libre, infinie. Le monde est oublié ; ou s'il existe encore c'est comme un miroir de sa beauté. Les êtres de la création ne sont plus que les symboles de ses secrètes pensées ; étoiles et fleurs que la riche parure de ses tristesses et de ses joies, orages et chants d'oiseaux que les échos sonores de ses colères et de ses attendrissements. Reine de la nature, elle la refait à son image, la colore de ses émotions, la remplit de sa vie intense et se trahit ainsi dans ce qu'elle a de plus intime.

On a remarqué que chaque nation avait une note dominante dans ses chants d'amour, qui est comme la marque de son tempérament. Dans les chansons lithuaniennes d'une douceur et d'une mélancolie si pénétrantes, c'est l'amour discret et douloureux de la jeune fille qui s'exhale comme un soupir à demi étouffé dans la solitude ; chez les Serbes c'est plutôt la persévérance ingénieuse, l'art caressant de la femme qui triomphe de la rudesse et de la barbarie de l'homme ; en Italie et en Espagne ce sont les sérénades voluptueuses qui invitent au plaisir facile et mystérieux ; en France c'est l'amourette légère, goguenarde, narquoise où très souvent le galant et la payse jouent au plus fin ; en

Allemagne c'est l'amour sentimental et sérieux, exclusif et indestructible, conçu comme la grande affaire de la vie.

Dès l'origine, l'amour a chez la race germanique un caractère sérieux, fatal et profond. Il semble que l'homme veuille y concentrer ses plus nobles vertus et lui donner en quelque sorte une consécration religieuse. Selon Tacite, les Germains pressentaient toute la grandeur de l'amour dans le mariage. Le cheval, la framée et le bouclier que le mari apportait en dot à la femme et qui devaient former le fond de la communauté, étaient les symboles austères de leur union indissoluble. Ils signifiaient que la femme devait partager les travaux et les périls du mari, que sa loi était de souffrir et d'oser avec lui. Ces barbares, ivres de guerre, voyaient déjà dans l'union de l'homme et de la femme un pacte sacré. Plus tard la chevalerie vint ajouter sa fleur de tendresse et de poésie au respect de la femme inné à cette race. L'amour y devint cet éclair inattendu et inévitable qui entre dans l'âme vierge du héros pour y allumer un feu et une lumière inextinguibles. Déjà Sigfrid, en apercevant Krimhild, qui sort de son palais comme la lune des sombres nuages, se dit : « Pourrai-je l'obtenir jamais ? Mais non, c'est un rêve insensé. Et pourtant, si je devais la quitter, j'aimerais mieux mourir de suite. » Dans une vieille légende, le fils d'un roi aperçoit le portrait d'une femme. Frappé au cœur il s'évanouit, tombe malade et languit jusqu'à ce que son père ait trouvé la jeune fille dont l'image l'a blessé d'amour. Ce grand sérieux, cette passion profonde dans l'innocence même, reparaît dans les chants d'amour du peuple. Ce n'est pas qu'on n'y rencontre çà et là une strophe ironique ou frivole, quelque franche joyeuseté sur un sot éconduit ou une coquette mystifiée. Mais ce ne sont là que des boutades; leur thème favori, c'est l'amour sincère qui absorbe l'être entier, qui régénère ou tue. Ces paysans, ces compagnons et ces pauvres filles dont les lèvres ont trouvé ces accents dans le délire du désespoir ou de la félicité, n'eurent alors ni vanité puérile, ni souci de la mode, ni vain désir d'immortalité. Comme le vrai poète, ils ont chanté parce que leur cœur débordait. Écoutez leurs chants et leur vie ressuscitera devant vous. Le compagnon, la pauvre fille séduite, les amants malheureux, tous vous conteront leur histoire. On ne peut s'égarer dans cette forêt de chansons, sans y être poursuivi et troublé par mille voix humaines, comme Tancrède dans la forêt enchantée où de chaque arbre s'échappaient des soupirs, des rires ou des gémissements. Prêtons un instant l'oreille à ces voix charmeresses qui sortent d'un monde évanoui et qui racontent

par cris de joie ou par sanglots des histoires
bien simples, bien vieilles et pourtant éternelles :
l'antique épopée et l'antique tragédie de l'amour.

N'avez-vous jamais traversé .en Allemagne
une de ces vieilles petites villes moitié villages, paisiblement couchées entre deux collines parmi les prairies et les vergers? L'industrie moderne n'y fleurit pas, rien n'a changé
la face patriarcale des vieilles maisons; çà et
là un pignon rustique surplombe curieuse-
ment la rue, une vieille madone peinte rêve
dans sa niche, le clocher de l'église menace
ruine, le cadran du *Rathhaus* retarde d'une
heure, et l'on ne serait pas surpris d'apercevoir
dans la vieille tour crénelée qui surmonte la
porte du mur d'enceinte, l'antique veilleur de
nuit qui jadis endormait les paisibles habitants
de sa trompe mélancolique et de son chant monotone. Dans ces rues tranquilles, devant ces
fenêtres à carreaux et ces petites boutiques on
se souvient de l'artisan du seizième siècle, ses
refrains reviennent chanter dans votre mémoire
et l'on se prend à refaire en songe l'histoire de
ses simples amours.

N'était-ce point dans une de ces boutiques
basses, que, robuste compagnon, il travaillait du
matin au soir sans penser à autre chose qu'au
prochain jour de fête et de liberté? N'est-ce
point à cette fenêtre encadrée de vigne sauvage

qu'il aperçut pour la première fois la tête blonde de la bien-aimée penchée sur le fuseau? N'est-ce point à cette fontaine, devant ce même filet d'eau cristalline dont le gazouillement familier invite à la causerie, qu'il lui adressa pour la première fois la parole en lui aidant à replacer le seau sur sa tête? Combien de fois, le dimanche, la vit-il se promener sur ces prairies, sous ces vergers avec ses deux compagnes de jeu sans oser les aborder? Les deux amies rieuses et malignes l'agaçaient d'un mot narquois. Mais celle du milieu marchait les yeux baissés sur la fleur étoilée qu'elle tournait dans sa main. Au passage du compagnon elle levait les yeux sur lui pour les rebaisser bien vite, rougissait et riait pour cacher sa rougeur à ses amies. Puis les folâtres allaient s'asseoir dans l'herbe sous les pommiers, et leurs longs éclats de rire désespéraient le pauvre compagnon. Il battait la campagne jusqu'au soir et songeait aux trois filles, à la blonde surtout, aux longs cils d'or baissés sur ses yeux d'un bleu sombre. Il fredonnait alors tous les vieux refrains d'amour qu'il savait par cœur, et sans s'en douter en trouvait de nouveaux :

> La colline aux amours
> A trois vertes tourelles,
> D'où sortent tous les jours
> Trois belles demoiselles.

La première est Lison
Et l'autre est son amie,
La troisième est sans nom
Et ce sera ma mie! (1)

Elle sera son amie! il le chante, mais il ne le croit pas. Et cependant sa vie obscure s'est éclaircie tout à coup d'un rayon de soleil. Jusqu'à ce jour il n'avait pas de coin de terre à lui, et maintenant c'est comme si cette maison lui appartenait. Quel royaume pour lui que ce jardin où il n'ose pénétrer, quel paradis que cette fenêtre où sa tête lui est apparue! Il craint parfois qu'un roi ne la lui enlève, car il la trouve belle comme une impératrice. Mais alors il la voit traverser le pré, une cruche à la main, si simple et si modeste qu'il reprend courage.

Fillette passe les prés verts
Portant chemise fine et blanche,
Et le soleil luit à travers
Quand, puisant l'onde, elle se penche.

Si j'étais le joyeux soleil
Je glisserais sous la ramée,
Et d'un rayon chaud et vermeil
J'entourerais la bien-aimée. (2)

Il a trouvé en elle la source de toute joie, et '

(1) Simrock, pag. 259.
(2) Wunderhorn, I, pag. 78.

quand il la voit dans ses rêves, c'est au bord
d'une fontaine de Jouvence éternelle.

Un frais ruisseau coule et murmure
Aux pieds de mes amours ;
Qui s'abreuve à son onde pure
Est jeune pour toujours.
O frais ruisseau, je t'aime ! arrose
Et ravive mon cœur !
Mais si j'avais sa bouche rose
J'y boirais le bonheur ! (1)

Derrière la maison, la belle a son jardin
entouré d'une haie vive. Il est bien connu des
amoureux et s'appelle dans leurs chansons le
jardin des roses. Bienheureux qui en tiendrait
la clef, car c'est le sanctuaire de la jeune fille.
Mais elle est bien gardée et la porte est toujours
fermée à double tour. Cependant le compagnon
erre souvent autour de la haie. Un jour il voit
la jeune fille debout au milieu de ses fleurs,
elle tresse au soleil les nattes de ses cheveux
jaune d'or et chante à mi-voix une douce chanson. Mésanges et chardonnerets à l'envi lui
font écho dans les branches. Ce jour-là la petite
porte est entr'ouverte. Les oiseaux chantent si
passionnément et la voix de la bien-aimée est si
douce qu'il ne peut se retenir, s'élance dans le
jardin et tombe à genoux devant elle. Elle

(1) Uhland, I, pag. 75.

pousse un cri ; effrayée, toute rougissante et ne sachant que dire, elle lui reproche d'écraser les plus belles fleurs de son jardin, puis le supplie de partir, car la mère pourrait les surprendre. Confus, il s'éloigne, mais avant de sortir il se retourne encore une fois. Elle le salue et d'un signe de tête lui dit au revoir.

Le mai, le beau mai est arrivé. C'est le mois où le peuple oublie ses peines pour rajeunir avec l'herbe qui repousse et la forêt qui reverdit. C'est la saison fortunée des amants. Aussi, comme ils l'attendent et la saluent. Dès les temps les plus anciens, chevaliers et paysans se disputent la découverte du printemps. Le bourgeonnement du prunier sauvage l'annonce et la première violette est le signal de son arrivée. Nithart déjà raconte qu'un chevalier qui avait vu la première violette court l'annoncer à la duchesse de Bavière. Celle-ci sort avec des joueurs de flûte et de violon pour souhaiter la bienvenue à l'été. Mais dans l'intervalle un paysan l'a cueillie, l'apporte en triomphe au préau, l'attache à une branche verte et s'écrie : Réjouissez-vous, j'ai trouvé l'été ! Et tout le village de pousser des cris d'allégresse et de faire la ronde autour.

Dès lors on ne songe plus qu'à la danse. Au premier beau jour les jeunes filles sortent deux à deux de la ville, en robe de fête et s'avancent

en longue file vers la lisière de la forêt. La
première en robe blanche porte un jeune peu-
plier verdissant, c'est le *mai*. A sa cime flexible
et gracieuse est attaché un long voile blanc
semé de paillettes d'argent qui miroitent au
soleil et garni de rubans multicolores qui flottent
à la brise. De sa bouche rouge comme une
fraise la belle chante une gaie chanson :

> Le coucou de sa voix
> Enchante tout le monde.
> Au bois, au bois, au bois
> Nouons, nouons la ronde !

Ainsi le cortége arrive solennellement au
vieux tilleul, à l'arbre de mille ans qui a vu
maintes générations tournoyer autour de son
large tronc et qui n'a refusé à aucune son ver-
doyant abri. Les branches vénérables s'étendent
paternellement sur la ronde des jeunes filles et
le patriarche de la forêt semble les bénir de sa
pluie odorante, comme si les pas pressés des
vierges joyeuses faisaient monter la séve plus
puissamment à ses antiques rameaux. La première porte au sein un immense bouquet et
chante :

> Je sors de la fontaine de Jouvence.
> J'ai mon bouquet ! j'ai mon bouquet !

Et les autres répondent :

> Où donc est la fontaine de Jouvence?
> Fleuris, bouquet! fleuris, bouquet!

Et la chanteuse passe son bouquet à sa voisine qui continue le chant, et la ronde tourne de plus belle.

Mais voici que les danseuses sont brusquement interrompues par les danseurs qui viennent d'un autre côté. Celui qui marche en avant, le plus grand et le plus vigoureux porte fièrement une sorte de thyrse fleuri. C'est le sceptre du danseur en chef. Grande cérémonie; chaque danseur entre dans la ronde pour choisir sa *belle de mai*. Il présente à une jeune fille une couronne de fleurs; si elle l'accepte le couple est solennellement proclamé par le chœur, sinon le malheureux est forcé de recommencer après avoir dansé seul au milieu du cercle avec une couronne de paille sur la tête. Quand il ne reste plus de jeunes filles, la danse commence au son du violon et de la flûte. Grave d'abord, elle s'anime de plus en plus. Les robes flottent, les couronnes s'effeuillent, les chevelures se déroulent au vent. Les musiciens eux-mêmes sont entraînés par la fureur dithyrambique, l'archet fougueux bondit sur les cordes, la flûte en délire tourbillonne en folles roulades, les

musiciens ne se contentent plus de jouer, ils
chantent :

La danse court, la danse est haute
Vive la danse, ohé !
Ah ! criez tous, danseurs joyeux :
Vive ma belle, ohé !
La danse court, la corde saute,
Mon cœur saute avec elle en deux !
Vive la danse, ohé !

Cette danse que le peuple nomme la bondis-
sante, *Springeltanz*, agissait de tout temps sur
les jeunes filles avec une puissance irrésistible.
A ses accents elles perdent la tête et s'y précipitent. Une seule note entendue de loin et le
charme est jeté. Il suffit même de jouer une
mesure de l'air magique sous leurs fenêtres
pour qu'elles descendent aussitôt.

Le chevalier Nithart, célèbre poète du treizième siècle, le savait déjà. Au printemps il
jouait un air séducteur sous la fenêtre d'une
jolie paysanne. La jeune fille l'entend ; son cœur
bondit de joie au devant du chevalier, elle veut
courir à la danse avec lui. La mère a beau le lui
défendre, elle a beau refuser les habits de fête
et fermer l'armoire à clef, la fille la force, prend
sa plus belle robe et s'élance vers le tilleul au
bras du chevalier. La mère elle-même est saisie
du démon de la danse, elle prend son vol comme

un oiseau et se jette dans le tourbillon. L'hiver a beau faire, il faut qu'il prenne la fuite, que les bourgeons sortent, que la vieillesse rajeunisse, que la mort devienne la vie et que l'amour triomphe.

Le pauvre compagnon sans doute ne fait pas aussi cavalièrement la conquête de sa *belle de mai*, et d'ailleurs la blonde aux yeux bleus et aux cils d'or est plus modeste et plus réservée que la rustique maîtresse du fringant chevalier. La pensive va seule à la danse, un nuage sur le front, un souci au fond du cœur.

> Fillette se leva matin,
>   Rêvant d'amour.
> D'un pas léger et clandestin,
>   Du vert bois fait le tour.
> On danse dans l'herbe et le thym,
> Et dans l'ombre on la voit reluire,
> Tremblante étoile du matin,
> Qui monte au ciel et veut sourire
>   Avant le jour.

Comment le compagnon ne serait-il pas attiré à la fête du tilleul par la même force mystérieuse? et comment n'y trouverait-il pas errante à l'écart la fille aux tresses d'or? Comment leurs mains se sont-elles rencontrées, combien de temps leurs regards sont-ils restés confondus? O discrètes chansons, vous ne me l'avez pas confié. Souriante et rêveuse, elle se

laisse poser sur la tête la couronne de roses et
lui donne en échange son bouquet. Il a trouvé
sa *belle de mai*, et radieuse l'emporte dans le
tourbillon de la danse.

Après la ronde fougueuse vient la cueillette
des fleurs dans la forêt. Leur ivresse est au
comble. Les bras étroitement enlacés, ils s'en-
foncent sous les branches à travers les broussailles jusqu'à la fontaine solitaire couronnée
de lierre et d'aubépine. Ils ne disent rien, mais
les fleurs se chargent de parler pour eux. Car
ils connaissent tous deux leur langage mystérieux, jeu favori et ressource infinie des amants.
Cette ravissante et fraîche symbolique n'a rien
de commun avec les fadeurs de la galanterie
moderne, car elle est sortie palpitante de vie
de la longue intimité du peuple avec la nature.
Elle défraie amplement leur conversation.
Sous le riant mystère de ces couleurs se cachent les mille et mille agaceries, les confi-
dences ardentes, les bouderies enfantines de la
passion naissante. Les amants initiés à cette
science subtile peuvent tout se dire. Là-dessus
les chansons populaires ne tarissent pas. Ainsi
le vert, première couleur de la terre au printemps, celle d'où sortent toutes les autres trahit
dans le langage des fleurs l'espérance indécise,
mais illimitée, « le vert est le commencement »
disent les chants. Mais du bourgeon vert sort la

fleur blanche et de l'espérance vague un vœu
plus pressant. La branche verte veut dire seulement qu'on aime, mais le blanc muguet pré-
senté à la belle de mai veut dire que c'est elle
qu'on aime; et quel triomphe si elle répond par
l'aubépine en fleur, chaste comme l'étoile du
matin et comme elle pleine de promesses. De
là jusqu'au rouge flamboyant qui annonce la
passion brûlante il y a bien des degrés. Mais
l'amour révèle aux plus simples un art infini;
l'amant sait prier avec des fleurs si belles et si
parfumées que la blonde pensive se laisse entraîner malgré elle dans cette orgie de couleurs,
de parfums et de désirs. Cependant à la rose
sauvage, à la rose en feu qui la trouble et l'inquiète, son cœur sait répondre par une petite
fleur d'une couleur plus douce et plus constante
dont le bleu signifie : fidélité. L'amant est dé-
sarmé, leurs regards éperdus se jurent, à travers
des larmes de joie, un serment irrévocable que
Dieu semble entendre dans le silence de l'azur :
« Meure cette fleur, dit le compagnon ému.

> Meurent la fleur et l'espérance
> Nous sommes riches en amour !
> L'amour ne mourra pas en moi,
> Oh! crois-le moi! (1)

(1) Voir la mélodie IV, à la fin du vol.

Ils n'ont que de ces cris pour exprimer leurs premiers transports, mais toute leur âme y tressaille. Éblouis, enivrés, ils vivent dans un enchantement perpétuel ; à toutes leurs palpitatations de joie répondent les efflorescences de la forêt. Quand les lèvres de la belle enfant s'épanouissent dans le rire, il croit voir tomber des roses de tous côtés et il se dit que sa bouche *rit des roses*. Quand ils s'embrassent, les buissons bourgeonnent, des fleurs sortent de terre, les branches s'entre-choquent et les oiseaux font entendre de longs cris de joie. Les paroles de l'amant tombent comme des gouttes de feu dans le sein gonflé de la jeune fille quand il murmure à son oreille :

Oui, le charbon ardent couve avec moins d'ardeur,
Qu'amour doux et secret qui brûle au fond du cœur.

Belle est la rose en feu qui s'ouvre à la lumière,
Plus beaux deux jeunes cœurs s'aimant dans le mystère.

Regarde dans mon cœur, ô fleur de pureté,
Tu n'y verras qu'amour et que fidélité. (1)

Ainsi vont-ils de jour en jour, de semaine en semaine, effeuillant les fleurs de leurs couronnes tressées au fond des bois, et savourant dans le

(1) Wunderhorn, II, pag. 59.

silence des soirées fugitives leurs chants de
félicité, qui s'élèvent et s'élancent dans la nuit
étoilée comme d'inséparables génies d'amour.
Mais l'heure de la séparation vient couper ce
long rêve comme le glas d'une cloche funèbre.
Un matin le maître donne brusquement congé
au compagnon. Il faut partir dans huit jours,
faire son tour d'Allemagne, demander du travail chez d'autres maîtres et chercher fortune
dans un monde inconnu. Le réveil est dur,
mais inexorable. Aurait-il cru jamais qu'il fût
possible de quitter ce coin de terre, cette maison, ce jardin, le vieux tilleul et la forêt qui
tous semblaient l'aimer et qui maintenant lui
disent : va-t'en! Quoi, tout est donc fini? Pour
la première fois le compagnon sent la rigueur
de son sort. Pour lui point de patrie, point de
femme, point de foyer avant qu'il soit devenu
maître à la sueur de son front. Il jure à la bien-
aimée de le devenir. Mais après combien
d'années? il n'en sait rien. Quand pourra-t-il
revenir? Peut-être jamais. Elle finira par l'oublier et par en épouser un autre. A ce mot
amer du compagnon, la pauvre fille se révolte
et fond en larmes. Quoi qu'il arrive ils sont unis
pour toujours. Alors ce ne sont plus qu'adieux
émouvants, serments exaltés. Les chants populaires modulent à l'infini cette douloureuse
volupté de l'adieu où l'amour défie la souffrance,

les obstacles, le temps, l'éternité même pour
s'affirmer plus hautement :

> Oh ! donne ta main, mon amie,
> Donne l'adieu de l'amitié,
> S'il nous sépare pour la vie,
> Qu'il nous joigne en éternité !
>
> L'adieu ! quelle douleur profonde !
> Mourir c'est peu, mais se quitter !
> Le temps est long, vaste est le monde,
> Plus vaste encor l'éternité !

Quelquefois ce sont des chants alternés qui
se font écho :

ELLE.

> O val profond, profond, ô montagnes, ô bois,
> Ai-je vu mon ami pour la dernière fois ?
> La lune et le soleil, le firmament en pleure.
> Oh ! pleurez avec moi jusqu'à ma dernière heure.

LUI.

> O val profond, profond, ô montagnes, ô bois,
> Vous reverrez ma mie et plus de mille fois.
> Oui, vous verrez passer et repasser la belle,
> Mais vous en serez loin, moi seul serai près d'elle.

Le jour du départ est venu. Il faut se dire le
dernier adieu. Quand c'est un soldat qui va
quitter sa bonne amie, la scène prend un caractère martial et pittoresque qui couvre sa tristesse sous une fanfare entraînante.

> Trois cavaliers par la porte sortaient.
>   Adieu !
> Gentille amie sur la rue se penchait.
>   Adieu !
> Puisqu'il faut nous quitter sitôt,
> Vite encor jette ton anneau !
>   Adieu ! adieu ! adieu !
>   Ah ! qu'il fait mal l'adieu !

Le galop du cheval, la poussière du chemin et les cris de ses amis aident à l'étourdir. Mais le compagnon et sa bien-aimée veulent savourer cette douleur jusqu'à la lie. Ils se séparent loin du monde, au fond du bois, sous le frêne bien-aimé. Que se sont-ils dit au dernier moment, comment a-t-il fait pour s'arracher des bras qui l'étreignaient, pour la laisser seule sous l'arbre et prendre le sentier fatal? Les chants ne le racontent pas, ils disent seulement : « Là où deux amants se séparent, l'herbe déssèche et le feuillage se flétrit.. »

Le compagnon suit sa route sans se retourner. Mais le soir, quand les campagnes sombres se remplissent de brume et de silence il s'affaisse au bord de la route et tout ce qui l'oppresse s'échappe dans un suprême adieu :

> Autant d'étoiles scintillantes
> Brillent au grand pavillon bleu,
> Autant de brebis bondissantes
> Paissent sous le regard de Dieu,

Autant d'oiseaux sous la nuée
Se bercent, ô ma bien-aimée !
Mon âme ! autant de fois adieu !

Ne dois-je plus jamais t'entendre,
Te laisser pour l'éternité ?
Non, je ne puis pas le comprendre
Que demain j'aurai tout quitté.
Que ne suis-je mort en silence
Sans avoir connu l'espérance,
Bien avant que d'avoir aimé !

Je ne sais si sur cette terre
Si pleine de maux, de douleur,
Après la lutte et la misère
Je reverrai mon seul bonheur.
Oh ! quelles vagues, quelles flammes,
Jaillissent entre nos deux âmes,
Et submergent mes yeux en pleurs !

Mais je veux souffrir en silence
Pourvu que mon cœur pense à toi.
Tous les matins plein d'espérance
Je dirai : Vient-elle vers moi ?
Et tous les soirs je veux me dire
En me noyant dans mon délire :
Mon seul amour, oh ! songe à moi !

Non, ne crois pas que je t'oublie,
Jusqu'au tombeau va mon amour.
Dussé-je après ma triste vie
Mourir loin de toi quelque jour,
Je veux dormir au cimetière
Comme un enfant qu'endort sa mère,
Qui s'endort bercé par l'amour. (1)

(1) Wunderhorn, II, pag. 198.

L'absence est longue, elle dure jusqu'à sept ans. Point de lettres en ce temps, point de nouvelles. L'alouette et le rossignol sont les seuls messagers des amants et parfois l'oiseau parle de mort ou de trahison. Alors le jeune compagnon seul au milieu d'étrangers, accablé de travail et de soucis perd courage. Il voudrait oublier et ne peut pas oublier. L'image de la bien-aimée et de la forêt où ils se promenaient est là devant lui comme un paradis à jamais perdu sur la terre d'exil. Là-bas tout était tendresse, amour, félicité; ici tout n'est que haine, ironie, malédiction. A certains moments, cette image unique, persistante, le domine au point de lui faire oublier tout ce qui l'entoure. Le passé et le présent, le rêve et la vie, l'âme et la nature se confondent dans une vaste hallucination :

> Dans mon pays se berce un frêne,
> Un frêne au fond des bois.
> Ma mie et moi sous le grand frêne
> Nous vînmes mille fois.

> Un bel oiseau dans son feuillage
> Y chante tous les jours,
> Ma mie et moi sous son ombrage
> Nous l'écoutons toujours.

> Dans son doux rêve il se balance
> Sur le dernier rameau;
> Nous le regardons en silence,
> Il chante de nouveau.

Un accent de sa voix chérie
    Un son m'est arrivé.
Étais-je près de toi, ma mie,
    Ou n'ai-je que rêvé?

Quand je revins voir mon amie
    Le frêne était coupé,
Un autre était près de ma mie...
    Je me suis réveillé !

Dans mon pays se berce un frêne,
    J'en suis si loin, j'ai peur !...
Le vent glacé qui se déchaîne
    Me déchire le cœur! (1)

Pendant qu'il erre à l'étranger, elle attend. Sa vie se passe dans une alternative d'espérance et d'appréhension, de joie folle et d'abattement. Elle est superstitieuse, elle fait des rêves et les interprète. Une nuit elle rêve que son jardin est changé en cimetière, toutes les plates-bandes sont des tombes blanches, toutes les fleurs des arbres sont à terre. Triste elle les rassemble dans une cruche d'or. Mais tout à coup la cruche s'échappe de ses mains, se brise et il en sort des perles rouge cramoisi. Mon Dieu! s'écrie-t-elle, c'est le sang de mon ami! Une autre fois, le songe est plus riant. Elle revoit son amant comme ce jour où il entra

(1) Simrock, pag. 266.

pour la première fois dans son jardin. Il s'avance
vers elle par le joli chemin sablé et lui prend
les deux mains pour lui dire adieu. Elle lui
demande quand il reviendra de son long
voyage. Il répond : « Quand il neigera des
roses rouges et qu'il pleuvra du vin frais. »
Puis il disparaît. Aussitôt elle plante des rosiers
dans son jardin. Les rosiers font un bosquet et
le bosquet fait une maisonnette. Elle s'assied dessous et attend qu'il neige des roses rouges.
Pendant ce temps l'ami revient avec une belle
amphore de vin, il parcourt le jardin et ne voit
pas la bien-aimée. Enfin il s'approche à pas
lents du bosquet; elle fait semblant de dormir.
Il se penche sur elle, la cruche lui échappe et
tombe sur un rosier. Elle ouvre les yeux : il
neige des roses rouges, il pleut du vin frais et
le bien-aimé est là. Mais, hélas! ce n'est qu'un
rêve. Tout éveillée elle rêve encore. Elle demande des oracles aux fleurs et aux oiseaux. Un
matin elle se dit que si l'aubépine de la forêt est
encore en fleurs, l'ami est encore en vie et en
grande joie. Elle y court et trouve le buisson
couvert de fleurs et de boutons. La voilà radieuse pour tout un jour. Ou bien elle se persuade que si le rossignol revient demain, l'ami
reviendra au mois de mai. L'oiseau ne revient
pas; la voilà plongée dans les larmes.

Si la séparation est pleine de souffrances, le

retour est d'autant plus joyeux. Le compagnon
a fini par faire fortune. Il a terminé son *chef-
d'œuvre*, il a été reçu *maître*, il revient libre,
riche de projets et d'espérance. Il s'arrête à
l'auberge du village voisin pour demander des
nouvelles de son amie. Il frissonne à l'idée qu'on
pourrait lui dire : elle est mariée depuis longtemps. Que ferait-il alors? Tout, hormis se résigner. Mais quelle joie lorsqu'on lui dit qu'elle
attend toujours le compagnon en voyage. Alors
il met ses plus beaux habits et se promet de la
surprendre. Il y a une ballade qui peint un de
ces retours, où l'amant qui revient sur un cheval
fringant met sa promise à la plus dure des
épreuves.

> Un tilleul à large feuillée
> Regarde au fond de la vallée.
>
> Deux amoureux étaient dessous
> Par amour oubliant leurs peines.
>
> — Ma mie, il faut nous séparer
> Car j'ai sept ans à voyager.
>
> — Tu pars pour sept ans, mon amour?
> J'attendrai jusqu'à ton retour.
>
> Quand les sept ans furent passés
> Elle se dit : Il va venir !
>
> Elle entre au vert bois qui fleurit
> Pour voir revenir son ami.

Dans la forêt verte elle entra,
Un beau cavalier rencontra.

— Bonjour, ma belle, ma charmante,
Qu'allez-vous faire seule au bois?

Vos parents que vous ont-ils fait ?
Aimeriez-vous d'amour secret ?

— Hier il y eut juste sept ans
Que j'ai vu partir mon amant.

— J'ai vu votre amant à la ville
Épouser une riche fille.-

Eh bien, que lui souhaitez-vous,
Puisqu'il a trahi ses amours ?

— Je lui souhaite dans mon cœur
Le plus doux, le plus grand bonheur.

Tant de joie, de ravissement
Qu'il y a d'étoil's au firmament.

Je lui souhaite autant d'honneur
Que je sens d'amour dans mon cœur. —

Il prit à son doigt vivement
Un anneau d'or pur scintillant.

Il le jeta sur ses genoux,
Elle en versa des pleurs si doux!

Puis il tira de sa valise
Un voile blanc comme la neige.

> — Essuie, essuie tes yeux, ma mie;
> Car tu m'appartiens pour la vie ! (1)

L'amour et ses chants ne cessent point avec le mariage pour le joyeux artisan et sa compagne intrépide. Le travail en commun, les épreuves et les douleurs partagées, les longues veillées d'hiver, les courtes joies d'été, n'est-ce point assez pour raviver sans cesse leurs amours et leurs chansons? Si le peuple est frappé des soucis et des peines du mariage, il n'en comprend pas moins la profonde poésie. Voici trois strophes qui peignent ce zèle courageux au travail, cette joie de la vie à deux. C'est une fiancée qui parle, mais, on le devine, elle répétera ce chant toute sa vie :

> Mon promis est un tisserand,
>   Il tisse avec ardeur,
> Matin et soir, la toile blanche
>   Qui met la joie au cœur.
> Car la forte fidélité
>   S'y croise avec l'amour.
> L'amour et la fidélité
>   Nous joignent pour toujours.
>
> Je tisse comme lui ma toile
>   En chantant jour et nuit.
> Tout en faisant tourner la roue
>   Je songe à mon ami.

(1) Simrock, pag. 170.

> Quand la toile sera finie,
>   Gai! nous la blanchirons!
> Travaillons! au mois de Marie,
>   Gai! nous nous marierons!
>
> Et pour me reposer j'achève
>   Ma robe chaque soir.
> L'aiguille marche, mais je rêve
>   D'amour et de revoir.
> Ruban de rose et robe blanche
>   Ce sont là mes cadeaux.
> L'amour fidèle et l'innocence
>   Sont nos anges jumeaux.

Et c'est ainsi qu'ils travailleront toute leur vie, remerciant Dieu d'un rayon de soleil et chantant au réveil comme les alouettes.

O sainte joie de l'amour dans le travail commun, humble félicité et fière vertu, foi du pauvre, poésie de l'avenir, tu es née dans le cœur des simples. Toi, tu n'es ni trompeuse ni éphémère, tu es inépuisable, car tu es le vivant échange de l'âme et de l'intelligence. Tu n'es pas une faiblesse, mais une force; tu ne fais pas mourir, tu fais revivre. Foi jeune de l'immense avenir, si jamais tu régénères le monde, si tu sanctifies le travail par l'amour et l'amour par le travail, si tu ennoblis l'homme, si tu relèves la femme, si tu excites en des générations plus mâles des courages que rien n'abat, des enthousiasmes que rien n'éteint, qu'on se souvienne des humbles chants du peuple qui t'ont pressentie, ô libératrice!

Un autre grand thème de la poésie populaire, c'est la séduction. A la paisible épopée des amants heureux s'oppose comme une autre destinée de l'amour la sombre tragédie de la pauvre fille séduite. Tous les peuples ont chanté ce thème, chacun à sa manière. La Romaine se venge, la Française est généralement trop avisée pour se laisser prendre (1), si elle succombe elle tombe parfois dans une douce mélancolie (2),

---

(1) Témoin cette réponse d'une jeune fille à un galant trop empressé dans une chanson normande :

> Je ne vais point quanté les hommes
> Que je n'épouse auparavant,
> Face à face dans l'église
> En présence de nos parents.

Beaurepaire. — *Étude sur la poésie populaire en Normandie*, page 65.

(2) Comme dans la jolie chanson normande :

> En revenant des noces
> J'étais bien fatigué;
> Au bord d'une fontaine
> Je m'y suis reposé.
>
> Caché dans le feuillage
> Un rossignol chantait;
> Chante, beau rossignol
> Toi qui as l' cœur tant gai.
>
> Je ne suis pas de même,
> Je suis bien affligé,
> Pour un bouton de rose
> Que trop tôt j'ai donné.
>
> Je voudrais que la rose
> Fût encore au rosier
> Et que mon ami Pierre
> Fût encore à m'aimer !

mais qui rarement ébranle les racines de son être. L'Allemande crédule et confiante aime et se donne sans réserve; trompée, elle souffre en silence; déshonorée, elle meurt après avoir bu jusqu'à la lie le calice du remords et de la malédiction.

Une pauvre fille habite seule avec sa mère au bout du village. Elle est trop pauvre pour avoir un promis, et n'y a jamais songé. Jamais les garçons du village ne sont venus lui aider lorsqu'elle ramassait le bois dans la forêt, jamais un beau chasseur ne lui a parlé d'amour en cueillant avec elles des mûres sauvages le long des haies. La pauvre brune n'a point d'ami. Quand ses camarades lui demandent pourquoi elle ne vient pas à la danse le dimanche soir, elle répond qu'elle n'a ni belle robe, ni jolie couronne. Elle travaille sans relâche jusqu'à la nuit, avec une exactitude scrupuleuse, une anxieuse fidélité. Mais quand la cloche du soir sonne au loin et que, sa besogne faite, elle s'agenouille ruisselante de sueur dans l'herbe coupée, elle est contente et ne demande plus rien. Un beau matin arrive au village un chevalier qui revient de la guerre. Le beau fainéant y fait halte et passe tous les jours devant la fenêtre de la brune. Elle croit voir un roi, tant il lui paraît noble et richement vêtu. Un soir qu'elle est assise devant sa porte il la salue; elle tressaille et baisse les yeux. Il s'approche et lui présente une chaîne d'or avec des paroles aimables qu'elle ne comprend pas. Elle s'effraie, se détourne, un nuage passe devant ses yeux, la tête lui tourne. Quand elle revient à elle le tentateur a disparu, mais la chaîne est autour de son cou et lui brûle la gorge comme du soufre. Elle l'arrache précipitamment et une voix intérieure lui dit de la jeter loin d'elle comme un serpent vénimeux qui va la mordre. Mais une autre voix séductrice lui chuchotte : elle sera ton trésor, ton ami, ton protecteur. Et elle la presse avec effusion sur son sein gonflé d'espérance. Quelques jours se passent ; le chevalier n'a point reparu. Mais un soir qu'elle va chercher de l'eau au puits dans le petit bois, elle le rencontre. Peu s'en faut qu'elle ne tombe à la renverse, mais il parle d'une voix si douce, si respectueuse qu'elle reste étourdie. Elle écoute et ne sait ce qu'elle balbutie. Il glisse son bras sous le sien et l'accompagne à la fontaine. Elle croit faire un rêve et se sent éblouie chaque fois que ses yeux rencontrent les yeux fiers et pénétrants du jeune seigneur. Il l'aide à puiser l'eau; il cause, il cause encore. Il lui parle de son château qui est loin de là dans un pays plus beau, de ses escaliers en marbre et de ses hautes tours.

— Vous êtes noble, vous êtes bon, mon seigneur et mon maître, mais je suis une pauvre fille.

— Qu'importe si je t'aime ? Cette nuit je chanterai sous ta porte. M'ouvriras-tu ? — Elle se cache le visage entre les mains. — Pas aujourd'hui, mais un jour, dit le séducteur, et ses lèvres s'impriment sur sa joue frémissante.

La nuit suivante elle est assise à sa fenêtre, les paroles du chevalier résonnent encore à ses oreilles, son baiser brûle encore sur sa joue. Elle chante pour se distraire :

> S'envole un oiseau tendrement
> A la fenêtre de sa belle.
> Pan, pan ! y frappe doucement
> Pan, pan ! de son bec d'or l'appelle :
> « Lève-toi, belle, ouvre pour moi,
> J'ai fait un long voyage
> Et pour l'amour de toi. —
> — Tu fais, un long voyage
> Et pour l'amour de moi ;
> Reviens à minuit sous mon toit,
> Ami, peut-être t'ouvrirai-je !
> Je te couvrirai chaudement,
> Je te presserai doucement
> Dans mes frais bras de neige.

Elle se croit seule et répète ce refrain plein de langueur. Mais le chevalier est tout près, il a entendu cette voix, il a compris ce chant. Déjà il est auprès d'elle et l'entoure de ses bras

en murmurant des paroles d'amour, et tout
près d'eux le rossignol module dans la nuit
ardente sa plainte tantôt suppliante, tantôt sauvage. La voix du rossignol et celle de l'amant
chantent ensemble un chant irrésistible d'amour
et de séduction qui verse dans le cœur de la
jeune fille des torrents de délices. Elle tremble
sous ce chant comme le lierre sous le vent
d'orage et tombe éperdue dans les bras du chevalier. Au point du jour l'oiseau élève de nouveau sa voix. Car dans les aubades populaires
le veilleur c'est le rossignol.

Le veilleur a guetté le jour.
Il chante sur sa verte tour :
« Beau compagnon, il faut quitter ta mie.
Lorsque l'amant est auprès de l'amie,
     L'adieu vient après !
La lune luit dans les vertes forêts.

« — Écoute, amour, un seul instant.
Le jour est loin, le jour attend.
La lune luit à travers un nuage,
La douce lune encadre ton visage.
     Tout dort dans la nuit.
Crois moi toujours, c'est l'heure de minuit. »

Il la presse plus doucement :
« Tu fais ma joie, ô cœur charmant !
Auprès de toi j'ai l'âme réjouie,
Toute ma peine est vite évanouie.
     Accepte ma foi !
Je n'aime au monde, au monde entier que toi. »

Et qu'a-t-il ôté de son doigt ?
« Porte cet anneau d'or pour moi.
Quand brillera ce signe d'alliance,
Au fond du cœur chantera l'espérance.
    Tel est mon plaisir !
Que volontiers pour toi j'irais mourir. »

Rossignol chantait à mi-voix,
Puis il réveille au loin les bois.
L'aube a glissé sous la branche endormie,
Lorsque l'amant est auprès de l'amie,
    L'adieu vient après !
Le jour a lui dans les vertes forêts. (1)

Le soir suivant l'amant frappe à la porte, on ne répond pas. Il frappe longtemps, enfin elle ouvre : « Je ne devrais pas te laisser entrer, dit la pâle brune. Quand d'autres filles portent la couronne, moi je devrais porter un voile. Ah, je rougis ! et plus j'y pense, plus je pleure du fond de l'âme. » Mais il la console. Au son de sa voix elle est heureuse et fière, elle s'épanouit de nouveau et l'entoure de ses bras.

Un jour le chevalier est sombre, il dit à sa maîtresse qu'il faut qu'il parte le lendemain. Ses parents l'appellent, mais il reviendra bientôt la chercher. Elle le regarde longtemps, puis s'assied dans un coin et cache son visage dans ses mains. Il cherche à la rassurer ; elle reste

---

(1) Wunderhorn, I, pag. 347.

muette. — Reviens encore une fois, avant de partir? dit-elle enfin. — Il le promet et revient en effet le soir, mais plus sombre encore que le matin. Elle lui dit :

> Tes parents causent nos adieux.
> Ah ! n'est-ce pas que je devine ?
> Un jour tu seras plus heureux
> Avec une autre, j'imagine.
>
> Ce romarin triste et charmant
> De mon amour ce dernier gage,
> Prends-le, puisqu'au dernier moment
> J'ai pu revoir ton cher visage.

Elle n'a que cela à donner, mais une pauvre fleur peut-elle retenir un riche et beau seigneur? Il s'arrache à ses bras ; alors elle se sent seule au monde et sa douleur se cadence dans une plainte douce et contenue qui peu à peu se résout en sanglots :

> Qui guérira ce mal que j'ai ?
> Ma faute était trop d'espérance.
> L'ami m'a donné son congé,
> Il faut souffrir en patience.
>
> L'amour, l'amour peut-il finir ?
> C'est le souci qui me dévore.
> Ah ! quand il sait qu'on peut trahir
> Un cœur peut-il chanter encore ?

Malgré cette immense douleur, il n'y a pas

d'amertume dans son cœur. Sous le coup de la
trahison il déborde encore d'amour et voudrait
charmer le départ du bien-aimé :

> O musiciens au fond du bois
> Touchez la harpe bien-aimée,
> Afin qu'une dernière fois
> Son âme en partant soit charmée !

Le matin elle s'est levée au point du jour.
Cachée au fond de sa chambre, c'est à peine si
elle ose se parler à elle-même d'une voix
étouffée :

> Il est bien loin mon seul ami,
> Il est toujours dans ma pensée.
> Ah ! je ne t'ai jamais trahi
> Lorsque j'étais ta fiancée !
>
> Le monde va me regarder
> Et je n'ose aller à l'église.
> Mes yeux, mes yeux vont déborder
> Puisque mon cœur, mon cœur se brise ! (1)

Des semaines se passent, mais il ne revient
plus. Toutes les nuits elle rêve que son amant
erre sous la tourelle d'une belle châtelaine en
jouant une sérénade sur un luth. Alors elle
aussi prend un luth et veut en jouer pour l'at-
tendrir et lui rappeler « sa douce brune » mais

(1) Simrock, pag. 239.

sitôt qu'elle touche le luth, toutes les cordes se brisent avec un son strident qui ressemble à un cri terrible, et à ce cri son cœur se déchire dans sa poitrine. — Pourquoi ne joues-tu pas du luth? lui dit le joyeux chevalier, toutes les châtelaines en jouent. — Mais tu vois bien que je ne peux pas, répond-elle d'une voix faible, les cordes sont brisées. Tu les as touchées trop fort quand tu étais chez moi; et je t'aurais joué une si douce mélodie! — Le chevalier se détourne et disparaît sous les grands arbres.

Le jour elle fuit ses amies et s'enfonce dans les bois. A la voix du rossignol un flot d'espérance remonte à son cœur. Elle poursuit d'arbre en arbre l'oiseau tentateur et le presse de questions :

Rossignol, je t'entends chanter;
Je sens mon cœur prêt à sauter.
Dis-moi, pourquoi mon cœur palpite?
Ah viens, bel oiseau, reviens vite !

Oui, c'est ton charme et ta beauté,
Oui, c'est ton chant plein de fierté,
C'est ta douceur qui m'a séduite.
Ah viens, bel oiseau, reviens vite !

Dis, qu'as-tu fait de nos amours?
Tu nous chantais toujours, toujours.
Hélas! je souffre et tu m'évites,
Ah viens, bel oiseau, reviens vite !

L'oiseau impitoyable répond :

> Il faut couper ton cœur en deux,
> Va, car tu n'as plus d'amoureux.
> Oh ! chasse, chasse ta folie.
> Va, pauvre fille, oublie, oublie ! (1)

Le dimanche soir, tandis que les belles et riches villageoises se promènent au bras de leurs galants, elle erre seule à l'écart.

> Je vois plus d'une fière belle
> Près de la fontaine, là-bas.
> Chacune a son ami près d'elle
> Et moi je n'en ai pas.
>
> Ma mère m'a fermé sa porte,
> Bien loin, bien loin est mon ami.
> Pourquoi ne suis-je donc pas morte?
> Que fais-je encore ici ?
>
> Hier c'était un beau jour de danse,
> Pour moi ces plaisirs sont perdus.
> Las, je porte au cœur ma souffrance,
> Moi je ne danse plus.
>
> Et bientôt quand je serai morte,
> Dans un coin on m'enterrera.
> Ma tombe est tout près de la porte,
> Qui donc me pleurera ?

(1) Simrock, pag. 222.

Ah! laissez debout la fleurette,
Et ma croix noire, voulez-vous?
Avez-vous connu la fillette
   Qui couche là-dessous? (1)

Un matin elle se sent mère; la terreur la saisit. Elle court chez ses amies d'autrefois dans l'espoir de se consoler, mais elles la taquinent en lui demandant des nouvelles du beau chevalier. Elle court dans les champs à son travail pour s'étourdir. Pendant qu'elle remue la terre avec une ardeur fiévreuse, une de ses camarades lui dit d'un ton narquois :

Pourquoi si triste, ma fillette,
Pourquoi ne ris-tu pas?
Tes yeux le disent, ma brunette,
Que tu pleurais tout bas.

Elle répond :

Si j'ai pleuré la nuit entière,
Pourquoi me tourmenter?
J'avais un seul ami sur terre
Qui vient de me quitter.

Pour toute réponse elle obtient des regards de pitié, des chuchotements équivoques et des éclats de rire mal étouffés. Honnie de tous, repoussée par sa mère, torturée par sa conscience, elle tombe dans le désespoir. Elle fuit son village

(1) Wunderhorn, IV, pag. 127.

cherchant du travail et mendiant sur les grandes routes. Les jours se traînent comme des années, les mois comme des siècles. Déjà le moment fatal approche, elle délire. Épuisée de faim, de fatigue, de douleur, à demi morte, elle ne peut nourrir son enfant et le tue dans un accès de folie. Elle-même n'est plus qu'un fantôme lugubre qui erre autour du lieu fatal comme pour s'accuser de son propre crime.

> En bas, dans la prairie
> Coule un ruisseau tout noir,
> A la place flétrie
> Où j'erre chaque soir.
>
> Et l'herbe et la fougère
> Y meurent lentement,
> Là j'ai sur une pierre
> Egorgé mon enfant.
>
> Dans l'onde froide et sombre
> Coule son rouge sang,
> Son sang gémit dans l'ombre,
> Coule vers l'océan.
>
> Deux yeux bleus me regardent
> Du haut du firmament,
> Dans une belle étoile
> J'aperçois mon enfant.
>
> La roue est préparée
> Qui me fera souffrir.
> Que n'y suis-je attachée !
> Je veux mourir, mourir !

> Puisque tu m'as trahie,
> O toi, que j'aimais tant,
> Je veux laisser ma vie
> Et tout dire en mourant ! (1)

La pauvre fille est presque au bout de son martyre. Plongée dans le demi-sommeil de la folie elle passe comme un rêve à travers les horreurs de la condamnation et du supplice. Mais la poésie a joint à toutes ces images le châtiment du séducteur. Elle veut qu'il apprenne la condamnation à mort de sa victime. Saisi de remords, il demande et obtient du prince la vie de sa maîtresse et part à cheval pour le lieu du supplice, tenant dans sa main le drapeau royal, signe de grâce. Pendant ce temps la procédure va son train. Au dernier moment la jeune fille retrouve ses souvenirs et parle à son ami comme s'il était près d'elle. Elle ne l'accuse pas, ne lui reproche rien, elle se demande seulement pourquoi il l'a tant fait souffrir.

> " Joseph, mon cher Joseph, à quoi pensais-tu donc
> Pour faire le malheur de la pauvre Nannon ?

> " Joseph, mon cher Joseph, que Dieu sauve mon âme !
> Il me feront sortir par une porte infâme,

> " Sur une grande place, hélas ! au point du jour
> Et tu verras bientôt ce qu'a fait notre amour.

(1) Wunderhorn, II, pag. 225.

» — Bon juge par pitié, jugez-moi promptement
Je veux mourir, je veux rejoindre mon enfant.

» Bonnes gens qui pleurez, pleurez pas sur Nannon
Plutôt mourir cent fois que de vivre en prison.

» Joseph, mon cher Joseph, ta main, mon bien-aimé.
Dieu nous pardonnera car j'ai tout avoué. »

Il arrive à cheval, il brandit son drapeau.
» — J'apporte le pardon, arrête donc, bourreau!

» — C'est trop tard, elle est morte en te disant adieu.
— Adieu, pauvre Nannon, ton âme est près de Dieu. (1) »

L'amour malheureux est un thème non moins
riche que la séduction pour le peuple, car il
chante ce qu'il a vécu; ses chants sont le miroir
de sa vie. Parmi ces plaintes d'amour ironiques
ou tendres, amères ou désespérées qui nous sont
parvenues sur des feuilles jaunies, ou qui plus
heureuses ont voltigé d'âge en âge sur les
lèvres enjouées des jeunes filles, qui ont passé
de bouche en bouche à la veillée des fileuses,
parmi ces refrains innombrables, que d'émotions variées, que de songes ensevelis, que de
vies palpitantes encore. Dans cette aventure
vieille comme le monde de l'amour repoussé

(1) Simrock, pag. 129.

ou trahi, les chants populaires abondent en
héros de toute sorte; il y en a de gais et de
tristes, il y en a de comiques et de tragiques. Il
n'est pas inconsolable à coup sûr ce joyeux cavalier qui raconte ses infortunes amoureuses en
trinquant avec ses compagnons de guerre. La
belle l'a quitté; vite une ballade sur l'insolente
et à demain les amours nouvelles. Il n'est guère
plus malheureux cet écrivain public, gauche et
timide personnage tout de noir habillé, la plume
sur l'oreille, sec comme un parchemin et pé-
dant comme un docteur en théologie, qu'une
fière paysanne a congédié sans façon. Il médite
une satire, il est déjà consolé. Mais il en est un
plus aimable, plus séduisant et plus malheureux
que tous les autres, c'est ce page rêveur éperdument amoureux de la fille du comte.

Le pauvre page roturier est sans famille,
sans fortune et sans avenir. Mais une divinité
favorable semble veiller sur lui, une étoile est
montée à son horizon et lui a souri, une main
amie l'a protégé contre les insolences de la va-
letaille et l'a consolé en jouant avec ses boucles
d'adolescent ou en caressant son front ombrageux. C'est la fille du comte. Elle s'amuse avec
l'enfant passionné, pour se distraire des longs
ennuis de la vie du château et se plaît à attiser
un feu précoce dans cette tête folle. Déjà la jeunesse lui fermente au cœur, déjà la langueur le

consume. Le page a une voix vibrante et s'est
aperçu qu'elle fait rêver les femmes. Aussi es-
père-t-il être entendu quand le soir il murmure
sous une tourelle bien connue :

> Oh ! dors toujours dans ta tourelle
> Et laisse à la nuit ton amant.
> Devant l'étoile la plus belle
> S'efface tout le firmament.
>   Comme la feuille errante,
>   Plaintive et frémissante,
> Je veux murmurer à tes pieds.
>   Comme la fleur fanée,
>   Ainsi, ma bien-aimée,
> Je veux m'effeuiller sous tes pieds.
>
> Oh ! dors toujours, dors, moi je veille,
> Mon chant voltige autour de toi.
> La nuit est noire et tout sommeille,
> Un ciel d'amour se lève en moi.
>   J'y vois tes yeux reluire,
>   Me chercher, me sourire,
> Deux rayons m'entrent dans le cœur.
>   Demain à ta fenêtre,
>   O reine, viens paraître
> Et ce sera dimanche dans mon cœur. (1)

Souvent quand le comte est à la chasse, il se
glisse dans la tourelle par l'escalier tournant et
la belle se fait lire par lui un roman de chevalerie. Puis le page humble et soumis enseigne

(1) Wunderhorn, III, pag. 8.

à la fille du comte à jouer de la guitare et guide
ses mains intelligentes sur les cordes émues
Mais que de fois l'instrument glisse à terre, e
le page laisse parler ses yeux humbles mai
pleins d'étincelles, dans un ardent silence. Le
comte sans doute les aura surpris dans une de
ces leçons de musique. Car il fait jeter le beau
damoiseau dans le plus sombre de ses cachots
Qu'y ferait-il, sinon songer à la dame de se
pensées? Il rêve, il chante et ses chansons har
dies ont les ailes de l'espérance. Que ne peut-i
s'envoler avec elles!

Que ne suis-je un faucon sauvage.
Ah! comme je m'élancerais
Vers une belle au clair visage,
A son château je volerais!

A sa porte mon fort coup d'aile
Mon cri d'amour l'appellerait,
Viendrait la noble damoiselle,
Vite le verrou sauterait.

Et sur sa nuque blanche et fière
Je saisirais ses tresses d'or
D'un bec sauvage. Adieu la terre,
Avec toi je prends mon essor!

Je m'envole à la mer immense
Et jusqu'au plus lointain récif,
Gonflé d'orgueil et d'espérance!...
Mais las! mais las! je suis captif. (1)

(1) Wunderhorn, I, pag. 72.

Un vieux serviteur qui prend en pitié le pauvre page le fait évader. Il prend la fuite; le voilà libre. Libre? Oui, c'est à dire proscrit, errant et malheureux. Il se fait chanteur ambulant, car dans quel autre métier pourrait-il se bercer de sa douleur? Il court le pays, les carrefours des villes, les foires, les châteaux, jetant sa tristesse en pâture aux heureux pour une aumône. On l'aime dans les fêtes seigneuriales, car il sait chanter les chants d'amour. Mais que lui font ces festins, ces belles dames, ces flambeaux, toute cette splendeur? Des aumônes et toujours des aumônes, du mépris et encore du mépris, la solitude et rien que la solitude. Son cœur languit d'une soif d'amour que rien n'étanche.

Combien d'années se passent ainsi? le sait-il? Un jour une force irrésistible le ramène au château où toute sa félicité est ensevelie. Il apprend en route que le comte est mort, que sa fille est mariée. Qu'importe, il veut la revoir. Peut-être le prendra-t-elle à son service, maintenant qu'elle est châtelaine. Il arrive au château au cœur de l'hiver, pâle, défait, ses longues boucles pleines de givre. Il entre au jardin, les chemins sont déserts, il s'assied à l'écart. Tout à coup une porte s'ouvre et sur l'escalier apparaît la châtelaine en costume de chasse toute vermeille et resplendissante de beauté. Déjà les fanfares

résonnent aux alentours et la belle chasseresse
semble les respirer avec orgueil et se gonfler de
courage. Alors le page d'autrefois entonne d'une
voix faible sa plus douce, sa plus triste romance

Il neige, il vente, il neige,
Et l'hiver a soufflé.
Où donc m'abriterai-je ?
Les sentiers ont gelé.

Où reposer ma tête ?
Le repos est si doux !
O neiges, ô tempête,
Où donc m'emportez-vous ?

O toi qui me fus chère,
Viens, ouvre par pitié
Tes bras à ma misère,
L'hiver sera passé !

Elle a écouté immobile et froide. Un instant
elle semble hésiter, puis elle lui jette une pièce
d'argent et rentre dans le château. Il voit tomber
la pièce, il l'entend sonner sur la pierre, il voit
disparaître la châtelaine, comme s'il entendait
l'adieu d'une étrangère ou comme s'il rêvait.
Enfin il comprend ; ses bras lui tombent, sa tête
se penche, il reste ainsi plus d'une heure, puis
il s'enfuit sans savoir où.

Longtemps encore on le voit errer sur les
routes, mais il hante surtout les chemins solitaires. Lorsqu'il chante c'est d'une voix voilée

et les paroles qu'il murmure sont d'une morne
tristesse :

> Sous les nuages sombres
> Dans les grands bois pleins d'ombres,
> Où rien, où rien n'est plus joyeux
> Je me sens bien, je suis heureux.
> Mais quand les oiseaux sont en fête
> Mon cœur se trouble et s'inquiète,
> Et toi tu n'en crois rien !
>
> Tombez sur moi, mont gnes,
> Et vous, sombres campagnes,
> Ouvrez vos plus profonds tombeaux.
> O terre, doux est ton repos.
> De là mon bon ange, s'il m'aime,
> Te portera l'adieu suprême.
> Mais tu n'en croiras rien ! (1)

Qu'est devenu le page errant? Personne ne le
sait. Il a disparu, et dans les fêtes des châteaux
les femmes réclament en vain l'enfant aux yeux
tristes et à la voix émouvante, qui savait tant et
de si doux chants d'amour.

———

Ce n'est là qu'un des nombreux épisodes de
l'amour malheureux dans cette poésie où se retrouvent toutes les situations de la vie. La tris-

(1) Wunderhorn, II, pag. 165.

tesse dont certaines chansons sont imprégnées,
laisse entrevoir çà et là des abîmes de douleur
et découvre ces ravages irremédiables de la
passion, qui amènent la mort lente ou le suicide.
Quel découragement dans cette plainte étouffée :
« O mes larmes, personne ne vous estime! En
cela vous ressemblez aux dons du ciel. Je suis
pauvre en toute chose, par vous je suis riche. »
Et quel désespoir concentré, quelle soif du
néant dans ces mots : « Je voudrais être couché
et dormir à plus de mille toises dans le sein de
la terre fraîche! Tu ne peux être à moi, je n'ai
donc rien à espérer que la fraîche tombe. Viens,
terre, couvre moi, sans quoi je ne trouverai pas
de repos. Efface mon nom, éteins ces flammes
d'amour, cet ardent brasier qui brûle éternellement. » Quelle amertune par contre, quel mépris
viril dans cette explosion d'une colère longtemps
contenue : « Assez longtemps j'ai gardé le silence, mais ton orgueil est monté trop haut! Tu
me méprises au point de rire de ma fidélité...
Ce que tu es je le suis aussi. Qui me méprise
je le méprise à mon tour. Ta beauté passera comme une fleur des champs. Une gelée
viendra pendant la nuit et adieu la fleur superbe.
J'ai bu du fiel et du poison. Ils sont descendus
jusqu'au fond de mon cœur, je n'ai presque plus
de vie, il faut que je m'en aille dans la fraîche
tombe. »

Cette colère qui finit ici par l'abattement s'emporte ailleurs jusqu'à la vengeance. Un compagnon revient dans sa ville natale pour y chercher sa fiancée. Il accourt le cœur débordant d'amour, de confiance et de joie. C'est au printemps; le ciel rit, les fleurs foisonnent, les enfants bondissent dans la prairie, des fanfares retentissent dans la campagne. Il tressaille d'impatience en s'élançant vers le seuil de la bien-aimée; toutes les puissances de son âme se précipitent vers elle. Mais qui trouve-t-il?

Et quand il revient à sa porte
La belle au seuil attend :
" Dieu te salue, ma mie charmante
Que mon cœur aime tant. "

" — Et qu'as-tu besoin de m'aimer ?
J'ai déjà mon mari.
Il est charmant, il sait me plaire
Il m'aime et me nourrit. "

Et que tira-t-il de sa poche ?
Un couteau reluisant.
Il le plonge au cœur de sa mie,
En fait jaillir le sang.

Il le tira de sa blessure,
Le sang coulait encor.
" Ah ! Dieu du ciel sauve mon âme !
Que c'est amer la mort ! " (1)

(1) Wunderhorn, I, pag. 328.

Rien de plus tragique et de plus inévitable
que cette réponse du couteau à l'insolente pro-
vocation de la jeune fille. Ce changement instantané de l'amour extrême en haine sauvage
est aussi fatal que terrible dans un tempérament de feu. On voit reculer le jeune homme,
on le voit frissonner de la tête aux pieds, on voit
le rouge lui monter au front et son amour in-
sulté, bafoué, traîné dans la boue s'assouvir
dans le sang.

Ces exemples sont loin d'épuiser la vie riche
et luxuriante qui s'épanouit dans ces chants
d'amour avec ses joies et ses déboires, ses rires
et ses vengeances, mais ils en donnent les
grandes situations et les notes fondamentales.
L'amour y est grave, sérieux, profond et selon
sa nature il entraîne les conséquences morales
inévitables. L'amour pur et fidèle sanctifie la
passion, ennoblit les amants; la séduction suivie de l'abandon entraîne le désespoir et la
mort; l'amour dédaigné se consume dans la
solitude; la trahison enfante le suicide ou la
vengeance. Jamais l'amour n'est considéré
comme un jeu ou comme un passe-temps; lorsqu'il éclate il s'empare toujours de l'homme tout
entier. Coupable, criminel, sanglant parfois, il
est presque toujours profond, irrésistible. Qu'il
soit d'ailleurs heureux ou malheureux, doux ou
terrible, il est le rêve éternel de la muse popu-

laire, je veux dire du peuple en ses heures d'aspiration supérieure. Lorsque, s'élevant de ses aventures personnelles à des pensées plus vastes, il songe à cet amour complet, absolu, qui ne vient qu'une fois et qui passe si vite, ses paroles comme ses mélodies respirent une tristesse vague et infinie.

La forêt reverdit, la neige fond aux bois. Ciel, prairie, buissons et ruisseaux tout est en fête. Que va dire la payse à l'aubépine blanche qui perce les bourgeons reluisants! De quels tressaillements va-t-elle accueillir le rossignol qui essaie sa voix? Oh, cette verdure, ces buissons, ce rossignol, tout cela n'est pas pour elle. La vie n'a plus rien à lui offrir. Elle a aimé une fois, puis c'a été fini pour toujours. Et tous les ans le printemps revient ainsi plus gai, plus beau que jamais, et tous les ans elle est plus triste. Elle pense à autrefois. Et puis il lui semble pourtant, quand les oiseaux chantent si fort et qu'il y a tant de fleurs dans les prés, qu'elle va de nouveau être heureuse. Elle chante bien doucement :

> Quand souffle la brise
> Sur les champs neigeux,
> Violette s'avise
> De rouvrir ses yeux bleus.

L'oiseau par tristesse
Resté, las ! sans voix,
De folle allégresse,
De folle allégresse !
Rechante au vert bois !

Fleurissent les roses,
Adieu, sombres jours.
Est-ce vrai que les roses
Font fleurir les amours ?

La rose gentille
Fleurit tous les mais,
L'amour, un jour brille,
L'amour, un jour brille,
Et puis — plus jamais !

La fleur printannière
Renaît tous les ans ;
L'homme seul sur la terre,
L'homme n'a qu'un printemps.

L'oiseau revient vite
Au temps des amours,
Quand l'homme nous quitte,
Quand l'homme nous quitte,
Ah ! c'est pour toujours (1) !

On peut retrouver les lois de l'univers dans un brin d'herbe et toute l'âme humaine dans une chansonnette. Immensité de l'espérance, immensité du désespoir, tout est là.

(1) Voir la mélodie IV à la fin du volume.

Ce n'est pas, comme chez les poètes de la désespérance, un doute sur l'amour lui-même, ce n'est que la mélancolie profonde inspirée par la destinée de l'homme, la plainte éternelle sur l'adieu inévitable, sur la séparation et la mort. Ce qui frappe dans les chants de ce peuple c'est une foi illimitée en l'amour comme en la plus grande puissance du monde, comme en ce qu'il y a de plus beau et de plus divin. Quand il se berce ainsi avec les ailes de la mélodie sur les gouffres de l'âme et sur le mystère de l'éternité, il semble vouloir dire que l'amour est le premier et le dernier mot de la création, le seul principe de la vie, car seul il enfante les dévoûments sublimes. Voilà la pensée que le peuple illustre souvent dans ses naïves ballades. Une jeune fille a été prise par un corsaire et veut se racheter :

> O batelier ! mon gentil batelier,
> Au bord là-bas ne peux-tu naviguer ?
>   O batelier !
> Là j'ai mon père, il me chérit,
>   Il me délivrera d'ici,
> De ce vaisseau sombre et maudit.
> Le père vint, il marchait lentement.
> Sa fille en pleurs lui parle doucement :
>   O père !
> Donne pour moi ton chapeau rond,
> Rien qu'un chapeau pour ma rançon.
> — Je ne puis donner mon chapeau,
> Va-t'en, va-t'en sur ton vaisseau.

Que le vaisseau vogue et tournoie,
Qu'Adélaïde au fond des mers se noie.
O batelier! mon gentil batelier,
Au bord là-bas ne peux-tu naviguer?
O batelier!
Là j'ai mon frère, il me chérit,
   Il me délivrera d'ici,
De ce vaisseau sombre et maudit.
Le frère vint, il marchait lentement.
Sa sœur vers lui se tourne tristement :
O frère!
Donne ton manteau brun pour moi,
Ton manteau me délivrera
De ce vaisseau sombre et maudit.
— Je ne puis donner mon manteau,
Va-t'en, va-t'en sur ton vaisseau.
Que le vaisseau vogue et tournoie,
Qu'Adélaïde au fond des mers se noie.
O batelier! mon gentil batelier,
Au bord là-bas ne peux-tu naviguer?
O batelier!
Il me reste encor mon ami, .
   Qui me délivrera d'ici,
De ce vaisseau sombre et maudit.
Quand l'ami vint, il courait promptement.
Sa mie vers lui se tourne tristement :
   O mon ami, vends-toi rameur,
Sauve ma vie et mon honneur,
Sauve moi du vaisseau maudit.
— Oui, je veux sauver ton honneur,
Pour toi je me vendrai rameur.
O viens, accours et sois joyeuse,
Qu'Adélaïde à jamais vive heureuse !

L'amour à sa plus haute puissance est de nature divine. Rien ne l'arrête, et la mort pour l'être aimé est sa félicité suprême, car il aspire à s'absorber en lui, à se confondre avec lui dans une adoration infinie. Quand le monde lui oppose des barrières infranchissables il s'y heurte et s'y brise, mais en s'y brisant il affirme encore sa puissance éternelle, il triomphe et s'assouvit dans le néant. Cet amour plus fort que la mort est royalement célébré dans la ballade des *Deux Enfants de roi* :

> Il était deux enfants de roi,
> Deux fiers enfants, s'aimant d'amour ;
> Ils ne pouvaient s'aimer en paix,
> Entre eux la mer grondait toujours.

> — Ami, ne sais-tu pas nager ?
> La nuit tu nageras vers moi.
> Je veux allumer deux lumières,
> Deux phares qui luiront pour toi. —

> Tout près de là guettait la nonne
> Et la perfide l'entendit.
> Elle éteignit les deux lumières,
> Au sein des flots resta l'ami.

> C'était le matin, un dimanche,
> Tout le monde était si joyeux,
> Non pas la fille de la reine,
> Les larmes brillaient dans ses yeux.

— O mère, dit-elle, ô ma mère !
Mes yeux me font un mal ardent,
Ne puis-je pas aller une heure
Aux falaises de l'océan ?

— Ma fille, dit-elle, ô ma fille,
Seule tu ne saurais aller,
Vas éveiller ta sœur cadette,
Elle pourra t'accompagner.

— Non, mère, car ma sœur cadette,
N'est encore qu'un fol enfant.
Elle arrachera les fleurettes
Qui croissent près de l'océan.

Si même elle prend les bruyères
Et laisse les roses en paix,
On dira pourtant sur la côte :
C'est l'enfant du roi qui l'a fait.

— O mère, dit-elle, ô ma mère !
Mes yeux me font un mal ardent.
Ne puis-je pas aller une heure
Aux falaises de l'océan ?

— Ma fille, dit-elle, ô ma fille,
Seule tu ne saurais aller.
Réveille ton plus jeune frère,
C'est lui qui doit t'accompagner.

— Mais hélas, mon plus jeune frère
N'est encore qu'un fol enfant.
Il me tuera tous les oiseaux
Qui volent près de l'océan !

Et s'il ne tuait que les aigles
Et laissait la colombe en paix,
On dirait pourtant sur la côte :
C'est l'enfant du roi qui l'a fait.

— O mère, dit elle, ô ma mère !
Mon cœur me fait un mal ardent,
Que d'autres aillent à l'église
Je vais prier à l'océan ! —

Puis elle plaça sur sa tête
Son diadème étincelant,
Puis elle mit à sa main blanche
Son anneau d'or pur scintillant.

La mère entra seule à l'église,
La fille vers la mer alla,
Erra longtemps sur la falaise,
Puis un pêcheur elle trouva.

— Pêcheur, bon pêcheur de la côte,
Le plus beau salaire est à toi,
Va, jette tes filets dans l'onde
Et pêche-moi le fils de roi. —

Il jeta ses filets dans l'onde,
Dans le gouffre noir et profond,
Il pêcha, pêcha sans relâche,
Tira le fils de roi du fond.

Et de son front la noble vierge
Prit la couronne d'or des rois :
— Voilà, bon pêcheur, pour ta peine
Le salaire que je te dois. —

Elle ôta de sa main royale
L'anneau resplendissant des rois.
— Voilà, bon pêcheur, pour ta peine
Le salaire que je te dois. —

Elle prit dans ses bras de neige
L'ami, puis regardant les cieux,
Elle s'élança dans les vagues :
— O mon père, ô ma mère, adieu ! (1)

La puissance victorieuse de l'amour, son triomphe dans la mort ne sauraient être plus fièrement chantés. A ces nobles accents les figures de Tristan et d'Iseult, de Roméo et de Juliette nous reviennent à la mémoire. Le peuple en ses rêves ébauche l'idéal qu'achèvent les grands poètes. Belle et pure poésie qui dans sa naïveté pressent les puissances divines de l'âme et les grands problèmes de la vie. O vous, qui êtes fatigués des passions malsaines d'une civilisation blasée, vous qui riez amèrement des orgueilleux mensonges d'une poésie décrépite, prenez le sentier perdu qui mène à la poésie primitive des races jeunes. Ne vous effrayez pas des ronces qui croissent sous vos pieds, des folles fougères qui envahissent ces sauvages vallées, des chênes torses qui s'étreignent dans le fouillis inextricable des âpres forêts. Poussez plus avant ; gravissez les hautes montagnes. Plus

(2) Wunderhorn, I, pag. 356.

d'une fleur modeste encore pleine de rosée
vous enverra ses senteurs agrestes, plus d'un
oiseau étrange vous accueillera de ses risées
éclatantes, et l'air vif qui souffle à travers l'azur
intense du ciel vous enverra des torrents de
jeunesse. Et non loin des cimes altières
qu'habitent les dieux oubliés, sous les berceaux
entrelacés d'une forêt dormante, vous trouverez
l'humble source des chants d'amour, tant vi-
sitée du peuple d'autrefois, et que les Grecs
auraient consacrée à quelque divinité. Que
d'amants éperdus ont prêté l'oreille à sa voix
amie, que de mâles génies se sont rajeunis par
ses ondes limpides. Ici aiment à s'asseoir les
simples et les sages, les jeunes et les forts.
Écoutez! la source parle encore; c'est l'âme
primitive, c'est l'âme éternelle de l'humanité qui
semble murmurer dans le silence de la solitude
le doux refrain du peuple : « L'amour, ne
mourra pas en moi, oh, crois-le-moi! »

— Pourquoi chantes-tu tout à coup?
disait l'Église au peuple. — Je chante! car
je sens que je serai libre !

—

— Si tu sors de l'Église, où veux tu
rester? — Sous le ciel.

LUTHER.

VI

LA VIE RELIGIEUSE

L'Église catholique et ses hymnes. — Le peuple et ses légendes. — Luther, la Réforme et les cantiques protestants. — Affranchissement de la poésie religieuse ; elle quitte l'Église pour la Nature et l'Humanité.

Le peuple allemand a déposé dans ses chants d'amour les trésors les plus cachés de son cœur. C'est là peut-être qu'il a mis le plus de piété et de religion. Ce n'est pas cependant qu'en sa poésie naïve il ne se soit élevé jusqu'à la religion dans une acception plus large. Le sentiment religieux occupe une grande place dans la poésie du peuple où l'homme se montre toujours tout entier. Car l'homme est religieux par nature. Quel qu'il soit, simple ou réfléchi, croyant ou sceptique, il éprouve quelque chose en présence de l'infini et de l'éternité, il sent

qu'il y a un lien mystérieux entre lui et les êtres
innombrables qui peuplent le monde. Quel que
soit l'être suprême auquel il se rattache, qu'il
adore Jéhovah, Dieu ou l'Esprit qui respire en
toute chose et qui parle dans sa conscience,
pourvu qu'il adore, il est religieux. Et ce sentiment, vaste et profond, fatal comme son âme,
en sera la plus haute expression. La vraie
poésie sera donc religieuse, mais elle peut l'être
de mille manières. Le poète philosophe par
exemple, n'ira pas chercher le divin dans un
monde surnaturel. Il saura le trouver partout,
il le verra tressaillir dans la vie inépuisable de
la nature et triompher dans la noblesse humaine. Mais pour l'humble poète populaire qui
est sous le coup des misères de la vie il faut
qu'il y ait un ciel, un Dieu et des saints, vivantes
images de toutes les perfections. Il y croit, il
les aime et après les avoir revêtus sans le
savoir, des splendeurs de sa propre âme, il se
prosterne devant eux. Sa légende naïve et pittoresque refait en petit ce que les religions font
en grand.

Un groupe important manquerait dans ce tableau de la poésie populaire en Allemagne si
l'on n'y joignait les chants religieux du peuple.
Par l'époque de leur apparition et par le sentiment qui les inspira, ces chants tiennent le
milieu entre les hymnes latins de l'Église ca-

tholique et les cantiques de l'Église protestante.
Placés entre ces deux extrêmes ils s'éclairent
d'une lumière plus vive. L'histoire de la poésie
rompt le sceau des cœurs et redit les révolutions religieuses, qui s'accomplissent de siècle
en siècle, au fond des consciences. Les hymnes
latins du moyen âge, les légendes du peuple,
les cantiques protestants sont autant de formes
diverses du sentiment chrétien. En passant par
l'Église, le peuple et la réforme, le christianisme
se métamorphose sans cesse, et les harmonies
majestueuses ou enfantines, suaves ou héroïques
de ces strophes qui élevèrent tant d'âmes vers
le ciel, nous répètent, en nous émouvant encore,
que les religions ne sont rien par elles-mêmes
mais tout par ceux qui les font.

L'Église catholique a marqué ses chants latins d'un cachet indélébile. A leur accent, elle
se redresse devant nous dans sa grandeur magnifique et sombre ; ambitieuse cathédrale, elle
ne sait rien, elle ne veut rien savoir de la cité
travailleuse qui grandit à ses pieds. Elle représente le ciel sur la terre, le reste ne l'inquiète
pas. Assise sur la tradition comme sur un fon-
dement indestructible, elle s'élève lentement
avec son peuple de martyrs et de saints, et tandis
qu'on commence à la saper par la base, elle
aspire à percer les nuages de sa flèche mystique
et à régner sur le monde.

Mystique par sa poésie, ascétique par sa morale, cette Église s'empare d'abord des idées et des sentiments les plus féconds du christianisme; c'est par là qu'elle convertit l'Occident. Mais plus elle se consolide, plus elle tend à absorber la vie religieuse; c'est par là qu'elle opprime les peuples. Menaçante, elle s'interpose entre Dieu et les hommes, et met une barrière infranchissable entre le ciel et la terre, le prêtre et le peuple, entre la vie divine et la vie humaine. Que pourrait être la poésie dans cette religion, sinon l'accompagnement solennel du culte? De là son uniformité. Chez toutes les nations elle se ressemble; toujours la langue latine, toujours la même inspiration. Ces hymnes ne sont pas italiens, français ou allemands, ils sont catholiques et romains. L'originalité des peuples et des individus ne peut rompre ni la chape de plomb de l'orthodoxie, ni le moule de fer de la langue latine. Ce qu'ils célèbrent, c'est l'immuable, c'est ce qui doit demeurer partout et toujours, c'est ce monde surnaturel devant lequel l'autre n'est rien, ce sont les mystères rayonnants de Dieu, que l'humanité contemple du fond de sa nuit maudite, c'est l'histoire sainte devant laquelle doivent pâlir toutes les histoires profanes. La mise en scène du culte ne fait que rendre plus sensible l'abîme qui sépare le ciel et la terre. Point de communication entre le peuple et son Dieu. Il ne lui parle que par ses ministres. La foule est agenouillée dans la nef et les prêtres psalmodient au fond de l'abside les hymnes qui ravissent les âmes, au dessus de la terre, dans un nuage d'encens.

L'idée qui plane sur l'Église primitive en Occident, c'est celle du Dieu unique et tout-puissant. C'est lui dont la majesté souveraine renverse les chênes sacrés des vieux Germains et courbe la nuque rebelle des barbares ; c'est lui qui tonne par la voix de l'apôtre des Frisons et sévit avec l'épée de Charlemagne ; c'est à lui surtout que s'adressent les plus vieux hymnes de l'Église. C'est pour le chercher que le peuple se presse dans la puissante basilique romaine, aux forts piliers qui défient les siècles, dans ce temple, sanctuaire de l'éternité au milieu des vaines tempêtes de ce monde. Là tous sont confondus au même niveau, le Dieu souverain courbe d'un même souffle la tête de l'artisan, du chevalier et du roi. L'orgue roule à travers les portiques ses ondes colossales qui enveloppent les colonnes massives et vont gémir dans les profondeurs sombres de l'édifice. La nuit règne dans la nef, mais les cierges brillent dans le chœur et les prêtres chantent le roi des rois :

Tibi omnes angeli, tibi cœli
Et universæ potestates,

Tibi Cherubim et Seraphim
Incessabili voce proclamant :

Sanctus, sanctus, sanctus
Dominus Deus Sabaoth!
Pleni sunt cœli et terra
Majestate gloriæ tuæ. (1)

Les fidèles ne comprennent pas cette langue,
mais ils savent qu'on célèbre le Très Haut. Les
plus exaltés relèvent la tête, ils voient la voûte
s'ouvrir et leurs yeux nagent dans des gloires
ineffables. Elle est là l'Église triomphante, ran-
gée en sept cercles mystiques, les uns au dessus
des autres, toujours plus étroits et toujours plus
brillants. Ils sont là, tous les élus resplendissants
de blancheur, noyés dans les flots d'or des soleils
radieux, en bas la foule bienheureuse des pécheurs pardonnés, plus haut les armées des
docteurs pieux et des saints en extase, plus
haut encore les martyrs transfigurés portant
leurs palmes, enfin, les prophètes aux yeux fou-
droyants, les Archanges et les Dominations,
prosternés devant le Père éternel.

Vision imposante, où le chrétien n'a plus con-

(1) A toi tous les anges, à toi les cieux et toutes les puissances de
l'univers, à toi les chérubins et les séraphins répètent d'une voix éternelle : Saint, saint, saint est le Seigneur Dieu Sabaoth ! Les cieux et
la terre sont remplis de la majesté de ta gloire. — Hymne d'Ambroise,
IV° siècle. — *Das deutsche Kirchenlied*, v. *Philippe Wackernagel*,
t. I, pag. 24.

science de lui-même que dans le saint des saints! Fuir hors de la nature, échapper à la vie réelle pour s'abîmer dans la grandeur de Dieu est l'effort constant de ces hymnes. Mais à ces extases succède fatalement le réveil, et tout ce qui reste à l'âme de ses sublimes élévations, c'est le sentiment de son impuissance. Plus elle s'est prosternée devant le Dieu tout-puissant, plus elle se trouve misérable. Plus elle a vu sa pureté éblouissante, plus elle se trouve impure et coupable. Elle est flétrie par la faute originelle. Le Dieu pur esprit lui commande de mortifier la chair, mais le désir la transperce de flèches enflammées. Le Dieu jaloux veut qu'elle s'humilie et l'orgueil la consume. Livrée à elle-même, elle se croit damnée et s'écrie dans sa honte : « Je ne suis pas digne d'élever mes yeux infortunés vers les astres brillants du ciel, oppressée sous le poids écrasant de mes péchés. Épargne-moi, Rédempteur... Pleurez avec moi, astres rougissants, mugissez avec moi, bêtes qui habitez les forêts et répétez : Tu es maudit, toi qui gémis sous ton crime impie. »

La rupture entre Dieu et l'homme est complète. Les magnifiques élancements des hymnes ne peuvent l'émouvoir. Sa majesté est trop

_____

(1) *Hymne d'Hilarius.* — Wackernagel, t. I, pag. 12.

effrayante. Il faut un rédempteur humain à la
créature, et elle le trouve dans le Christ crucifié. Dieu incarné dans un homme est un non-
sens pour la raison, mais il sort psychologique-
ment des émotions et des désirs de l'âme chrétienne à laquelle Dieu le père ne suffit plus.
Elle a besoin de voir son Dieu, de l'aimer, c'est
pour cela qu'elle le fera homme. Elle a besoin
d'être sauvée, c'est pour cela que Dieu videra
pour elle le calice des douleurs humaines. Être
tout-puissant, éternel et parfait, cela est divin,
mais aimer et souffrir infiniment pour les autres
est plus divin encore ; voilà le fond humain du
mystère de l'incarnation et de la passion du
Christ. De là ces hymnes innombrables au crucifié où le chrétien s'identifie avec Jésus. Ce
culte de la douleur va jusqu'au délire comme
chez Bernard de Clairvaux, qui s'adresse successivement aux pieds sanglants, aux genoux, aux
mains percées de clous, au flanc déchiré, à la
tête couronnée d'épines du Sauveur. Le chrétien
exalté veut refaire la passion de son maître et
cherche la félicité céleste dans le paroxysme de
la douleur.

Ce Dieu expiatoire ne suffit pas encore au
croyant. Car au dernier jour Dieu le jugera,
et alors malheur à ceux qui auront manqué à
ses commandements. L'agneau deviendra le
lion. Dieu le père est là pour créer le monde,

le fils pour expier et pour juger à la fin,
mais pour pardonner il faut une femme dans le
ciel. Voilà pourquoi Marie finit par prendre la
première place dans la poésie du moyen âge.
Elle complète la famille divine. Si Dieu est
l'inaccessible majesté, si Jésus est la souffrance
et la justice, Marie est la mansuétude infinie.
C'est parce qu'elle a le plus souffert en silence
qu'elle pourra pardonner le plus. Les poètes de
l'Église contemplent son âme comme une mer
de douleur et d'amour, dans laquelle ils aiment
à se mirer.

> Stabat mater dolorosa
> Juxta crucem lacrymosa
> Dum pendebat filius,
> Cujus animam gementem
> Contristantem et dolentem
> Pertransivit gladius (1).

C'est par la logique du cœur humain que
Marie devient la première divinité du moyen
âge. Le père appelait le fils et le fils appelait
la mère. Mère par l'immensité de l'amour,
vierge par la pureté de l'âme, elle réunit en
elle ce sentiment profond et cette vertu chaste.

---

(1) Elle était debout la mère douloureuse devant la croix, la mère
tout en larmes, devant le fils crucifié; et son âme gémissante, con-
tristée et pleine de douleurs, fut percée d'un glaive. — *Planctus beatæ
Virginis*, attribué à Innocent III. Voyez Wackernagel, t. I, pag. 136.

qui font la puissance de la femme. Voilà pourquoi le cœur de Marie devient le centre ardent de l'univers catholique, le foyer d'amour et de grâce auquel tout aspire. Les hymnes sur elle ne tarissent pas. Elle est tour à tour la rose flamboyante, le lis immaculé, l'étoile du soir qui monte au dessus de la sombre mer. La terre et le ciel l'adorent :

> Ad te clamant miseri
> De valle miseriæ,
> Te adorant superi
> Matrem omnis gratiæ,
> O sanctissima Maria !... (1).

Le culte de Dieu, de Jésus et de Marie sont les trois grandes pensées de ces hymnes qui se répètent de siècle en siècle avec une monotonie grandiose. Ils méprisent la terre et invitent à la contemplation du ciel. Ce sont parfois de magnifiques élans vers l'idéal, mais ils manquent de cette joie qui aide à vivre, de cette force qui pousse à l'action, de cette foi dans l'homme qui grandit l'homme. Ils sont pénétrés de Dieu, mais ils le placent hors de la portée de l'homme. Dans cette religion, l'humanité en proie au péché est perdue sans retour dans ce monde,

---

(1) C'est toi qu'invoquent les malheureux du fond de leur vallée de larmes, c'est toi qu'adorent ceux d'en haut, mère de toute grâce, ô sainte Marie ! — xiiie siècle. — Wackernagel, t. I, pag. 151.

masse confuse entraînée par le torrent de ses vices et de ses crimes vers le jugement dernier. C'est dans le chant du *Dies iræ* que la pensée du moyen âge apparaît dans ce qu'elle a de plus désespéré :

> Dies iræ, dies illa
> Solvet sæclum in favilla,
> Teste David cum Sybilla.
>
> Quantus tremor est futurus,
> Quando judex est venturus
> Cuncta stricte discussurus.
>
> Tuba mirum sparget sonum
> Per sepulcra regionum
> Coget omnes ante thronum.
>
> Mors stupebit et natura,
> Cum resurget creatura,
> Judicanti responsura.
>
> Liber scriptus proferetur,
> In quo totum continetur,
> Unde mundus judicetur.
>
> Judex ergo cum sedebit
> Quidquid latet apparebit
> Nil inultum remanebit.
>
> Quid sum miser tum dicturus,
> Quem patronum rogaturus?
> Dum vix justus sit securus.

Rex tremendæ majestatis
Qui salvandos salvas gratis,
Salva me, fons pietatis, etc... (1).

La poésie chrétienne n'a rien de plus grandiose. Ici la langue latine produit des effets sublimes. Son accent implacable résonne, transperce, épouvante comme la trompette du jugement dernier qui retentit seule à travers les sépulcres des régions. Cet hymne, le plus beau du moyen âge, est aussi son dernier mot sur l'humanité.

Telle est dans ses grands traits la poésie latine de l'Église catholique. Née dans le temple, faite pour le culte, elle n'en sortit jamais. Elle fut la consolation des saints, des pères, des doc-

---

(1) Ce jour de colère, ce jour-là réduira l'humanité en poussière ; témoin David et la Sybille.

Il sera terrible le tremblement, quand viendra le juge pour tout sonder sans pitié.

La trompette poussera un son effrayant à travers les sépulcres des régions et chassera les âmes devant le trône.

La mort et la nature resteront stupéfaites quand ressuscitera la créature pour répondre au juge.

Le livre sera mis en avant dans lequel tout est écrit, dans lequel est marquée l'histoire du monde.

Quand donc le juge sera assis, tout ce qui est caché apparaîtra et rien ne restera sans vengeance.

Que dirai-je alors, malheureux ? Lequel des saints invoquerai-je, quand le juste à peine sera en sécurité ?

Roi de majesté terrible, qui sauve par grâce ceux qui doivent être sauvés ; sauve-moi, source de piété.

Dies iræ de Thomas de Celano, XII° siècle. — Wackernagel, t. I, pag. 137.

teurs de l'Église, des prêtres qui chantaient ces hymnes et en comprenaient le sens. Mais que pouvait-elle être au peuple qui n'en comprenait même pas la langue? Sans doute la pompe du culte, les graves modulations de l'orgue et la splendeur des cérémonies fournissaient un aliment à son imagination. Dans la pensée de l'Église ces émotions superficielles devaient lui suffire, car tout ce qu'elle exige du peuple, c'est la soumission; en retour elle lui promet le salut. Il assistait donc au culte avec une piété enfantine. Mais il prenait un intérêt trop vif à la religion, pour se contenter de ce rôle passif. Ces hymnes chantés en latin ne semblaient-ils pas faits pour éloigner de lui la divinité? Pour la comprendre, il avait besoin qu'elle descendît vers lui; pour l'aimer, il voulait la voir se mêler à sa vie. Il se fit donc sa poésie religieuse à lui, dans sa langue et selon son cœur. C'est ainsi que le sentiment religieux individuel, refoulé par le catholicisme, prend sa revanche dans la légende populaire. Avec elle, nous sortons des murs sombres de la cathédrale, pour rentrer sous le ciel serein de la nature. Soumis encore par sa foi au dogme catholique, le peuple s'en affranchit sans le savoir dans la naïveté de son cœur, et se prépare en silence à une grande révolution morale en s'abandonnant aux hardiesses de son imagination et aux inspirations de sa conscience.

Le peuple allemand, nous l'avons vu, adore la nature dans sa poésie. Tantôt il se plonge dans son sein avec les génies des eaux et des forêts, tantôt il la célèbre dans l'ivresse du vin et dans le débordement de ses passions, tantôt il la divinise dans ses chants d'amour. Ces refrains graves ou folâtres, rieurs ou attendris sont autant de défis jetés à l'ascétisme chrétien. Le même souffle traverse ses légendes religieuses. Ce n'est point qu'il rabaisse l'histoire biblique au niveau des vulgaires aventures. Loin de là; devant les douces figures de Jésus et de Marie, il s'agenouille, il se sent en présence de quelque chose de divin. Mais dans la reine du ciel, dans le fils de Dieu, il ne voit que le côté humain, l'amour infini, la douleur profonde, le sacrifice sans bornes. Voilà ce qu'il adore, sans s'inquiéter du dogme et de l'Église, et voilà aussi le fond éternel et vraiment divin de la pensée religieuse.

Si la poésie de l'Église catholique est une perpétuelle élévation de l'âme vers le ciel, celle du peuple ramène sans cesse le ciel sur la terre. Elle ne célèbre pas un Dieu inaccessible, mais un Dieu aux traits humains qu'elle fait agir et parler comme tel autre de ses héros. Elle ne subtilise pas sur le mystère de la passion du Christ, elle la raconte comme un drame émouvant et sublime. « Marie vint sous la croix et vit son enfant chéri crucifié. Elle détourna les yeux, le cœur de Marie se brisa. — Jean, mon disciple bien-aimé, prends ma mère sous ta garde, prends-la par la main, conduis-la loin d'ici, pour qu'elle ne voie point mon martyre. — Ah, seigneur, je le ferai de grand cœur, je la conduirai loin d'ici, je veux la consoler comme un enfant doit consoler sa mère. — Il la prit par sa main droite et la conduisit loin de la croix. Loin de son fils elle n'aimait pas aller. Le cœur de Marie se brisa. — Et maintenant, dit-elle, courbez vous, forêts, pliez, branches des arbres, mon enfant souffre, mon enfant n'a point de repos. Courbez-vous, feuillages, et toi, herbe verte, prends à cœur sa douleur. — Les grands arbres se courbèrent, les durs rochers se fendirent, le soleil refusa son éclat, les oiseaux cessèrent d'appeler, les nuées crièrent : malheur ! malheur ! La terre craqua dans ses fondements, les sépulcres s'ouvrirent avec fracas et les morts en sortirent (1). » Dans toute cette histoire le peuple n'a vu que la sollicitude du fils mourant et la douleur de la mère ; pour lui les bouleversements de la nature ne sont que l'expression majestueuse de cette douleur divine.

Mais le peuple s'en tient rarement au récit

---

(1) Wunderhorn, t. I, pag. 146. Édition 1857.

biblique. Il a sa révélation à lui, ses miracles,
ses apparitions. Dans les cathédrales, la voix
des prêtres étouffe son âme, mais dans le silence
des bois, il écoute les voix de son cœur. Jésus
est aussi descendu sur ses montagnes, Marie
a aussi traversé ses vallées. Ils habitent le
ciel, mais ils se souviennent de la terre, et
comment oublieraient-ils les enfants des hommes? Ainsi pense le peuple. Et le pâtre les
voit reparaître dans les solitudes des Alpes, et
le pêcheur les voit errer au bord de la mer. Un
jour un pêcheur rencontre Marie sur la plage,
mais il ne la reconnaît pas. Elle lui demande
s'il veut la conduire à l'autre rivage dans sa
barque. Le pêcheur y consent, mais pour salaire
il demande à cette femme si belle son amour et
son honneur. Alors Marie continue seule son
chemin et soulevant le bord de sa robe elle pose
son pied dans la mer profonde comme si c'était
un gué. Lorsqu'elle arrive au milieu de la
mer, toutes les cloches petites et grandes se
mettent en branle. Lorsqu'elle arrive à l'autre
rivage, elle s'agenouille et son auréole resplendit autour d'elle. Alors le pêcheur la reconnaît,
il voit qu'il a outragé la mère de Jésus et son
cœur se brise d'un seul coup. Rêve d'enfant, si
l'on veut, mais rêve profond. Car comment
peindre en traits plus vifs et plus pittoresques
l'humilité et la candeur virginale, comment mieux

traduire leur puissance extraordinaire sur le cœur de l'homme même corrompu.

Marie « la sainte dame » comme dit le peuple, si modeste, si pieuse et si pure, est aussi la moins sévère pour les autres. Si quelqu'un pardonne de grand cœur, c'est elle. Tandis que saint Pierre, gardien jaloux de la porte du paradis, renvoie sans pitié les pauvres âmes pour la moindre des peccadilles, Marie les absout et les ramène, au grand scandale de l'apôtre rigoriste. Deux sœurs moururent en une nuit, dit une ballade. Elles se présentent à la porte du paradis. Saint Pierre reçoit l'une et renvoie l'autre. Tristement elle prend le chemin de l'enfer, quand Marie la rencontre et lui dit : — Où vas-tu? où vas-tu, pauvre âme? Viens nous allons entrer auprès de Dieu. — J'ai déjà frappé à sa porte. Saint Pierre me l'a défendue. — Quel péché as-tu donc commis pour qu'on te défende le ciel? — Je suis allée tous les samedis soirs à la danse joyeuse. — Si tu n'as point commis d'autre péché, tu peux bien entrer au ciel... Marie la prit par la main et la conduisit dans le pays de promission (1). »

Marie est surtout l'amie des pauvres et des affligés. Humble, elle aime les humbles, riche· en douleurs, elle aime ceux qui souffrent, elle

(1) Simrock, *Volkslieder*, pag. 142.

est la confidente des cœurs abandonnés et la consolatrice de ceux qui n'ont plus la force d'exprimer leurs souffrances. Son image placée au bord des routes, dans un rocher près d'une source jaillissante ou dans le tronc d'un vieil arbre au fond des bois, recueille les prières les plus ardentes. Deux strophes adressées à une pauvre femme en pèlerinage font mieux deviner que tout le reste ce que le peuple a mis de douceur, de tristesse et de consolation dans cette figure de Marie.

Pauvre femme, au front abattu
Par ces montagnes, où vas-tu?
Dans ton lointain pèlerinage
Repose-toi sous cette image.
Viens rafraîchir tes pieds brûlants
Dans l'onde des ruisseaux coulants.
La Vierge ici, la douce mère
Demande à ton cœur son mystère.

Si tu n'as rien à lui donner,
Tes larmes te feront aimer.
Élève tes regards humides
Vers ses beaux yeux purs et limpides.
Ils te souriront doucement,
Plus qu'à l'éclat d'un diamant.
Prie en silence, femme, ô prie !
T'aimera le cœur de Marie (1).

(1) Wunderhorn, t, II, pag. 167.

La figure de Jésus n'est pas moins aimée du peuple que celle de sa mère. Une auréole plus éclatante entoure sa tête suave, un rayon plus céleste resplendit sur sa face et annonce le fils de Dieu. Elle pardonne et console ; il émeut et convertit. Comme sa mère il ne se trahit pas toujours tout de suite et va trouver de préférence ceux qui le connaissent le moins. Quelle touchante histoire par exemple que celle de la fillette du sultan. Le sultan est pour le peuple l'ennemi juré de la chrétienté, le païen par excellence. Mais il lui donne une fille bonne et pieuse qui pressent dans son cœur un Dieu qu'elle n'a jamais entendu nommer :

Le sultan avait un' fillette
Qui se levait matin,
Pour arrosei mainte fleurette
Au fond de son jardin.

Quand ell' vit s'ouvrir ces fleurettes,
Sous la rosée en pleurs,
La vierge dit : Qui vous a faites,
Mes chères belles fleurs ?

Il faut que ce soit un grand maitre,
Un riche et beau seigneur,
Qui sur la terre vous fait naître
Et croître en son honneur.

Je l'aime du fond de mon âme,
Mais comment le trouver ?
Pour lui je quitterais mon père,
Ses fleurs j'irais soigner.

A minuit sans lampe et sans cierge,
    Le front tout rayonnant.
Vient un jeune homme : O belle vierge,
    Le fiancé t'attend.

Vit' la fillette se réveille,
    A la fenêtre court ;
Et c'est Jésus son doux ami,
    Resplendissant d'amour.

Elle ouvre sa porte, et joyeuse
    S'incline doucement :
— Sois le bienvenu, beau jeune homme,
    Dit-elle gentiment.

De quel pays, de quelle terre
    Arrives-tu, dis-moi ?
Dans le royaume de mon père,
    Nul n'est si beau que toi.

— Tu songeais à moi, belle vierge,
    Je suis venu pour toi,
Quittant le royaum' de mon père ;
    Car ces fleurs sont à moi.

— O maître, ô maître, à quell' distance
    Est ce lieu de beauté,
Que j'y soign' tes fleurs en silence,
    En toute éternité.

— Il est à plus de mille lieues,
    Le royaume éternel.
Et la plus belle des couronnes
    T'attend au fond du ciel.

Alors il prit de sa main blanche
    Un anneau d'or brillant :
— Serais-tu pas ma fiancée
    Fillette du sultan ?

Comme elle offrait toute son âme,
    Jésus saigna d'amour :
— Pourquoi ton cœur est-il si rouge,
    De roses, mon amour ?

— C'est pour toi que je port' ces roses
    Qui fleuriront toujours,
C'est pour toi qu'elles sont écloses
    Quand je suis mort d'amour.

— Viens donc, viens donc, ma fiancée,
    Vers mon père éternel,—
En Jésus ell' s'est confiée,
    Sa couronne est au ciel. (1)

Cette légende rappelle les peintures sur fond d'or de Fra Angelico de Fiesole, où les anges embrassent les bienheureux au milieu des fleurs mystiques du paradis, mais d'un mouvement si chaste qu'aucune émotion des sens ne nous effleure devant eux. L'histoire assurément n'est pas d'une orthodoxie scrupuleuse, mais voici une légende beaucoup plus hérétique encore, qui nie tout simplement l'infaillibilité du pape. C'est celle du Tannhauser.

(1) Simrock, *Volkslieder*, pag. 155.

Tannhauser était un chevalier vaillant qui voulait voir grandes merveilles. Il parcourt le pays célébrant et aimant les plus belles femmes. Un jour, lassé des femmes de la terre, il convoite les déesses et entre dans la montagne de Vénus. Selon une vieille tradition allemande, Vénus la déesse infernale, l'incarnation de la volupté, du péché par excellence, a été reléguée dans une montagne, loin des hommes. Là, par ses puissantes incantations elle s'est créé un nouveau royaume, plein de lacs magiques, de bosquets parfumés et de cavernes mystérieuses, où elle règne avec ses nymphes et ses sirènes. De temps en temps, un homme poussé par un désir téméraire, pénètre dans la montagne fatale, mais jamais aucun d'eux n'en est revenu. Tannhauser, dévoré d'une soif insatiable de volupté, y entre sans crainte, malgré les avertissements du fidèle Eckart. Subjugué par la beauté démoniaque de Vénus, il jure dans ses bras de ne jamais la quitter. Mais bientôt le remords le saisit, il regrette le ciel, le son des cloches et la vierge Marie, qui fut son premier culte, et veut partir. Alors Vénus lui rappelle son serment :

> — Beau chevalier, tu sais, je t'aime !
> Il faut t'en souvenir.
> Ne m'as-tu pas juré toi-même
> De ne jamais partir ?

— Non, à tes chaînes, sur mon âme,
    Je n'ai pu me river.
Si j'étais ton esclave, ô femme,
    Dieu m'aide à me venger !

— Reste avec moi dans ma montagne,
    Enlacé dans mes bras.
Reste et prends ma belle compagne,
    Pour femme, tu l'auras.

— Qu'y gagnerai-je si je l'aime,
    O fatale beauté ?
L'enfer m'engloutira quand même....
    O sombre éternité !

— L'enfer te trouble et te tourmente,
    En as-tu fait le tour ?
Songe à ma bouche rouge, ardente,
    Qui chante et rit d'amour.

— Que me font tes baisers de flamme ?
    Je n'y veux revenir.
Par l'honneur sacré de la femme,
    Vénus, je veux partir !

— Peux-tu ? mon charme dure encore,
    Mon royaume est fermé.
Dans la caverne où je t'adore,
    Reviens, mon bien-aimé !

— Ah ! je suis las de tes caresses,
    Je connais ton vrai nom.
Vénus, ô reine des déesses,
    Car tu n'es qu'un démon !

— Ah ! que dis-tu dans ta folie,
    Et pourquoi m'insulter ?
Tu pâtiras toute ta vie
    Pour ce mot, chevalier !

— Non, car mon âme est affranchie
    De ton charme odieux.
Arrache-moi d'ici, Marie,
    Reine pure des cieux !

A ce nom, elle cède et le laisse partir en lui
disant : Va ! partout où tu passeras, tu chanteras
ma gloire ! Accablé de tristesse et de repentir,
Tannhauser se rend à Rome pour faire pénitence
et demander au pape le pardon de ses péchés.
Mais quand il confesse qu'il a été dans la montagne de Vénus, le pontife de Rome le maudit,
et lui montrant le bâton qu'il tient à la main :
« Aussi sûrement que ce bâton ne refleurira pas,
pour toi point de pardon. » Tannhauser sort de
Rome désespéré.

— Mère Marie, ô pure Vierge,
    Faut-il donc te quitter ?
Et dans la montagne enchantée
    Il rentre pour toujours :
— A toi Vénus ! car Dieu lui-même
    Me pousse à mes amours ! (1)

(1) Wunderhorn, t. I, pag. 97. — Comme beaucoup de traditions
populaires, la légende du Tannhauser eut son point de départ dans un
personnage vivant. Tannhauser était un chevalier poète du treizième

Voici que le troisième jour le bâton du pape se met à refleurir. C'est le signe que Dieu, plus miséricordieux que son représentant a pardonné. Mais il est trop tard. Le pape fait chercher le Tannhauser par tous les pays. On ne le trouve nulle part.

> Il est rentré dans la montagne
> Où sa Vénus l'attend,
> Dieu lui dira sa destinée
> Au jour du jugement.

> O prêtres qui damnez sans cesse,
> Pour vous est la leçon,
> Quand l'âme s'ouvre au repentir
> Elle a droit au pardon.

Cette foi dans la puissance souveraine du

siècle, un de ces *Minnesinger* ambulants qui vivaient à la cour des princes. Poète médiocre, esprit railleur, et joyeux bon vivant, il mena une vie très dissipée et s'en repentit plus tard. Le repentir est aussi le seul trait du personnage réel qui ait passé dans le personnage légendaire. Dans l'imagination du peuple, Tannhauser s'est complétement transformé. Ce n'est pas un vulgaire bon vivant, mais un homme passionné. Il s'est voué au culte de la céleste Marie, mais le désir de voluptés plus ardentes l'entraîne dans la montagne de Vénus. De là le profond repentir qui succède à l'ivresse des sens.

C'est dans ce petit poème et dans la légende du *Saengerkrieg* (lutte des chanteurs) que Richard Wagner a pris le sujet de son grandiose opéra. Il a saisi le nœud dramatique de la légende, il a fait ressortir le fond de la pensée populaire en divisant l'âme de son héros entre la soif de l'amour sensuel et la soif de l'amour idéal. C'est dans cette lutte qu'il succombe. Il fallait naturellement que la Vierge Marie descendît sur terre dans le drame. Elle est devenue Élisabeth, la femme pure, rédemptrice idéale, qui sauve l'homme tombé, par l'immensité de son amour et de son sacrifice.

repentir sincère en dépit de l'Église et du pape,
est un de ces traits hardis et profonds qui
abondent dans la poésie populaire et qui
prouvent l'indépendance de son inspiration.
C'est la foi, c'est l'énergie de son âme qui fait
sortir Tannhauser du *Venusberg,* c'est elle qui
le fait aspirer au ciel après les voluptés de la
terre, c'est elle qui l'eût sauvé s'il avait persisté.
Rien de plus attrayant et de plus dramatique
que ces légendes lorsqu'on sait y retrouver le
dialogue du peuple avec sa conscience. Que
nous sommes loin des chants d'église. Les
croyances sont les mêmes, mais quelle différence dans le sentiment religieux ! Là-bas souveraineté du dogme sur le sentiment individuel,
ici souveraineté du sentiment individuel sur le
dogme. Là-bas ascétisme sombre et ombrageux,
ici joie dans le ciel et sur la terre; là-bas
mysticisme subtil, ici adoration candide et enfantine. Plus d'hymnes monotones, mais des
récits dramatiques. Que l'Église exalte ses
dogmes abstraits, le peuple chante ce qu'il
aime et ce qu'il a vu dans ses rêves; que ses
docteurs et ses saints se mortifient pour entrer
en paradis, il possède le ciel dans son cœur et
dès ici bas en jouit paisiblement.

Ce développement de la religion individuelle,
dont le peuple était loin de se rendre compte
lui-même, fut une de ces révolutions profondes

qui se consomment en silence dans les esprits, avant d'être remarquées par personne. Dès le quinzième siècle, l'Église avait sa religion et le peuple allemand avait la sienne, elle pour régner, lui pour contenter son cœur. C'est là ce qui fit sa force. Car pour combattre une vieille institution, il n'y a pas de meilleure arme qu'une foi nouvelle. Chose étrange, une Église jalouse et oppressive aura toujours plus de pouvoir sur un peuple léger, frivole et sceptique, que sur un peuple naïf, croyant, mais sérieux dans l'âme. Le premier raille et obéit, l'autre réfléchit et se détache. Le premier commence par régimber et finit par se soumettre, le second commence par se soumettre et finit par se révolter. Mais alors aucune puissance de la terre ne le fait plus rentrer sous le joug ; car il est libre dans sa conscience. Ce fut l'histoire des Allemands. La profondeur, le sérieux de leur conviction religieuse leur donna la force de se séparer de l'Église établie, d'en créer une nouvelle et de fonder la liberté religieuse. — De cette grande révolution morale et sociale sortit une nouvelle forme de la poésie populaire ; le cantique protestant. C'est à ce titre qu'elle nous intéresse ici.

La Réforme qui rompt si hardiment avec le moyen âge, la Réforme qui fut à son aurore le premier, l'éclatant triomphe de la liberté, s'incarne dans Luther. Ses hésitations, ses luttes intérieures, ses combats au grand jour, ses victoires, sont les combats et les victoires d'un nouveau monde sur l'ancien. Jamais homme peut-être n'eut plus le droit de s'écrier avec Shakspeare : Je sens mille âmes dans mon âme! Car pendant cinq ans son peuple suspendu à ses lèvres vécut et grandit avec lui, pendant cinq ans (1517-1522) il porta seul tout le poids de la Réforme, essuya seul tous les assauts de l'Église. Fils d'un mineur thuringien, vrai saxon à tête carrée, Luther a donné l'expression la plus puissante à l'honnêteté, à la piété intime, au sérieux intrépide et implacable de sa race. Personne n'a été plus fervent catholique, que ne le fut dans sa jeunesse le plus grand ennemi du catholicisme. Il avait dix-huit ans quand la foudre tombe à ses côtés. Il croit que c'est un signe de Dieu qui le somme de faire pénitence, et sans demander conseil à personne, il s'enferme dans un couvent. Le voilà dans sa cellule, cherchant la paix dans les macérations et la prière. Il se roule, se tord aux pieds de Dieu; Dieu ne répond pas. Des doutes affreux viennent l'assaillir, des journées entières il reste sans connaissance étendu sur les dalles ; les frères le croient fou. Le Dieu fatal et cruel de l'Église, le Dieu de vengeance et d'épouvante qui pesa sur tant de générations, pèse

encore sur lui. Il lui demande la paix, mais Dieu
répond : malédiction! Il faut qu'il en trouve un
autre. Tout à coup, à la lecture de la Bible, un
éclair sillonne son âme assombrie; c'est l'idée
de la sanctification intérieure : Soyez bons et
vous ferez le bien tout seuls; croyez, c'est à dire
aimez et vous serez sauvés. Cette pensée devient
la lumière de sa vie.

Pourtant il croyait encore à l'Église. Lui
aussi, pauvre moine en pèlerinage, voyant poindre à l'horizon la ville éternelle, tombe à genoux
et s'écrie : salut, ô sainte Rome! Mais il en sort
indigné, *il a vu que c'est un antre de corruption.*
Enfin, la vente des indulgences, le trafic du
salut au profit du pape le fait éclater. Appre-
nant la devise de Tetzel :

> L'écu qui sonne dans ma caisse
> Fait sauter l'âme en paradis,

il dit : Je lui crèverai son tambour! et il affiche
à Wittemberg ses fameuses propositions. Aussitôt lutte acharnée avec Rome. Prières des
amis, ruses, menaces des ennemis, rien ne
l'arrête. Il écrit fièrement au pape : Si j'ai mérité
la mort, je suis prêt à mourir! Au cardinal
Cajetan qui lui demande où il veut rester si tous
l'abandonnent, il répond : Sous le large ciel de
Dieu! L'honnête docteur de Wittemberg recule
encore devant la pensée d'un schisme, mais la

logique de sa conviction l'y pousse fatalement.
Son bon cœur lui dit : Cède, pour ne pas scan-
daliser les âmes faibles ; et chaque fois sa conscience répond : Impossible! persiste malgré
tout. Le pape l'excommunie ; il brûle sa bulle.
Charles Quint l'appelle à la diète de Worms
pour se rétracter ; il accourt plein d'une joie
héroïque pour confesser sa foi. Son ami Spala-
tin le supplie de ne pas venir, lui rappelant le
sort de Jean Huss, brûlé malgré la promesse de
l'empereur Sigismond, selon la pieuse maxime
de l'Église, qu'on peut manquer de parole aux
hérétiques. Alors Luther se fâche tout de bon :
« Et s'il y avait autant de diables dans la ville
que de tuiles sur les toits, lui dit-il, j'irais quand
même. »

L'entrée de Luther à Worms, sa comparution
devant la diète et son fier refus sont un des plus
grands spectacles de l'histoire. A cette heure
décisive, la Réforme dépend du courage de
Luther. S'il recule, tout ce peuple qui est derrière lui, reculera aussi, et l'Église redoublera
de despotisme. Le peuple hait l'Église, il ne croit
plus aux papes ni aux conciles. Mais c'est une
autorité de quinze siècles ! Peut-on lui résister?
peut-on la braver en face? Il se le demande avec
anxiété, puisqu'il n'oserait la braver lui-même.
Et voilà pourquoi il accourt à Worms et se
presse muet, frémissant d'enthousiasme et d'in-

quiétude autour de la voiture du frère augustin. Il veut voir lequel des deux sera le plus fort : la Diète, c'est à dire l'autorité la plus formidable du temps, l'Empire et l'Église réunis, ou le moine saxon, qui parle si bien selon son cœur. Luther est si grand à cette heure qu'il ne voit même pas tout cela. Il ne voit qu'une chose : c'est qu'il ne peut trahir sa foi. Cette foi, il l'avait conquise par dix ans de luttes entre sa conscience et le préjugé des siècles. Mais sa conscience avait vaincu. Maintenant, il était inébranlable, d'un calme, d'une verve et d'une bonne humeur qui étonnaient les hommes de guerre, le brave Frondsberg lui-même. C'est alors qu'il entendit vibrer dans son âme les premiers accents de ce fameux cantique qui devient la Marseillaise des protestants :

> Le Dieu juste est ma forteresse,
> Mon bouclier d'airain.
> Je sens son bras dans ma détresse,
> Je tiens sa forte main.
> Satan rugit, se lève et s'arme
> Avec ses légions.
> Le faible pousse un cri d'alarme :
> Tremblez, ô régions !
>
> Fuirons-nous devant la tempête
> De ces démons de feu ?
> Non, puisqu'il marche à notre tête,
> Le vrai héros de Dieu.

Et quel est son nom sur la terre?
C'est Jésus radieux.
C'est Sabaoth, Dieu de lumière,
Il n'est point d'autre Dieu.

Que cent démons sortent de terre,
Cent furieux dragons.
Dieu dans nos cœurs mit son tonnerre,
Nous les écraserons!
En vain le prince des ténèbres
Contre nous est sorti.
Qu'il rampe à ses antres funèbres,
Un mot l'anéantit.

Vous laisserez debout le Verbe;
Tuez ses serviteurs.
Son glaive tranchant et superbe
Traversera les cœurs.
Prenez le corps, enfant et femme,
Redoublez vos forfaits.
Mais vous ne prendrez pas cette âme
Qui doit vaincre à jamais!

Le grand Luther est dans ce cantique. Il y
est avec sa colossale nature d'homme, avec
l'énergie indomptable de sa volonté. L'entendez-vous sortir du fond de sa poitrine me-
nacée par toutes les puissances de la terre, ce
chant terrible et joyeux, ce superbe éclat de
rire qui s'en va gronder comme la foudre
dans le ciel. Il gronde, il rit, non de colère,
mais de triomphe et de mépris. Il défie l'Église,
le pape, l'empereur, le monde entier. Il leur

dit : Convoquez vos conciles, lancez contre moi vos bandes noires, attisez vos bûchers! Je suis seul! eh bien, je vous brave tous! face à face! Vous ne pouvez rien contre moi, car mon Dieu c'est ma conscience, et la conscience c'est la Liberté. Brûlez-moi, si vous l'osez, elle renaîtra de mes cendres!

Le nonce du pape comptait sur une rétractation, et voulait par la Diète la rendre publique dans toute la chrétienté. Mais Luther, après avoir défendu ses écrits et ses actes, ne voulant céder qu'à des preuves tirées de la Bible ou à des raisons évidentes, sommé de se rétracter et menacé d'être mis au ban de l'empire, donne cette réponse claire et nette : « Je ne puis et ne veux rien rétracter. Je ne saurais rien faire contre ma conscience. Me voici, je ne puis autrement. Dieu m'assiste! Amen! » A partir de ce moment la Réforme est faite dans les esprits. On y croit. Un homme a osé protester au nom de sa conscience contre l'autorité; des millions d'autres protesteront. Caché à la Wartbourg, Luther n'en est que plus puissant. Du fond de son asile mystérieux, « de son Patmos, comme il dit, de la région où les oiseaux chantent Dieu jour et nuit », il révolutionne l'Allemagne. Arracher la religion des mains de la cour de Rome et des prêtres, la replacer dans les consciences comme dans les vrais sanctuaires de

Dieu, voilà désormais l'œuvre de Luther, œuvre
sainte que Michelet appelle éloquemment la révolution de la loyauté. Pour cela, il traduit la
Bible et la donne à lire à tous, c'était poser le
principe du libre examen ; il demande le calice
pour le peuple, c'était briser la barrière entre
le laïque et le prêtre ; il réclame hardiment le
mariage des prêtres, c'était proclamer les droits
sacrés de la nature et rétablir la famille dans
son intégrité. L'Allemagne, une partie de l'Europe en pousse des cris d'allégresse, et voilà le
docteur de Wittemberg, le chevalier George,
l'hôte inconnu de la Wartbourg devenu sans le
vouloir chef d'une Église nouvelle.

Laissons là le théologien Luther, resté catholique en beaucoup de points. Ne cherchons ici
que l'homme, le puissant réformateur de la vie
allemande, du cœur de son peuple, de sa poésie
intime. L'homme en lui est bien plus fort que le
théologien, et son œuvre s'étend plus loin que
son Église. Cet homme dont la souveraine originalité saillit brusquement sous le coup de la
contradiction, c'est le rude et loyal Germain qui
révère la nature, cherche Dieu en toute chose,
dont le cœur veut s'épanouir et faire épanouir les
autres. C'est cet homme qui triomphe peu à peu
des fantasmagories et des terreurs inventées
par l'Église. Sans doute, il croit toujours que
l'homme doit aspirer à un autre monde, mais

en attendant qu'il soit fort et joyeux dans celui-ci. Sans doute, la Bible est la plus haute révélation pour lui, mais la nature en est une aussi. Donc, guerre à mort à l'ascétisme mortel de l'Église. Les joies terrestres sont saintes, le mariage est sacré, la famille est la vraie patrie de l'homme, la nature est le plus beau temple de Dieu. Quand il parle de Dieu à son fils, au petit Jean Luther, c'est dans son jardin, sous un beau ciel, et alors il lui raconte l'histoire du grain de blé ou lui montre les oiseaux. Rien n'irrite plus ses adversaires que cet amour de la nature et cette franche gaîté. Ils la taxent d'impiété. Mais Luther leur dit en face : « Qui n'aime pas vin, femme et chant, restera fou sa vie durant. » Hafiz le joyeux Anacréon de la Perse n'aurait pas ri plus cordialement des moines et des prêtres.

Cette joie que Luther mettait en toute chose, il la mit dans sa religion. Ayant trouvé le Dieu d'amour, dans un transport d'enthousiasme, il invente le cantique. Mélodies et paroles coulent de source, d'un seul jet. Ce ne fut pas une œuvre de liturgie, mais une création spontanée, sortie des profondeurs de son âme poétique. Depuis son enfance il cultivait la musique avec passion. Pauvre étudiant, il chantait avec ses compagnons aux portes des maisons. Tandis que les autres chevrotaient d'une voix mono-

tone, il y mettait du sien et touchait par sa voix
vibrante. Son luth ne le quitttait jamais. Au couvent, assailli de doutes, quand la terre s'effon-
drait sous ses pieds et que le monde lui semblait
un enfer, il retrouvait Dieu, le ciel et les anges
aux accords de l'instrument bien-aimé. La
sainte musique fut sa libératrice. Elle chassa
de devant ses yeux les visions sinistres et lui
dévoila l'azur du ciel. Elle rétablit l'harmonie
dans son âme souvent divisée. « De toutes les
joies de la terre, s'écrie-t-il plus tard, il n'en est
pas de plus aimable que de chanter et de s'épanouir en maint joyeux accord. Il ne peut y avoir
de méchantes pensées, là où chantent de braves
compagnons. Là, il n'y a ni colère, ni querelle,
ni haine, ni envie et s'évanouissent toutes les
peines du cœur. L'avarice, les soucis, tout ce
qui pèse lourdement, s'enfuit avec toutes les afflic-
tions. Que chacun donne donc un libre cours à
sa voix. Pareille joie n'est pas un péché. Elle
plaît à Dieu plus que toute joie du monde. Elle
détruit l'œuvre du diable. »

Tant qu'il fut en lutte avec lui-même, Luther
se contenta de jouer de son instrument et de
chanter à sa manière les vieux hymnes de
l'Église. Mais une fois qu'il a trouvé son Dieu,
le fond de sa nature éclate, il devient créateur.
Le chrétien a vaincu le catholique, l'homme est
sorti du moine, enfin ce puissant cœur est libre,

il peut chanter! Il chante en effet un chant de
victoire et de liberté à faire trembler l'Église
dans ses fondements. Le cantique de Luther est
le signe de la religion affranchie, de la religion
personnelle. Luther chante son Dieu aussi
joyeusement que le peuple ses amours et ses
aventures. C'est le sien, non pas celui de
l'Église, c'est celui qu'il a cherché à travers ses
prières et ses veillées effrayantes. Comme tous
les grands réformateurs, il se croit directement
inspiré et cette certitude est inébranlable. Les
grandes âmes religieuses sont ainsi faites.
Quand la vérité morale les illumine intérieure-
ment, elles attribuent à Dieu la révélation
sublime de la conscience. Luther se trouve ainsi
dans un état d'âme voisin de c .ui des prophètes.
Il revit les psaumes. « Quoi de plus beau que
les psaumes, dit-il, où de ces paroles sérieuses
s'élèvent au milieu des vents d'orage! Où trouver de pareils accents de joie, de louange, de
reconnaissance? Là, tu regarderas dans le
cœur de tous les saints comme dans des jardins
rayonnants, oui, comme dans le ciel! Là s'épanouissent vers Dieu toutes sortes de pensées
comme des fleurs belles, aimantes et radieuses. »
Son éloge des psaumes devient lui-même un
psaume enthousiaste. En se pénétrant de la
Bible, il retrouve l'inspiration biblique. Avec sa
conscience fervente il invoque le Saint-Esprit :

Viens, Esprit-Saint, viens, Dieu Seigneur,
Répands tes grâces dans nos âmes.
Chez tes enfants au fond du cœur,
Du saint amour verse les flammes.
Les peuples se sont rassemblés,
Ils t'ont vu luire avec les anges.
Ils croient! ils se sont réveillés,
Et vont entonner tes louanges
A travers les éternités.
            Halleluia!

Noble flambeau, rallume-toi.
Fais-nous voir Dieu, sainte lumière,
Et d'un cœur pur et sans effroi
Nous nous écrierons : Notre père !
Ferveur sacrée, ô feu si doux,
Inonde le fond de notre être.
Mes frères, tombez à genoux.
Aimez! croyez en notre maître.
Jésus, Jésus est parmi nous !
            Halleluia !

La première strophe est imitée du vieux *Sancte Spiritus* de l'Église, mais l'accent en est bien plus ému, plus personnel. Ce n'est plus l'homme qui s'élance avec effort vers le ciel, c'est la joie du ciel qui descend sur la terre.

Luther, on le voit, est encore profondément mystique, mais il n'en est pas moins le champion de la liberté. Loin de s'imposer, il ne veut qu'éveiller les consciences. Il ne chante pas seulement, il dit aux autres : chantez! Et ce mot les remue jusqu'au fond des entrailles. Ils chantent et louent Dieu, étonnés et ravis de trouver une voix dans leurs poitrines. Ils chantent, et aussitôt s'écroule l'Église menaçante du moyen âge, qui pesait sur leurs têtes, et le Dieu des cœurs purs, le royaume céleste des simples, la vision rayonnante de Jésus reparaît à leurs yeux. Tous essaient leurs voix et se confortent par le chant, non seulement la princesse sur le trône, mais l'artisan à son travail, la servante à la fontaine, le laboureur dans les champs, le vigneron dans sa vigne, la mère au berceau de son enfant. Désormais la plus pauvre famille de tisserand possède le ciel dans son bouge sombre. Elle a travaillé tout le jour à son métier. Dur et sévère est le visage du père, triste et pâle la mère et sans joie les yeux pensifs des enfants. Les murs sont noirs et nus, mais le pain est sur la table. Le père entonne le cantique et les voix douces de la mère et des enfants se mêlent à sa voix rude et convaincue :

> Chrétiens, aimons-nous en ce jour
> Et que nos cœurs bondissent.
> Qu'en un chant de joie et d'amour
> Toutes nos voix s'unissent.....

Alors ces visages assombris s'éclairent, le père et les enfants rompent gaîment le pain du pauvre, le pressentiment d'une fraternité uni-

verselle remplit leurs cœurs et un rayon céleste
pénètre dans leur réduit.

Les cantiques protestants devinrent bientôt
une nouvelle forme du chant populaire. Tous
les apôtres de la foi nouvelle en composaient.
Ils se propagèrent avec une rapidité extraordinaire et servirent puissamment la Réforme.
Ceux de Luther surtout allaient de ville en ville,
des châteaux aux cabanes, des vieillards aux
enfants, inspirant, convertissant les foules par
leurs vaillantes mélodies. A Magdebourg,
en 1524, un vieux drapier chantait les cantiques
de Luther en plein marché ; le peuple recueilli
faisait cercle autour de lui. Le bourgmestre
fit jeter en prison « le garnement qui avait ap-
porté au peuple les chants hérétiques de
Luther. » Mais deux cents bourgeois obtinrent
des conseillers sa mise en liberté. En 1529, un
prêtre de Lubeck venait d'achever son sermon
et allait prier pour les morts, quand deux petits
garçons entonnèrent bravement le cantique :
« Ah, Dieu du ciel, regarde-nous ! » et toute l'assemblée l'entonna avec eux. Dès ce jour, chaque
fois qu'un ecclésiastique se déclarait hostile à la
doctrine évangélique, on chantait un cantique de
Luther, si bien que le conseil de la ville fut
forcé de rappeler les prédicateurs évangéliques
qu'il avait chassés. Les premiers cantiques de
l'Église luthérienne militante eurent cette puis-

sance d'action. Ils n'agissaient pas seulement à l'église, mais au foyer, sur la place publique, sur le champ de bataille. On raconte que Gustave Adolphe récitait tous les matins à haute voix dans sa tente l'hymne du matin de Mathesius. Un jésuite dit plus tard que les cantiques de Luther avaient tué plus d'âmes que ses livres et ses sermons. Grande, en effet, dut être la colère du clergé contre ces chants clairs et vibrants qui détruisaient si gaîment l'œuvre des ténèbres et de l'hypocrisie. Les Bibles, on pouvait les détruire, les hérétiques, on pouvait les brûler, mais comment étouffer ces cantiques qui vivaient sur toutes les lèvres et sortaient encore de la flamme des bûchers pour épouvanter les bourreaux. D'où leur venait cette force? C'est que les paroles et les mélodies avaient deux vertus qui sont les signes de la liberté et qui manquèrent toujours aux chants catholiques : la franchise et la joie.

Tant que dura l'âge héroïque de l'Église luthérienne, le cantique conserva ce caractère viril. Erasmus Alberus, Paul Speratus, Nicolas Hermann, Mathesius, sont les dignes successeurs de Luther. Ils parlent la langue du peuple et font des cantiques de combat. Mais à mesure que l'Église luthérienne se resserre et se consolide, la sécheresse et l'âpreté dogmatique prennent le dessus, la lettre tue l'esprit. Les cantiques ne sont plus des créations spontanées et populaires, ils deviennent des œuvres de liturgie et de secte, ils perdent de plus en plus l'accent héroïque qui faisait leur force. A son tour l'Église protestante devient jalouse, intolérante, persécutrice. Alors, adieu le libre élan de son premier âge. Elle ne parle plus que de fausse doctrine, de Satan et du jugement dernier. L'œuvre de Luther serait bien compromise si son esprit n'avait passé dans toute la nation.

Au dix-septième siècle, une réaction se fait contre l'étroitesse dogmatique dans l'Église protestante et par suite dans ses cantiques. A cette roideur les âmes plus religieuses opposent cette sensibilité douloureuse, cette tendresse maladive pour le Sauveur qui rappelle l'imitation de Jésus-Christ. Elles n'adorent plus le Christ héroïque de Luther, mais le Christ souffrant des femmes. Le dogmatisme étroit était un retour au catholicisme par l'intolérance; cette poésie gémissante y revient d'un autre côté par son mysticisme énervant. C'est le commencement du piétisme qui dès lors ne sort plus de l'Église protestante. On ne saurait nier cependant que la vie religieuse, c'est à dire le sentiment vif et personnel, est de son côté. S'il affaiblit les caractères, il ravive parfois la charité éteinte, tandis que le dogmatisme n'a jamais su que sécher le cœur et rétrécir l'es-

prit. Paul Gerhardt, nature poétique et profonde, est le premier des mystiques protestants.
Ce prédicateur composa un grand nombre de
cantiques fort beaux. Il en est un qui rappelle
les plus suaves peintures religieuses des âges
de foi, par l'intensité des couleurs et la passion
ardente. Il s'adresse au Christ couronné d'épines :

> Tête sanglante et couronnée
>   D'opprobre et de douleurs,
> Tête chérie, ô tête ornée
>   D'épines, non de fleurs ;
> Visage au triste et doux sourire,
>   Yeux divins, front de roi,
> Dans ton silencieux martyre
>   Salut, salut à toi !
>
> Je veux souffrir de ta tristesse,
>   Ne me repousse pas ;
> Et m'abreuver de ta détresse,
>   Te prendre dans mes bras.
> Tu pâlis ! c'est l'instant suprême,
>   Je veux te soutenir,
> Te presser sur ce cœur qui t'aime
>   A ton dernier soupir !

Il y a là une puissance de compassion, une
adoration de la douleur qui égale les plus beaux
chants catholiques du moyen âge.

Les successeurs de Paul Gerhardt ne l'éga-
lèrent pas ; le dix-huitième siècle, qui donna le
signal de l'émancipation philosophique, ne pou-

vait être favorable au cantique protestant. Avec
la foi naïve il avait perdu pour toujours la grandeur dans la simplicité. Au dix-neuvième siècle,
la décadence est complète. Les modernes théologiens qui en composent encore, ont passé leur
vie à s'emporter contre Goethe et ses disciples,
à réfuter Hegel, Strauss et Feuerbach. Ils ont
sué sang et eau pour défendre leur petite
Église contre l'invasion de la critique. Mais sans
le savoir, ils ont pris les armes de leurs adversaires et jusque dans leurs cantiques ils font de
la philosophie, ils discutent et sentent le besoin de démontrer leur foi. Leur poésie est
devenue dogmatique, c'est dire qu'elle n'est
plus de la poésie.

Peut-il, d'ailleurs, en être autrement? Autrefois le cantique jouait un grand rôle dans la vie,
aujourd'hui il n'est plus qu'un accessoire litur-
gique. De plus larges horizons se sont ouverts
aux esprits. Herder, Goethe, Schiller et leurs
disciples ont parlé, ils ont remué les hommes
de toute Église et de toute conviction. Ils ont été
les premiers représentants de cette poésie philosophique et largement humaine qui, en dehors
de toute confession et de tout surnaturel, élève,
purifie l'âme par le spectacle de tout ce qu'il y a
de grand dans l'humanité. Cette poésie, qui n'a
d'autre temple que le monde, d'autre religion
que la sympathie, a déjà remplacé la poésie

chrétienne. Les cantiques du seizième siècle resteront cependant comme de beaux témoignages de la grande rénovation religieuse qu'ils servirent avec tant de puissance. La foi de nos vaillants ancêtres n'est plus la nôtre, mais ils furent les précurseurs de la liberté ; le souffle qui anime leurs chants est un souffle d'espérance et de combat, leur naïveté même est une force et l'énergie de leur conviction un exemple.

La Germanie est morte,
La superbe, la libre ;
Un tombeau la recouvre,
Elle et sa fidélité.

PAUL FLEMMING.

(XVIIᵉ SIÈCLE.)

VII

MORT ET RÉSURRECTION DU LIED

(XVIIᵉ ET XVIIIᵉ SIÈCLE.)

Décadence de la chanson populaire vers la fin du seizième siècle. — Les pasteurs luthériens la persécutent. — La guerre de Trente ans l'achève. — La poésie populaire fait place à la poésie savante du dix-septième siècle. — Leur antagonisme. — Opitz et Paul Flemming. — Günther. — La révolution esthétique et religieuse au dix-huitième siècle. — Herder retrouve la chanson populaire. — La période de tourmente. — La résurrection du vrai Lied se prépare.

Nous venons d'assister à la naissance et à l'épanouissement de la chanson populaire en Allemagne. Cette puissante explosion de lyrisme a été une de ces révélations poétiques toutes spontanées, comme les chants héroïques des rhapsodes ioniens, comme les romances du Cid en Espagne, où le génie d'un peuple parle

sans contrainte. Plus que toutes les autres
poésies populaires, le *Volkslied* est la création de
tout un peuple. Ici, point de poètes de profession,
mais de hardis improvisateurs ou plutôt la libre
improvisation de tous les cœurs vibrants. Des
hommes sans éducation, pleins de séve et de vie,
en possession d'une langue riche et musicale, qui
trouvent un monde de rhythmes et de refrains
nouveaux, tout en faisant l'école buissonnière;
des paysans, des aventuriers, des amoureux,
des jeunes filles, des compagnons, des croyants,
des libres penseurs, qui tous se mettent à
chanter comme l'oiseau sur la branche; et les
chants d'amour éclatant dans les huttes et, les
châteaux, les strophes cadencées tombant des
lèvres à la moindre émotion comme la pluie
odorante des arbres surchargés de fleurs, et la
mélodie ailée, s'échappant des cœurs comme
l'alouette du sillon : voilà le spectacle qui s'est
déroulé sous nos yeux. Tous les peuples ont eu
de ces heures d'expansion naïve, mais tous n'en
ont pas profité. Heureux ceux qui ont su conserver, malgré les vicissitudes de la politique,
malgré le pédantisme des académies, leur langue primesautière; oui, bienheureux ceux qui
ne perdirent point par le goût de la rhétorique
cette fraîcheur d'âme qui est toute la poésie!

Le *Volkslied*, né de la première étreinte du
peuple avec la liberté, semblait fait pour grandir

sans entrave. Il n'en fut rien. La théologie s'acharna contre lui, la guerre de Trente ans l'avilit, le pédantisme littéraire acheva de l'étouffer. Au dix-huitième siècle, le vrai Lied n'était plus, car ce qui végétait encore sous son nom n'était plus que son ombre; c'est alors que des hommes de génie le firent revivre et le lancèrent dans une carrière nouvelle. Pour achever son histoire, il faut raconter cette mort subite et cette brillante résurrection.

Pour l'Allemagne comme pour la France, le seizième siècle est une ère de révolution. En religion, en politique, dans les arts, dans la poésie, il clôt l'âge naïf et inaugure le règne de la réflexion. Tout est remis en question, et pour la première fois, on se demande le pourquoi des choses. Le peuple composait ses chansons sans savoir qu'il était poète, à la fortune de la rime, au gré de son oreille. Parfois la muse souriait en passant à ces cœurs simples, et alors leurs paroles étaient d'autant plus touchantes qu'ils en ignoraient la puissance. Des bourgeois, des nobles même chantaient avec le peuple et comme lui. Il y avait en un mot une grande poésie populaire chantée et non écrite, répandue et cultivée par toutes les classes de la société. A la fin du seizième et surtout au dix-septième siècle, tout change. Une légion de savants et de lettrés s'empare de·la poésie, on discute ses

conditions, lui assigne des règles, lui pose des
limites. Alors, adieu la franche liberté dans le
royaume des songes, le règne du pédantisme a
commencé. Plus de chansons sous le grand ciel,
au fond des bois et au souffle des montagnes,
mais des vers de lettrés, rimés sur des in-folios.
Avant de voir ce que devient le *Lied* sous la
plume des savants, jetons un coup d'œil sur la
chanson populaire au dix-septième siècle.

Les classes inférieures du peuple allemand
avaient atteint un degré de culture très remarquable au commencement du seizième siècle.
Témoin le savant et joyeux poète Hans Sachs.
Quel type aimable et vigoureux que ce pauvre
maître cordonnier de Nuremberg, qui fit des
vers toute sa vie sans cesser de faire des sou-
liers, qui fut l'ami d'Albert Durer et le chantre
enthousiaste de Luther. Voilà un homme qui
nous fait voir le peuple du temps dans sa joviale
bonhomie mêlée d'un grain de malice, avec sa
piété naïve, son désir insatiable de s'instruire
et sa foncière honnêteté. A cette époque, bourgeois, artisans et paysans aspiraient d'un même
désir à la liberté. Rien n'unit plus sérieusement
les hommes qu'une grande espérance; on
voyageait, on buvait, on dansait, on fraterni-
sait ensemble. et grâce à cette vie commune, la
chanson populaire fleurissait dans toute l'Allemagne. Mais un concours d'événements très

divers amena sa décadence; tout d'abord l'invention de l'imprimerie. Chose curieuse et inévitable, l'art merveilleux qui est devenu le plus puissant levier de la démocratie, devait porter un coup mortel à la poésie naïve du peuple. Quand le peuple sut lire, il cessa d'improviser, la feuille imprimée lui tenant lieu de mémoire et d'invention. Autrefois, il fallait savoir par cœur les vieux chants et en trouver de nouveaux pour toute occasion. Maintenant, les livres les apportaient par flots et non plus tressaillantes de vie comme sur deux lèvres épanouies, mais mortes sur une feuille poudreuse. Ainsi se perdit le don de l'improvisation, l'âme même de la chanson populaire.

Bientôt elle trouva un ennemi plus redoutable encore dans l'Église luthérienne. Luther, il est vrai, aimait la musique et la poésie en véritable enfant du peuple, mais il avait reçu l'éducation monacale et la chanson d'amour blessait le réformateur austère. Il y avait dans ses soupirs insinuants, je ne sais quoi de tendre et de hardi, de voluptueux et de païen, qui choquait sa conscience chrétienne; il croyait y sentir la révolte de Satan. Luther sévit donc de toute, son énergie contre la chanson d'amour et s'efforça de la remplacer par le cantique. Rien de plus logique à son point de vue. Il voulait apprendre au peuple la discipline sévère de la vie : le

Volkslied en était le joyeux épanouissement. Il
fallait lui laisser l'empire des âmes ou l'en
chasser sans pitié. C'est ce qu'il essaya de faire.
Cependant la chanson d'amour avait poussé
dans le cœur du peuple des racines trop vivaces
pour en être si facilement arrachée. Comment
oublier ces refrains bien-aimés dont on avait
bercé sa joie et sa douleur? Chaque fois que les
feuilles commençaient à poindre sur les haies
et que les merles chantaient le long des ruisseaux, ces paroles de désir et d'espérance s'éveil-
laient dans le cœur hardi des jeunes gens et
dans le sein vierge des jeunes filles, comme
la fauvette s'éveille dans dans son lit d'herbes
odorantes au premier rayon de l'aurore. Que
pouvaient toutes les défenses contre la magie
du printemps et la magie de la musique? Les
successeurs de Luther usèrent d'étranges expé-
dients pour la combattre. Sachant que le peuple
tenait encore plus aux mélodies qu'aux paroles,
les pasteurs luthériens s'avisèrent de substituer
aux vers amoureux de pieux cantiques et de les
faire chanter au peuple sur l'air primitif. Ils
allèrent même jusqu'à travestir les ballades en
histoires édifiantes. Ces parodies ont parfois
cette bonhomie naïve qui n'appartient qu'au
bon vieux temps. Il y a une très jolie chanson,
où le chasseur rencontre trois belles jeunes
filles dans la forêt et en emporte une sur la

croupe de son cheval. Le pasteur luthérien se garde de supprimer les trois belles jeunes filles, mais que sont-elles devenues sous sa plume orthodoxe? On ne l'eût pas deviné : l'amour divin, la foi et l'espérance. Le chasseur chrétien prend la foi par la taille, la lance sur son cheval et l'emporte avec lui pour l'édification des fidèles. Ailleurs le poète luthérien s'empare d'une romance où un tiers surprend les adieux de deux amants. Dans la chanson populaire, le dialogue est vif, touchant, plein de larmes et de baisers. Dans la parodie luthérienne, cette scène d'amour se change en une petite discussion théologique entre l'âme et Dieu, sur le péché originel et la grâce. Ces billevesées ne sont amusantes que parce qu'elles montrent jusqu'où peut aller le pédantisme théologique, quand il veut mettre la poésie au service du dogme. En assistant à ces fâcheuses métamorphoses on se rappelle involontairement ces fées éblouissantes de jeunesse et de beauté, qui, à l'arrivée d'un vieillard renfrogné, se changent tout à coup en vieilles sorcières ridées.

Si puissante qu'était l'Église luthérienne elle ne put tuer la chanson populaire. Il fallut la guerre de Trente ans pour lui donner le coup de grâce. Cette tguerre errible fut pour le peuple allemand ce que la croisade des Albigeois avait été cinq cents ans plutôt pour la noblesse pro-

vençale. Elle détruisit une civilisation naissante
comme on rase une forêt à coups de hache, elle
foula dans la boue la fleur la plus délicate de
l'esprit, la poésie. Trente ans de suite le fléau
sanguinaire balaya l'Allemagne du nord au midi,
et sans relâche les armées dévastèrent les campagnes, abrutissant les hommes et corrompant
les mœurs. Plus de fêtes au printemps et à la
moisson, on ne dansait plus sous le tilleul, on
ne s'aimait plus, on ne chantait plus sinon des
refrains infâmes. Les sources créatrices du génie
populaire furent ensablées pour longtemps et
lorsqu'elles jaillirent de nouveau ce fut une eau
trouble et bourbeuse. Le peuple tomba de l'aisance dans la misère et de la misère dans la dé-
gradation; il lui fallut plus d'un siècle pour se
relever. Il n'y avait plus de patrie, car l'Allemagne n'était qu'un vaste échiquier où les cabinets
d'Europe jouaient habilement leur sanglante
partie. La vie publique ayant disparu, chacun
ne songe qu'à soi, l'égoïsme triomphe et l'inspiration meurt avec la sympathie.

Tandis que le peuple traqué et pillé vivait
dans les campagnes comme les bêtes fauves, une
légion de lettrés travaillait derrière les murs
fortifiés des villes. C'étaient les successeurs des
humanistes du seizième siècle, qui avaient mis à
la mode le latin et le grec. Ils vivaient fort tran-
quillement au milieu de leur bibliothèque, li-

saient Virgile, Pétrarque et Ronsard, composaient des hymnes aux princes et à l'empereur et jetaient des regards d'envie vers la cour du grand roi. Heureux ceux qui avaient pu faire un voyage à Paris et à Versailles, à la suite d'une ambassade ou d'un haut personnage. De retour chez eux, on ne les reconnaissait plus. Ils s'évertuaient à parler français, portaient l'habit brodé et rejetaient leur perruque à la façon des petits marquis. Bientôt on imita la cour de France en toute chose, la langue elle-même s'émailla de mots et de locutions françaises. Parmi ces savants de cour, il s'en trouva qui entreprirent de relever la poésie déchue. Avec eux commence la poésie savante et artificielle, qui régna cent cinquante ans en Allemagne, jusqu'au jour où Goethe et sa génération en firent justice. On n'attend plus l'inspiration, on compte sur les bonnes règles; on oublie le *Volkslied* pour copier les modèles français et italiens; on ne dit plus ce qu'on a vécu, mais ce qu'on a lu; on ne chante plus, on écrit. En un mot la poésie cesse d'être naturelle et devient un procédé savant. Elle, qui fut naguère la fête de toute une nation, n'est plus que la vanité des pédants et le hochet des sociétés littéraires.

Dès lors un abîme se creuse entre la foule et les gens de lettres. Le lettré, se targuant de son style ampoulé, se met à mépriser l'homme du

peuple ; l'homme du peuple, ne comprenant rien
à la langue des lettrés, s'en défie et s'en moque.
Il y a d'un côté des littérateurs sans intelligence
de la vie populaire, de l'autre une nation livrée à
elle-même, sans culture de l'esprit et sans aspiration idéale. Schisme fatal qui est la mort du
grand art, car une poésie qui ne sort pas de l'âme
du peuple comme un chêne vigoureux d'un sol
riche, est un arbre planté dans le sable. Il y a
des peuples qui sont parvenus à étouffer le génie
poétique national, provincial et primitif sous
l'orgueilleuse plantation de la littérature officielle. D'autres plus heureux, après avoir oublié
pendant longtemps la grande poésie populaire
pour des œuvres d'apparat, y sont revenus avec
enthousiasme comme à la source première de
toute beauté. L'Allemagne en offre un brillant
exemple. Il y a du dix-septième au dix-huitième
siècle, une lutte sourde entre la poésie savante
et la poésie spontanée, puis une guerre ouverte
qui se termine par une victoire éclatante de
celle-ci et par la résurrection du vrai Lied. C'est
à cette lutte que nous allons assister.

Le fondateur de la poésie savante dans l'Allemagne du dix-septième siècle et son représentant
le plus remarquable fut Opitz. D'un mot j'aurai
marqué sa place dans la littérature allemande
en disant qu'il a été à la fois le Ronsard, le Mal-
herbes et le Boileau de son pays. Le premier il

a imité les Grecs et les Latins, il a fixé la prosodie nouvelle et, comme on disait chez nous,
donné des lois au Parnasse. Il n'eut pas le talent
du premier, il eut le pédantisme des deux autres ;
toute sa vie « il prosa de la rime et rima de la
prose. »

Martin Opitz (né en Silésie, 1597) fut un enfant prodige. Dès qu'il sut lire il montra l'étoffe
d'un savant. A quinze ans, il fit des vers latins
qui émerveillèrent ses protecteurs au point qu'ils
les publièrent ; et le voilà qui se sent poète illustre
ni plus ni moins qu'un lauréat de concours de ce
temps-ci. Ce premier succès le poussa-t-il dans
la carrière poétique ? Je ne sais ; en tout cas, ce
ne fut pas un excès d'imagination. A vingt et un
ans, il fit son entrée à l'université de Francfort
sur l'Oder. Sa conduite fut exemplaire, son zèle
infatigable ; il ne vécut guère avec la jeunesse et
ne fréquenta que les savants. A vingt-quatre ans
il devint poète de cour du duc de Liegnitz, et
l'année suivante professeur de philosophie et
des belles-lettres à Weissenburg, en Transyl-
vanie. Depuis ce jour sa vie paisible fut une
suite de succès ; l'empereur Ferdinand II le cou-
ronna de sa propre main et, lorsqu'il mourut,
toutes les sociétés savantes le pleurèrent comme
un second Horace.

Opitz ne fut qu'un grand savant et un habile
versificateur. Il eut cependant deux grands mé-

rites; il maintint autant que possible, la pureté
de la langue dans un temps où la conversation
et les livres fourmillaient de mots français et
italiens, puis il donna aux vers allemands la
rigueur prosodique qui leur manquait. Mais, en
somme, il représente bien le type du poète officiel, âme médiocre, parfait courtisan qui sait se
pousser dans le monde et fait de sa gloire l'instrument de sa fortune; en cela il n'était que le
fils de son temps. Premier signe du poète officiel : point d'indépendance dans le caractère.
Opitz passa sa vie à la suite des princes, il les
flatta et les combla d'éloges, même lorsqu'ils
agissaient contre sa conviction. Protestant con-
vaincu, il resta de longues années au service du
burgrave de Dohna, persécuteur impitoyable
des protestants. Un jour, ayant composé un
chant où il appelait ses compatriotes à la liberté,
il n'osa pas le publier, car il aurait pu choquer
son Mécène, et puis ne fallait-il pas être le très
fidèle et très obéissant serviteur de l'empereur
Ferdinand II qui avait placé sur sa tête la couronne de lauriers?

De plus, il partage avec le poète officiel l'absence d'une haute originalité d'esprit, d'un sentiment profond, d'une imagination puissante.
Car une seule de ces qualités suffirait pour lui
faire prendre en pitié la poésie d'apparat et le
dégoûter à jamais des faciles succès de la flat-

terie. Opitz n'a rien senti, rien vécu. Il connaît
Horace à fond et fort peu l'homme; il invoque
les dieux de la mythologie grecque; mais il
n'aime point la nature. Dans ses *Odes et Chants*
il imite visiblement les odes d'Horace au printemps. Ce n'est pas la brise qui fait fondre la
neige, c'est Favonius. Le poète silésien se console de la longueur de ses épreuves avec Ulysse
qui erra dix ans avant de retrouver son Ithaque
et que ni la bouche séduisante de Circé, ni la
voix des sirènes n'ont perdu. L'honnête savant
se calomnie; il n'a jamais connu de Circé et jamais il n'a risqué de perdre la raison. Ailleurs il
vante avec le poète d'Auguste l'*aurea mediocritas*.
Lui, le savant illustre, le professeur comblé
d'honneurs, le poète de cour chargé de couronnes, il se trouve bien là où il est et il ne veut
pas élever plus haut ses ailes; il se félicite de ne
pas s'être embarqué sur la haute mer où il y a
tant d'écueils. Il préfère à l'or et aux richesses,
qui? La bergère Phillis qui n'a jamais existé. A
l'entendre soupirer aussi froidement on conseil-
lerait volontiers à cet amoureux transi ce que
Goethe souhaitait à certains poètes langoureux,
de faire la connaissance d'une belle fille, bien
accorte et bien amoureuse, pour qu'ils sachent
une bonne fois ce que c'est qu'une femme. Mais
Opitz croirait déroger; dès qu'il prend la plume,
il oublie qu'il est homme et s'imagine qu'ainsi il

devient poète. Sa poésie est dans les livres au lieu d'être dans la nature vivante. Il a beau s'écrier qu'il va quitter Platon pour courir les champs, on n'y croit pas. Il n'a jamais trempé ses lèvres dans les ruisseaux dont il vante la fraîcheur, et ce pêcheur dont il parle il ne l'a vu que dans l'ode d'Horace à Sestius. Hélas! combien de poètes qui font encore comme lui, qui pâlissent sur les livres pour y trouver l'inspiration, et ne se doutent point qu'elle voltige sur leur toit avec un essaim d'hirondelles, ou qu'elle passe sous leur fenêtre avec la chanson d'une pauvre fille.

En face de ce poète officiel qui ne sortit guère de son cabinet que pour respirer la lourde atmosphère des sociétés littéraires et l'air renfermé des cours, il y eut un poète libre, un enfant de la nature, bien moins célèbre de son temps, mais cent fois plus inspiré. C'est le doux, l'aimable, le profond Paul Flemming. Si les Allemands ont fini par triompher en poésie du pédantisme de l'école, de la tyrannie de l'étiquette et du charlatanisme littéraire, ils le doivent surtout au morcellement de leur patrie, qui empêcha la centralisation, c'est à dire le despotisme intellectuel d'une ville, d'une cour, d'une académie ou d'une coterie quelconque sur le reste du pays. Chaque fois qu'une école philosophique ou littéraire se forme quelque part et

s'efforce d'accaparer tous les esprits, on voit
poindre dans une autre coin du pays une école
rivale, qui puise dans d'autres mœurs, dans
d'autres aspirations un esprit opposé et combat
la première à outrance. Elle succombe dans la
lutte, ou triomphe, mais alors, à son tour de se
défendre contre une phalange d'esprits nouveaux
qui ne tarderont pas à l'attaquer. De là des
chocs incessants d'où jaillissent la lumière et le
progrès. Dans l'histoire de la poésie ces luttes
sont moins apparentes, mais elles n'en existent
pas moins. A peine Opitz avait-il fondé en Silésie
l'école du lyrisme savant, et déjà surgit dans
l'Erzgebirg un poète indépendant qui ramène le
Lied à la vérité du sentiment et à la grâce de la
forme.

Entre la vie de ces deux hommes, quel élo-
quent contraste! L'un aspire aux honneurs et
aux succès, l'autre n'est fier que de sa liberté.
Paul Flemming (né à Hartenstein, 1609) était
le fils d'un pasteur. Dès son enfance, il respira
dans les montagnes et sur les bords de la
Moldau un air plus vivifiant qu'Opitz. A vingt
ans, il étudia sérieusement la médecine à Leipzig, mais plus encore la poésie. Déjà la gloire
lui souriait, quand tout à coup il se décida
à quitter sa patrie. Il n'avait nulle envie de
briguer la faveur des princes, il étouffait au
milieu des courtisans, son esprit le portait plus

haut, son cœur l'entraînait loin de l'Allemagne
avilie vers des peuples plus fiers, vers la nature
superbe de l'Orient. Il demanda une place dans
l'ambassade que le duc de Schleswig-Holstein
envoyait en Russie et en Perse, pour nouer des
relations commerciales avec ces pays. Il partit
avec elle et passa quatre ans tantôt à Moscou,
tantôt à Réval, tantôt en Circassie au bord de la
mer Caspienne. C'est un spectacle curieux que
celui d'un poète allemand du dix-septième siècle
qui, dégoûté du prédantisme et de la servilité de
ses contemporains, va s'enfouir au fond de l'Asie
pour retrouver dans son cœur la patrie allemande
qu'on ne connaissait plus en Allemagne. Du
reste son esprit était ouvert à tout ce qu'il y a de
grand et de beau sous le soleil. Il jouissait largement de la vie sans jamais se laisser aller à
la débauche; il ne dédaignait pas le plaisir et
chantait ses bonnes fortunes avec une aimable
naïveté. Flemming ne fut pas insensible aux
sirènes de l'Asie, aux belles Circassiennes.
« Nous ne pouvons pas nous comprendre, dit-il,
mais nos yeux se parlent d'autant mieux. » Puis
soudain son cœur de Germain se trahit dans un
soupir : « Mais la grande joie d'amour n'est que
dans l'amour éternel. » Les Circassiennes ont
beau être séduisantes, il regrette sa patrie,
sa Moldau, son Hartenstein, il voudrait « y murmurer un chant, non de guerre, mais de paix,

un chant dans lequel il y aurait du ciel, qui sentirait la divinité, qui remuerait le courage et le sang. » Il revint en Allemagne, se fiança avec une jeune fille de Réval et alla s'établir comme médecin à Hambourg, quand une maladie aiguë l'enleva à sa patrie. Il n'avait que trente et un ans.

Paul Flemming occupe une place d'honneur dans l'histoire du Lied. L'école d'Opitz aurait voulu confisquer la poésie au profit des savants, la réduire à un exercice de rhétorique en beaux vers et creuser par là un abîme fatal entre le peuple et l'homme de lettres, entre le chanteur populaire et le poète cultivé. Nous verrons plus tard Goethe franchir cet abîme d'un saut hardi, aller droit à la chanson populaire, la réveiller de son long sommeil et la ranimer plus belle au souffle de son génie. Flemming ne semble pas avoir soupçonné son existence, mais il tend au même but que son incomparable successeur. Il franchit l'abîme en le contournant et revient à la nature par le sentiment. Son impressionnabilité, sa sympathie pour les hommes le sauvent du pédantisme scolastique qui perdit tous ses rivaux. S'il n'a pas bu à la source vive de la poésie populaire, il a du moins puisé largement dans le grand fleuve de la langue vulgaire; son vocabulaire y a gagné cette flexibilité et cette richesse, qui permettent à l'expression de se

plier à toutes les nuances du sentiment. Les
poésies d'Opitz ressemblent à de bons exercices ;
parmi celles de Flemming, il y en a beaucoup
qui sont de vrais Lieds, coulant de source,
faciles de forme, profonds de pensée et d'une
harmonie si musicale, qu'ils semblent contenir
d'avance la mélodie que fera éclore le musicien.
Quoi de plus tendre et de plus délicat par exemple que la strophe finale d'une élégie sur la mort
d'un enfant :

> Nous posons sur ta fraîche tombe
> Doux enfant, ta corbeille en fleurs.
> Nous en semons... O tombe, tombe,
> Sur lui, douce anémone en fleurs !
> Dors, enfant, dors ; que sur ta joue
> La rose brille encor longtemps,
> Qu'autour de toi toujours se joue
> La tiède haleine du printemps !

Cette strophe est digne d'Uhland. Encore un
peu plus de variété dans le rhythme, de mélodie
dans le vers, de promptitude dans l'association
des images, de divination dans le sentiment et
le Lied de Goethe sera là. Paul Flemming est
un lyrique dans la plénitude du mot. Il ne
chante que lorsque son âme déborde d'un monde
de pensées nouvelles, et alors il commence, sans
réfléchir, par celle qui veut sortir à toute force
et qui la première s'impose à sa bouche. Ainsi

qu'il reçoive d'une femme aimée l'aveu d'un
amour sans réserve, il s'écriera :

> Connaître un cœur fidèle et sûr,
> Oh ! c'est le trésor le plus pur !
> Dis-moi qu'un cœur fidèle t'aime,
> Je te saluerai comme un roi.
> Je suis heureux dans la douleur suprême ;
> Un cœur fidèle bat pour moi.

Ailleurs, ce début *ex-abrupto* qui d'un coup
nous met dans le secret d'une âme en travail est
encore plus frappant. Flemming fut méconnu
par ses contemporains, justement parce qu'il
fut simple et vrai, dans un temps où la poésie
tournait à l'emphase et à l'hypocrisie. On portait Opitz aux nues et l'on connaissait à peine
Flemming qui pourtant se sentait cent fois plus
d'âme et de talent. Parfois même on le déni-
grait, et alors le jeune poète tombait dans un
profond découragement. Quoi qu'on en dise, il
y a des génies, il y a même des talents incompris ; c'est le sort de tous ceux qui tiennent à
l'avenir plus qu'au présent, et certes, cette
solitude morale est une des épreuves les plus
difficiles à traverser. Paul Flemming en sortit
vainqueur, témoins ces vers qui prouvent combien il y avait d'énergie dans cette âme si sensible :

Sois courageux quand même ! et quand même invaincu !
Ne cède pas aux forts, sois plus grand que l'envie,
Trouve ta joie en toi, vis fièrement ta vie,
Quand même sur ton front l'orage est suspendu,
Heur ou malheur, qu'importe ? embrasse-les sans crainte.

Ne te repens jamais, accepte ton destin ;
Accomplis ton devoir sans songer à demain,
Un jour reflamboira ton espérance éteinte
Si maintenant la nuit pèse sur ton chemin.
Quoi ! tu te plains du sort ? Vain mot ; l'homme en lui-même

Porte son infortune ou son bonheur suprême.
Pour marcher en avant, ah ! rentre au fond de toi.
Étouffe dans ton cœur ta douleur moribonde ;
Heureux, heureux celui qui triomphe de soi,
Il triomphe de tout ; à lui le vaste monde !

Tel fut Paul Flemming, un des plus nobles talents lyriques, un des caractères les plus aimables de l'Allemagne. Né dans le siècle le plus prosaïque et frustré de sa gloire, il n'en conserva pas moins cette inaltérable sérénité qui repose l'âme encore aujourd'hui, comme la lumière égale et tranquille d'un ciel sans tache. Nature à la fois ouverte et profonde, douce et ferme, il sut vivre gaîment parmi les hommes en serrant au fond de son cœur l'essence divine des sentiments les plus purs. « Cette âme généreuse, dit Wilhelm Schlegel, aspirait avec joie et de toutes ses forces à la lumière du soleil ;

écumante, elle débordait comme le noble suc de la vigne dans une coupe trop pleine ; elle jaillissait comme une source vivante. » Plus belle encore est l'épitaphe que Flemming se fit à lui-même quelques jours avant sa mort : « J'étais libre dit-il, j'étais à moi ! » Grande parole pour qui en saisit toute la portée. Combien d'hommes qui se vantent d'être libres et qui pourtant ne s'appartiennent point ; dont les sentiments, les pensées, les actions et toute la vie ne sont qu'imitation, chimère, écho affaibli du vain bruit qui les entoure. Quand Flemming s'écrie : J'étais à moi ! cela veut dire : tout ce que j'ai senti, vécu, pensé, je l'ai senti, pensé, vécu par moi-même ; mon âme est mon œuvre et non celle des autres. Gloire nulle, sans doute, pour la grande masse des hommes puisqu'elle est sans vanité. Son auréole ne brille pas aux yeux du vulgaire, son doux éclat ne se répand que dans le sanctuaire de la conscience et ne peut tenter que le mâle orgueil d'un homme digne de ce nom. Mais elle n'en est que plus belle aux yeux du penseur, car seule elle donne à l'homme la pleine jouissance de son être intime et au poète la conscience de sa force.

Malheureusement, l'exemple de Flemming fut perdu pour ses contemporains. Ils restèrent ce qu'ils étaient, versificateurs pédants et froids plagiaires. Hoffmann de Hoffmannswaldau (né

à Breslau, 1618) fonda la seconde école silé-
sienne. Opitz avait imité les anciens et les Français, celui-ci s'inspira des Italiens ; sous pré-
texte de remédier au pédantisme de ses devanciers, il tomba dans une sensualité grossière,
sans grâce, ni passion et jusque dans l'affectation du libertinage. Il crut rendre ses droits à
l'imagination en surchargeant ses vers d'ambre,
de nectar, de saphirs, de pourpre et de soie, de
marbre et d'albâtre. Peine perdue ; son cœur
était froid, son imagination corrompue et le
célèbre poète silésien ne fut au fond qu'un honnête président du conseil de Breslau, doublé
d'un brillant épicurien.

Nous avons vu dans Flemming la réaction
du sentiment contre le pédantisme de l'école.
On peut opposer Günther à Hoffmann de
Hoffmannswaldau comme la passion vraie à la
dépravation de l'esprit. Il revint à la nature
par la fougue de son tempérament. Sa destinée
fut tragique; il tenta d'être un vrai poète malgré son père et malgré son siècle ; cette lutte
lui coûta la vie. Günther naquit à Striegau, en
Silésie (1595); son père était médecin, esprit
étroit, cœur dur et implacable. Les années
d'enfance furent les plus heureuses de sa vie, il
s'en souvient plus tard avec attendrissement.
En hiver, tremblant de froid, accroupi derrière
le poêle, il écoutait les contes de la vieille Mar-

guerite ; c'était sa seule amie. « Jamais les plus beaux syllogismes, dit-il, ne m'ont causé tant de plaisir. » Il avait quatorze ans quand un ami de son père, frappé de son intelligence, le prit chez lui et le mit à l'école. A vingt ans, il se rendit à l'université de Wittemberg pour étudier la médecine, mais il n'y fit que des vers. Il s'éprit follement de la fille du docteur Jachmann, qu'il chanta sous le nom de Léonore. La jeune fille prêta l'oreille à ses déclarations passionnées et lui promit sa main, mais, quelques mois plus tard, elle en épousa un autre. Günther n'éprouva nulle colère, mais une douleur violente, profonde, irrésistible, un déchirement de tout son être. Ce coup avait suffi pour briser le ressort de cette nature ardente mais faible ; la série de ses malheurs avait commencé. Pour s'étourdir il se plongea dans les dissipations de la vie d'étudiant, il chanta le plaisir sans frein avec autant de feu qu'il avait chanté l'amour pur. A cette nouvelle, son père irrité lui refusa tout secours et déclara que tout était fini entre eux, que jamais il ne reconnaîtrait plus son fils. Il tint parole. Sans protection, sans état, sans ressources, Günther se fit poète d'occasion ; à cette époque c'était une sorte de position sociale. On improvisait aux baptêmes, aux noces, à toutes les fêtes, on faisait des vers pour les riches et les nobles et l'on vivait au jour le jour.

Ce que devenait la dignité dans un pareil métier, il est inutile de le dire. Eh bien, chose remarquable dans ce dangereux gaspillage de
l'âme et de l'esprit, Günther resta poète, il ne
s'avilit point parce qu'il ne s'abaissa jamais
jusqu'au mensonge. En relisant ces œuvres
d'un jour, depuis longtemps oubliées, on ne peut
s'empêcher d'admirer la chaleur d'âme avec
laquelle le pauvre improvisateur relève les
situations les plus banales.

Son caractère ouvert et facile lui valut beaucoup de protecteurs, mais son esprit mordant
qui se déchaînait sans pitié contre les pédants
et les pieds plats lui suscita des ennemis achar-
nés. Après bien des efforts, son ami Burkhard-
Mencke crut avoir trouvé pour lui une position
à la cour de Saxe. Une intrigue de courtisans
la lui fit perdre sans retour.

Sur ces entrefaites, Léonore, qu'il n'avait cessé
d'aimer en secret, était devenue veuve. Un
rayon d'espérance rentra dans le cœur du malheureux. Il se cramponna à cet amour comme à
une planche de salut; elle devait sombrer sous
lui comme toutes les autres. Léonore, il est vrai,
touchée d'un amour qui avait survécu aux plus
rudes épreuves, consentit à l'épouser; mais il
lui fallait un gagne-pain. Il résolut d'achever
ses études pour devenir médecin, et se rendit à Breslau, où d'anciens amis le reçurent

à bras ouverts. Mais au moment où il allait essayer de pratiquer, il tomba malade et bientôt il fut dans la misère. Désespéré, il écrivit à Léonore une lettre d'adieu : « Chère enfant, lui dit-il, reprends ton cœur et ne t'inquiète pas de la douleur avec laquelle je te le renvoie. Ce cœur est trop noble pour rester mon compagnon. » Sentant qu'il ferait le malheur de celle qu'il aimait, il avait eu la force de renoncer à elle. Mais ce dernier effort l'avait épuisé. Une fois encore il ramassa tout son courage et tenta une réconciliation avec son père. Mais cet homme, inflexible dans son ressentiment, refusa même de recevoir son fils et lui interdit pour toujours le seuil de la maison paternelle.

Ce coup l'acheva. A partir de ce jour il erra au hasard en Silésie et alla mourir à Iéna de misère et de désespoir, à l'âge de vingt-huit ans.

Goethe fut un des premiers à reconnaître le mérite de Günther (1). Après avoir montré qu'il réunissait toutes les qualités qui font le poète, il ajoute : « Il ne sut pas se dompter, c'est pourquoi sa vie et sa poésie lui fondirent dans la main. » On peut croire en effet que né dans des circonstances plus heureuses et doué de plus d'énergie, Günther eût renouvelé la poésie ly-

---

(1) *Fiction et Vérité*. Livre VII.

rique dans sa patrie. Malgré l'inégalité et l'imperfection de ses œuvres, il faut le placer immédiatement après Flemming dans l'histoire du Lied. Comme lui, il prépara Goethe. Flemming revint à la nature par la délicatesse et la profondeur d'un sentiment original, Günther par la fougue de la passion. Chez tous deux on sent dans l'accent du vers non la facture habile, mais la palpitation d'une âme. Tous deux sont également sincères; leur poésie n'est pas une fiction, mais une confession, et chez Günther elle est plus complète, plus hardie encore. Il a écrit avec son sang toutes les erreurs et toutes les infortunes de sa vie. Tous ses vers à Léonore ont cet accent de vérité qui ne trompe jamais. Après la trahison, il revient à l'arbre qui a entendu leurs premiers serments.

> Vois ces gouttes qui découlent
> De l'écorce des bouleaux,
> Vois, ces pures larmes roulent
> Pour mon amour, pour mes maux.

> Jadis sous ce frêle ombrage
> Tu m'as juré devant Dieu,
> D'être à moi; mais, cœur volage,
> C'était pour me dire adieu!

> Ah! les arbres insensibles
> Pleurent... tu ne pleures pas!

Et à la fin :

> Je veux fuir dans les ruines,
> M'égarer dans les vallons,
> Les colombes orphelines
> Seront mes seuls compagnons.
> Sous la nuit des noirs feuillages
> Je veux cacher ma douleur,
> Un tombeau de fleurs sauvages
> Me fasse oublier ton cœur !

La douleur et l'effroi d'une âme juvénile qui doute pour la première fois de l'amour et du bonheur résonnent dans ces strophes, émouvantes comme un sanglot et douces comme une mélodie populaire. Le déchirement fut bien plus terrible quand Günther dut quitter Léonore pour la seconde fois, le cri de désespoir qui lui échappe alors est terrible. Cette fois-ci il a vu pleurer celle qu'il aime et ces larmes adorées, ces larmes qu'il ne verra plus le rendent fou.

> Ah ! tais-toi donc, ô moitié de mon âme,
> Tes pleurs si doux sont le sang de mon cœur !
> J'erre au hasard, je tombe, je me pâme,
> Je n'aime plus que ma propre douleur.
> De notre amour l'étoile tutélaire
> Brûle mes yeux de sa triste lumière.

Quelquefois il est soumis et résigné dans le malheur, il parle à Dieu comme à son père, et alors son chant est doux comme la prière d'un

enfant. Mais quand la coupe de la colère céleste
se vide sur lui, quand l'injustice est trop forte, il
se révolte superbe, audacieux, indompté. La
malédiction de son père le frappa sur la fin de
sa vie comme la foudre qui tombe sur un voyageur essoufflé par la tempête. Un autre eût roulé
par terre, mais lui, non. Avant de rendre le dernier soupir, le poète outragé se redresse encore
une fois dans toute sa fierté. Ce Dieu qui l'accable
et qui va le juger, il ne lui demande point grâce,
il le brave en face :

> J'entends, ô juste Dieu ! la voix de ton tonnerre,
> Tu ne m'écoutes plus, si forte est ta colère.
> Maudit, je dois subir l'éternel châtiment.
> Je dois, il faut, je veux. Je veux ! j'en fais serment !
> Je brave ton courroux, je ne veux pas de grâce,
> Ton arrêt me grandit plus qu'il ne me terrasse.
> Es-tu mon père? Non. Grand juge, prends ta loi,
> Renie d'abord ton fils, et puis... repousse-moi !

Tout le renia, son père, ses contemporains,
sa destinée. Abandonné de tous, coupable envers
lui-même, désespéré, il succomba à tant d'épreuves, victime de ses passions, si l'on veut, mais
victime aussi de son siècle. Günther est un pré-
curseur de ces esprits révolutionnaires qui sur-
girent quarante ans environ après sa mort et
qui s'intitulèrent *génies originaux*, jetant à bas
toute règle et n'écoutant que leur inspiration. A

une époque où la religion tournait au formalisme, la vie sociale à l'hypocrisie, la poésie au pédantisme, il osa ne croire que ce qu'il sentait, vivre franchement selon ses passions et ne chanter que ce qu'il avait vécu. Il eut le courage d'être ce que Goethe appelait *une nature*, un tempérament original qui ne craint pas de se manifester. C'est par là qu'il tranche sur ses contemporains, c'est par là qu'il agit puissamment sur les esprits d'élite. Car ils ne purent le lire sans en tirer cette grande leçon, que la sincérité envers soi-même et envers les autres n'est pas moins digne du poète que de l'homme.

Vers le milieu du dix-huitième siècle un souffle nouveau passe sur la société; tous les esprits jeunes et généreux se réveillent en sursaut et secouent la torpeur de l'esclavage. Frappés de mille rayons à la fois, ils aperçoivent le monde, l'homme, la religion sous un jour plus éclatant. Heure décisive dans l'histoire du génie germanique, comme dans celle du génie français, et qu'on ne peut passer sous silence lorsqu'on suit d'un œil attentif les destinées de la poésie lyrique. Pendant tout le dix-septième siècle, les hommes avaient supporté patiemment la tyrannie de l'État et de l'Église. A l'élan prodigieux de la Réforme avait succédé une morne prostration. Dans l'Allemagne du sud les jésuites tout puissants gouvernaient l'État, corrompaient les familles et menaçaient les princes récalcitrants ; dans le Nord les luthériens rétrécissaient les esprits et désenchantaient la vie. Mais bientôt le génie protestant se redressa dans toute sa force, et non plus le protestantisme du seizième siècle qui se contentait de nier l'autorité du pape, mais un protestantisme bien plus logique et plus plus hardi, qui osait nier toute autorité, la lettre en religion, le droit divin en politique, la tradition en philosophie, les règles de goût en poésie, Dans la science, dans l'art, dans la vie, partout : révolution. L'Allemagne commença par la révolution esthétique et donna le signal d'un affranchissement définitif de l'art. Depuis la mort de Luther la poésie n'avait été que l'humble servante de l'Eglise ou l'histrion d'une caste. Mais cette noble esclave allait reconnaître sa nature divine, briser les chaînes de ses oppresseurs, et libre de nouveau, s'élancer à la conquête du monde. Cette révolution ne fut pas l'œuvre d'un jour. Elle eut ses prophètes, ses avant-coureurs, ses tribuns, ses fanatiques, ses dictateurs ; et à travers bien des tempêtes elle aboutit à la liberté, je veux dire : à l'abolition des règles mesquines et à la proclamation des grandes lois du beau. Voici, en peu de mots, les phases principales et les résultats définitifs de cette révolution.

Le premier grand nom, qui arracha l'Alle-

magne à son indifférence poétique, fut celui de
Klopstock. Ses *Odes* et sa *Messiade* transportè-
rent la jeunesse. Elles venaient à temps pour
fermer la bouche à Gottsched, le fidèle disciple
de Boileau, qui, depuis des années, s'érigeait en
législateur du Parnasse germanique. Klopstock,
il est vrai, n'était ni un grand créateur, ni un
artiste accompli, mais il avait ce qu'il fallait
pour vaincre, ce qui manquait à tous, et ce dont
tous avaient soif : l'enthousiasme. Il le puisait
à deux sources, dans la religion et dans le patriotisme, non pas dans la religion officielle,
mais dans celle de son cœur, dans la foi libre
de l'âme ; non pas dans le patriotisme de cour et
de commande, mais dans la grande Allemagne,
dans celle qui avait combattu avec Arminius
et Luther. Ces effluves de sentiment religieux,
ces torrents de patriotisme, il les exhalait en
hymnes, en odes, en dithyrambes, suivant pieusement les traces de Pindare, de David, d'Ossian. Le premier il employa l'hexamètre et toutes sortes de vers grecs, et pour donner plus
d'importance à la pensée il se passa de la rime.
Ses *Odes* sont des tourbillons de pensées, où retentit l'harmonie monotone d'un seul et vaste
sentiment. Se plonger avec délire dans les splendeurs du ciel, s'abîmer avec un cri d'admiration dans la majesté infinie de la divinité, voilà
sa plus haute jouissance. Sa génération le porta

aux nues, parce qu'elle sentait en lui la force débordante de l'enthousiasme. Il le méritait; il avait tué l'école du bon sens par l'école de l'inspiration, il avait relevé la dignité du poète en demandant qu'il fût comme un prêtre au milieu de son peuple.

Wieland, l'antagoniste de Klopstock, esprit épicurien, réaliste, mondain, élargit l'horizon poétique de ses compatrotes d'un autre côté. Par ses romans il leur ouvrit une échappée sur le monde serein de la Grèce antique, par sa traduction de Shakspeare il leur dévoila pour la première fois la haute tragédie de caractère, la véritable tragédie humaine. Mais le grand initiateur de la pensée allemande au dix-huitième siècle, le plus puissant révolutionnaire de ce temps fut l'incomparable Lessing. Esprit critique, lumineux, droit et hardi, âme noble et courageuse sans l'ombre de sentimentalisme, il attaqua tous les faux dieux de l'époque et les renversa sans pitié. La tragédie classique, la Bible, la poésie bâtarde essuièrent ses coups redoublés. Pédants, cagots et intrigants reculèrent effrayés devant ce lutteur infatigable. Il ne craignit rien et ne ménagea personne, n'ayant qu'un culte, celui de la vérité, et qu'une ambition, celle de la défendre. Et la vérité pour lui n'était pas une formule toute faite, mais un domaine infini où l'on peut toujours avancer sans

jamais arriver au bout. Il faut l'entendre parler
lui-même de cette vérité qui fut le plus grand
amour de sa rude vie. « Ce qui fait le mérite de
l'homme, dit-il, dans sa polémique contre le
pasteur Goeze, ce n'est pas la somme de vérité
qu'il possède ou qu'il croit posséder, mais l'effort
sincère qu'il a fait pour la conquérir. Car ce
n'est point par la possession, c'est par l'ardente
investigation de la vérité que nos forces se développent et que nous approchons de la perfection. La possession rend indifférent, paresseux
et fier. Si Dieu m'offrait dans sa main droite
toute la vérité et dans sa main gauche l'amour
éternel de la vérité, fût-ce à la condition d'errer
toujours et s'il me disait : choisis ! — je saisirais
humblement sa main gauche et je dirais : Père,
donne! car la vérité pure n'est que pour toi
seul. » C'est dans cet esprit de recherche infatigable que Lessing aborda la religion, la science
et l'art, et partout il montra le chemin du salut,
partout il fraya la route aux générations nouvelles. Pour commencer, il donna le premier
coup à la tragédie classique et à ce qu'on pourrait appeler le genre Louis XIV en poésie; ce
fut son coup de grâce. Après la *dramaturgie de
Hambourg* aucun Allemand n'eut plus envie de la
prendre pour modèle. La règle des trois unités,
les vers alexandrins et les héros grecs travestis
en galants gentilhommes de Versailles perdi-

rent en un jour leur lustre séculaire. On les jeta
au grenier comme des marionnettes usées et
l'on s'étonna fort de s'en être amusé si longtemps. Dès lors, tous les poètes qui se sentaient quelque vigueur dans l'âme se plongèrent dans Shakspeare, malgré Voltaire et
le grand Frédéric. Par le *Laocoon* enfin, Lessing
jeta sur la nature intime de la poésie un
trait de lumière, qui fut une véritable révélation. Jusqu'alors critiques et poètes confon-
daient à l'envi la peinture et la poésie, et s'ap-
puyaient sur l'adage d'Horace : *ut pictura poesis*.
Le poète se fatiguait à décrire et mettait sa
plus haute ambition à rivaliser avec la palette
du peintre. Lessing, partant de la comparaison
entre le morceau de Virgile sur la mort de
Laocoon et le groupe de marbre sur le même
sujet, prouva que le poète procédait tout autrement que le sculpteur et le peintre. Les arts
plastiques se développent dans l'espace et parlent aux yeux. Ils ne peuvent représenter une
action que dans un moment donné, mais ils la
représentent dans tous ses détails avec une extrême vivacité. La poésie au contraire se développe dans le temps et s'adresse à l'imagination.
Elle peut représenter une action dans la série
des moments qui la composent, elle peut, elle
doit même nous en montrer l'origine, le développement et l'issue. Qu'elle se garde donc de

rivaliser avec la peinture, qu'elle nous fasse voir l'âme elle-même en action. De l'action extérieure ou intérieure, visible ou invisible, mais de l'action, encore de l'action ! et toujours de l'action ! Telle était la devise de Lessing en poésie. En énonçant cette idée, il avait jeté les fondements de l'esthétique, prouvé le néant de la poésie descriptive et fait du drame le couronnement de l'édifice des arts (1).

Lessing avait commencé la réforme poétique par la critique de tous les préjugés. Herder continua son œuvre par l'admiration passionnée des chefs-d'œuvre éternels, par la divination prophétique du vrai beau et par l'enthousiasme humanitaire. Si cet homme avait vécu sous les rois d'Israël, il serait devenu prophète fougueux de la trempe d'Ezéchiel ou d'Isaïe. Né dans un siècle de critique et de philosophie, il devient cosmopolite ; c'était se montrer prophète aussi. Avant lui, personne, ni en Allemagne, ni ailleurs, n'avait franchi complétement les bar-

(1) On ne saurait trop recommander à tous ceux qui s'intéressent à Lessing le livre classique de M. Adolphe Stahr : *Lessing, sein Leben und seine Werke* (Lessing, sa Vie et ses Œuvres). Berlin, Guttentag, 4ᵉ édition, 1868, qui a conquis en Allemagne une célébrité digne du grand champion de la liberté et de la vérité. M. Stahr, un des écrivains les plus distingués de l'Allemagne contemporaine, y raconte avec émotion la vie militante de son héros, et juge son œuvre avec une intelligence supérieure. Si Lessing est devenu populaire dans les familles et dans les gymnases allemands, il le doit en grande partie à cette biographie, chef-d'œuvre de style, de pensée et de conviction.

rières de la nationalité. Herder, doué d'une
compréhension plus vaste et vraiment universelle, s'appliqua à saisir le génie de chaque
nation avec amour, avec passion ; le premier, il
conçut l'histoire comme le développement éternel de l'humanité, où chaque peuple n'est qu'un
acteur dans un drame sans fin ; le premier, il
conçut la poésie, non comme une invention
ingénieuse des âges civilisés, mais comme la
langue maternelle des peuples ; le premier il pro-
nonça cette parole féconde : la vraie poésie, c'est
la poésie primitive ; le premier, il osa dire aux
poètes : prêtez l'oreille aux chants populaires de
toutes les nations, voilà vos maîtres ; le premier,
il fit entendre au monde ravi ces *voix des peuples*,
voix magiques, voix immortelles si longtemps
oubliées. Homère, la Bible, Shakspeare et les
chants populaires, tels étaient les modèles dont
il célébra les beautés victorieuses avec un enthousiasme prophétique. C'était frayer aussi
large que possible le grand et beau chemin qui
conduit à la nature, à la simplicité. C'était plus
qu'une grande découverte, c'était une grande
action, qui ne demandait rien moins que le
courage du génie. Nous ne tarderons pas à voir
qu'elle eut sur le développement de la poésie
lyrique une influence incalculable.

Dans ce mouvement révolutionnaire qui entraînait alors toute la jeunesse, on peut distinguer

quelques grands courants d'idées, qui renouve-
lèrent l'art tout entier. D'abord, l'idée mère de la
philosophie et de l'esthétique herdérienne, l'idée
de l'humanité une, solidaire, fraternelle et indé-
finiment perfectible. Quelle vision éblouissante
pour l'œil du penseur et du poète! Toutes ces
nations jusqu'alors séparées, ennemies, entre-
choquées pêle-mêle, à travers les siècles, dans
la haine et le sang, ralliées soudain comme des
sœurs héroïques sous le signe vainqueur de
l'esprit humain; l'Inde rêveuse et panthéiste,
la Grèce amante du beau, Rome conquérante,
Germains et Gaulois se donnant la main et se
léguant de siècle en siècle la pensée religieuse
et poétique. Devant ce spectacle, les barrières
qui séparaient les peuples devaient tomber
comme sous une baguette magique. L'histoire
avait un sens nouveau : le progrès; l'humanité
un but sublime : l'union de ses forces; l'enthousiasme une flamme plus divine pour se raviver : la fraternité universelle. Était-ce autre
chose au fond que la justification philosophique
du rêve céleste de Jésus?

Cette idée plus large de l'humanité devait en-
fanter un idéal plus grand de l'homme. Jusqu'alors l'individu s'était développé dans un
sens exclusif; il apprenait son métier et se
moquait du reste. On était soldat, courtisan,
avocat, médecin, savant peut-être, on ne son-

geait pas à être homme. Le poète, le philosophe
même, qui par nature devraient s'élever plus
haut, ne sortaient que rarement de l'ornière du
métier. Mais maintenant qu'on connaissait
l'humanité sous tant de faces, maintenant qu'on
la vénérait dans Socrate aussi bien que dans
Jésus, dans Brutus comme dans les martyrs
chrétiens, dans les vertus antiques comme dans
les vertus modernes, maintenant on rêvait
l'homme complet. Devenir fort, nager, patiner,
faire les armes, déclamer, chanter, aimer la
musique et la poésie, tout savoir et tout comprendre, tout cela devait entrer dans l'éducation. Autrefois on ne songeait qu'à développer
un talent pour exceller dans son métier et l'on
devenait une machine ; maintenant on aspirait
à développer harmonieusement toutes les facultés. Le but de l'éducation n'était plus le
métier, mais l'épanouissement de l'homme lui-
même, jouissant de la plénitude de son être dans
l'équilibre de ses forces.

Ceux qui pensaient aussi grandement de
l'humanité et de l'homme devaient penser plus
noblement aussi de la poésie et du poète. Qu'était-
ce que la poésie au dix-septième siècle? Un
talent de bonne société fait pour distraire les
rois et leurs courtisans, la rhétorique savante
des belles passions, des sentiments convenables
et de la religion officielle. Qu'on était loin dé-

sormais de cette mesquine invention ! La poésie
était devenue une faculté primordiale de l'homme
et l'expression la plus libre du génie des nations.
Elle ne parlait plus seulement dans les palais,
elle chantait dans les chaumières ; elle n'éclatait
pas seulement chez les peuples civilisés, elle
élevait sa voix à l'origine des civilisations,
grave, sublime, religieuse. On prêtait l'oreille à
ces mille accents qui partaient de tous les
siècles et de tous les points du globe. Que de
voix étranges, profondes, émouvantes ! Quelle
richesse et quelle grandiose unité dans cette
symphonie ! C'était le chant éternel de l'âme,
toujours le même et toujours nouveau. La sainte
poésie devenait ainsi une rivale de la religion,
car elle exprimait, comme sa sœur aînée, les
aspirations éternelles de l'homme. La religion,
pensait-on, se donne pour une révélation de
Dieu. Soit ; mais la poésie l'est-elle moins ?
N'est-elle pas la révélation de tout ce qu'il y a
de divin dans l'âme humaine ?

Et le poète enfin, comme il avait grandi !
Prêtre d'une telle religion, n'avait-il pas mission
de redevenir ce qu'avaient été les sages, les
devins, les prophètes des âges primitifs ? Sans
doute, la simplicité des temps héroïques avait
disparu, la société était divisée en une foule de
cadres étroits et partout l'homme étouffait dans
son métier. Mais cela même rendait le poète

nécessaire. A lui de retrouver sous les déguise-
ments de la mode, sous les draperies théâtrales
d'une société hypocrite l'homme primitif, puissant, énergique, entier, dans l'infinie variété de
ses types; à lui de créer dans sa propre personne l'homme complet; à lui de retrouver dans
ses frères les traits mutilés de l'idéal; à lui
enfin de donner une voix à tous ceux qui ont
une âme et qui ne peuvent parler, dont le seul
langage est un éternel et vague désir; à lui de
nous faire sentir l'harmonie de tout ce qui vit
et respire.

Voilà les idées qui fermentaient dans toutes
les têtes jeunes et ardentes aux environs de
l'année 1760. On ne les formulait pas, on les
pressentait; elles nageaient dans l'air. Plus elles
étaient vagues et plus elles semblaient immenses,
plus elles agitaient les esprits. La nouvelle génération se livrait sans crainte à une exaltation
folle, à des espérances sans bornes. Elle ne
savait pas ce qui allait venir, mais elle s'attendait à quelque chose de nouveau, d'inouï, de
magnifique. Le mot d'ordre était : la nature; et
l'on se jetait avec soif dans tous les torrents de
la passion. L'amitié, l'amour, le patriotisme, la
religion, tout devenait une ivresse, un délire.
Tantôt on était sensible à l'excès, on se pâmait
dans les larmes; puis on devenait cru, brutal,
d'une sensualité fougueuse et cynique. On tres-

saillait de joie en jetant aux orties le froc de l'hypocrisie, on chantait victoire en brisant les chaînes de la mode et des convenances. C'est la période des *génies originaux* (ils se donnèrent eux-mêmes ce nom), la période de tourmente et de mouvement (*Sturm und Drangperiode*). Au premier rang de cette phalange nous voyons Lenz, Klinger, le peintre Müller, Basedow, les frères Stolberg et pour un temps Jacobi, Lavater et Goethe. On ne soupçonne plus aujourd'hui les folles extravagances et les ambitions tumultueuses de cette jeunesse. Les philistins les prenaient pour des fous; quelques-uns le devinrent en effet comme Lenz; d'autres comme Stolberg finirent par faire pénitence et rentrèrent dans le giron de l'Église catholique. Un seul d'entre eux mit en œuvre les rêves les plus audacieux dont ils s'étaient bercés, et réalisa enfin par la force d'un génie exubérant et d'une volonté titanesque, cet idéal du poète que ses amis entrevoyaient de loin. Ce fut Wolfgang Goethe.

Je suis l'oiseau, le gai chanteur
    De la forêt immense,
Le chant qui jaillit de mon cœur
    Voilà ma récompense !
        Ballade du chanteur.

—

Sa grandeur fut d'être une nature
véridique.
                    Carlyle.

VIII

GOETHE

Le tempérament de Goethe se trahit surtout dans son lyrisme. — L'enfant prodige. — Merveilleuse éducation poétique. — L'étudiant de Leipzig. — Le novateur de Strasbourg. — Révélations : Shakspeare, Herder et Frédérique. — L'idylle de Sesenheim. — Éclosion du poète ; son lyrisme déborde. — Retour à Francfort. — L'ivresse du génie. — Le nouveau Prométhée. — Weimar, l'apaisement, apogée de son lyrisme. — Les Ballades : la Violette, le Pêcheur, le Chanteur. — Beauté du lyrisme de Goethe, sa vérité, sa musique. — Son Lied est le Volkslied transfiguré.

L'Allemagne cherchait son génie; Goethe le lui révéla. Ce n'est pas en vain que deux mille ans de culture avaient passé sur elle, le fils du patricien de Francfort en hérita. L'antique et sérieuse Germanie, la chevalerie mystique du moyen âge, la Réforme, la Renaissance et la philosophie moderne lui soufflèrent leur esprit et trempèrent le poète prédestiné de leur baptême

de feu. Fort de ces voix intérieures, il put dire
à sa patrie : Tu ne connais pas ton âme et je
vais te la montrer. Il ne le fit pas en théories
abstraites, mais en œuvres vivantes ; c'est ainsi
que, poète lyrique, il ressuscita le vrai Lied.

Je ne parlerai point ici du poète épique, du
romancier, du dramaturge, du naturaliste et du
penseur, car Goethe fut tout cela et plus encore,
j'entends un homme dans la force du terme.
He was a man, comme dit Shakspeare, l'homme
complet de Térence, à qui rien d'humain n'est
étranger, une organisation infiniment active et
profondément harmonieuse. C'est du poète lyrique seulement que je veux tracer une rapide esquisse, et cependant ce sera lui tout entier, car il
y a cela d'admirable chez tous les hommes com-
plets : leur activité est multiple, mais ils sont
tout entiers dans tout ce qu'ils disent et dans
tout ce qu'ils font.

On connaît en France la grandeur du romancier et du dramaturge, mais comment sentir
la puissance du premier lyrique de l'Allemagne,
quand la vibration même de son âme nous
échappe avec la musique de son idiome ? Le
lyrisme de Goethe est resté jusqu'à ce jour lettre
close pour nous, puisque aucune traduction
n'a pu nous donner un écho lointain de sa
magie. L'ignorer, c'est ignorer le fond même de
cette grande et simple nature, qui se révèle le

plus spontanément dans son œuvre lyrique. Tous n'ont pas connu le Goethe intime ; beaucoup n'ont vu que le ministre et le philosophe ; madame de Staël elle-même est du nombre. Ceux-là seuls qui ont joui de sa confiance entière, les Schiller, les Herder, les Eckermann, ont connu cette excessive impressionnabilité, cette chaleur d'âme et cette richesse de sentiment, qui se traduit dans ses poésies et qu'il cachait dans la vie de tous les jours sous un calme olympien. On peut se perdre dans ces mille poèmes, petits et grands. Tous les genres y abondent ou plutôt, chaque poésie est un genre nouveau. Depuis les simples chants d'amour jusqu'aux hymnes panthéistes sur Dieu et le monde, depuis les chansons à boire jusqu'à l'élégie passionnée, depuis la légende naïve jusqu'à la ballade philosophique, depuis les refrains frondeurs d'un étudiant en vacance jusqu'aux paroles orphiques d'un sage indo-européen ; il a tout senti, tout vécu, tout chanté. Montrer comment l'étudiant de Leipzig, le jeune homme fougueux de Strasbourg, le héros de Weimar, l'amant de l'Italie et de la Grèce, le naturaliste, le philosophe et le cosmopolite se réfléchissent dans l'œuvre lyrique de Goethe, ce serait là le sujet de tout un livre. Qu'il nous suffise d'indiquer ici les phases principales de son développement, et surtout montrons en lui le disciple de la chanson populaire, l'éveilleur du vrai Lied.

Le don poétique se trahit de très bonne heure chez Goethe avec une grâce spontanée, ravissante, irrésistible. On a raconté plus d'une fois qu'une muse s'approcha du berceau d'un poète, se pencha sur lui avec un sourire passionné et imprima sur sa bouche un baiser de feu..De là, ce parfum d'ambroisie qui reste sur ses lèvres et ce désir du ciel qui le brûle au cœur jusqu'au dernier soupir. Cette fable riante fut la vérité pure pour Goethe. La muse charmante qui veilla sur son enfance fut sa mère. Oui, la jeune, l'aimable, la gaie *madame la conseillère* fut une muse pour ce favori des dieux. Elle avait dix-huit ans quand son fils vint au monde, et bientôt la jeune mère de jouer, de rire et de chanter avec son enfant du matin au soir. « Moi et mon Wolfgang, disait-elle encore plus tard, nous avons toujours fait cause commune. » Et quoi de plus délicieux pour un enfant à l'imagination ardente que cette mère, encore jeune fille d'âme et de visage, à la fois sérieuse et enjouée, enthousiaste et perspicace et d'une inaltérable bonne humeur. « C'est d'elle, dit-il, que j'ai hérité l'amour de conter (1). » Dès l'âge

---

(1) *Die Lust zum fabuliren*, veut dire proprement : la passion d'inventer des fables, à perte de vue, au gré d'une imagination sans frein.

de quatre ans elle le berça de contes de fées, où l'air, le feu, l'eau et la terre apparaissaient sous la forme de belles princesses. La mère s'amusait; mais l'enfant, tout palpitant sur ses genoux, l'écoutait les yeux grands ouverts, avec un profond sérieux. « N'est-ce pas, mère, s'écriait-il quelquefois, la princesse n'épousera pas le maudit tailleur, si même il assomme le géant? » Alors, la mère malicieuse coupait court à son récit et remettait au lendemain la catastrophe. Mais l'histoire travaillait dans cette petite tête, il en rêvait la nuit, et le lendemain il n'avait de repos, qu'il n'eût marié la princesse à son favori. Il confiait le dénoûment à sa grand'mère sous le sceau du secret; celle-ci le racontait en souriant à la mère et, quand venait le soir, l'enfant voyait se réaliser avec des cris de joie ses espérances les plus hardies. On le voit, les muses elles-mêmes n'auraient pas mieux élevé le poète.

Goethe enfant est dévoré du double désir d'apprendre et de produire. Son individualité poétique se manifeste déjà avec une singulière énergie. A sept ans, il invente un culte particulier à la divinité et lui élève un autel mystérieux dans sa chambre; à onze ans, il pénètre dans les coulisses du théâtre français de Francfort avec un jeune homme de la troupe, et broche une tragédie française. A douze ans, il

compose un poème biblique sur Joseph et une
série d'odes religieuses. A quatorze ans, il
tombe amoureux de la petite Gretchen et la
séparation forcée qui termine ce roman lui
cause un violent désespoir. Pour la première
fois, il sent une douleur réelle et cette douleur
le transforme. Jusqu'alors, l'enfant précoce
n'avait fait que jouer avec la poésie; ici, le
cœur est atteint et cherche une expression,
mais, chose étrange, pour la première fois la
parole lui manque. L'émotion est trop forte;
l'adolescent, interdit devant le mystère de
l'amour, reste plongé dans une noire mélancolie
et dans une méditation profonde.

A Leipzig, le jeune étudiant en droit fait son
entrée dans le monde, le poète tâtonne encore
et cherche sa voie. Il arrivait plein d'illusions
sur les grands hommes du temps et les croyait
sur parole, quand ils s'appelaient entre eux les
Virgile, les Horace ou les Homère de leur
siècle. Il fut bien vite détrompé. Sa visite à
Gottsched lui enleva ses plus belles illusions.
Un domestique l'introduit dans l'antichambre
du Boileau de l'Allemagne et lui montre la
porte du cabinet, pour lui signifier que le
grand homme allait paraître à l'instant. Goethe
s'imagine qu'on l'invite à entrer; il ouvre la
porte et voit l'immense Gottsched debout, sa tête
chauve complétement nue. Le domestique était

en train de lui apporter sa magnifique perruque poudrée. Gottsched la prit gravement d'une main, tandis que de l'autre il allongeait un soufflet au valet maladroit, plaça majestueusement sa perruque sur sa tête, puis sans se déconcerter fit signe à Goethe de s'asseoir, et commença gravement un long discours. La plupart des poètes du temps ressemblaient à ce professeur; avant de prendre la parole, ils s'affublaient de la perruque classique. Le jeune étudiant se le tint pour dit, et c'en fut fait de son admiration. Il ne suivit pas régulièrement non plus le *Collegium philosophicum et mathematicum*, trouvant fort singulier qu'un philosophe vous enseignât à faire en trois temps ce que l'on savait faire en un seul. Par contre, il alla beaucoup dans le monde. Il s'attacha surtout à madame Boehme, femme d'esprit, et lui montra ses premiers essais poétiques. Elle ne lui cacha point qu'ils ne valaient rien, parce qu'ils manquaient de nature. Cela le découragea beaucoup, il brûla toutes ses paperasses et jura de ne plus briguer la faveur des muses. Mais voilà qu'il fait la connaissance de Kaetchen, la fille de son hôte; elle lui sourit, il prend feu et le voilà plus poète que jamais. Goethe, âgé de dix-sept ans, était alors le plus fantasque et le plus inconstant des rêveurs. Avec ses amis, il passait subitement d'une fierté hautaine à un abandon passionné; fou de

gaîté pour un jour, il tombait le lendemain dans
une mélancolie profonde ; des semaines entières
il courait bals, fêtes et soirées, puis il dispa-
raissait, s'égarait dans la campagne et cherchait
des chansons dans les harmonies de la forêt.
Éperdument amoureux de Kaetchen, aimé d'elle,
il la tourmenta par des accès de jalousie folle.
Souvent elle fondait en larmes à ses reproches
injustes et alors il lui demandait pardon à genoux. Un jour qu'il traversait un bois favori, il
aperçut son propre nom taillé dans un arbre et
un peu plus haut celui de Kaetchen et se souvint
qu'il les y avait gravés lui-même. On était au
printemps ; la séve affluait sous l'écorce et jaillissait en gouttes étincelantes par le nom de Kaetchen, tandis que les entailles de son propre nom
déjà cicatrisées, étaient restées sèches ; si bien,
dit-il, qu'elle semblait verser des larmes sur ma
froideur et mon insensibilité. Des larmes véritables lui vinrent aux yeux ; ému jusqu'au fond de
l'âme par ce spectacle, il composa une idylle où
il peignait son injustice criante et la douceur
angélique de sa victime, comme pour se soulager
de ses remords et obtenir son pardon. Mais il
était trop tard. Kaetchen froissée, blessée au
cœur ,ne l'aimait plus.

J'ai rapporté cette aventure parce que le futur
poète s'y révèle avec sa profonde et naïve sensibilité. Déjà il ne cherche plus la poésie en de-

hors de lui, il la trouve au fond de lui-même,
dans sa vie, dans son histoire. « Ainsi, dit-il,
dans son autobiographie, j'entrai dans une voie
dont je ne pus m'écarter pendant toute ma vie,
je pris l'habitude de transformer en image, en
poème ce·qui me réjouissait, ce qui me tourmen-
tait ou me préoccupait en quelque façon, afin
d'en finir avec moi-même sur ce point, et tout
autant pour rectifier mes idées sur les choses
extérieures, que pour m'apaiser au dedans de
moi. Personne n'avait plus besoin de ce don que
moi ; car ma nature me jetait sans cesse d'un
extrême dans l'autre. Mes œuvres ne sont ainsi
que les fragments d'une grande confession. »
C'est là le vrai Goethe. A Leipzig il se débat
toujours contre le joug de la mode. Le jeune
homme n'est pas encore libre, il ne se connaît
pas tout entier, il se préoccupe de l'opinion publique, il cède à des mouvements de vanité, il se
compose son maintien comme les autres, parce
qu'il ne sait pas encore que le fond de sa nature
est l'indépendance absolue, une franchise pleine
de fierté et une sympathie généreuse pour les
autres. De là les incertitudes du poète. Çà et là
son puissant naturel saillit à l'improviste, mais
en somme ses chants ne coulent pas encore de
source, on y sent trop la réflexion et l'influence
des premiers modèles. Mais bientôt il va s'en
affranchir ; le plus grand travail du génie c'est

de découvrir sa propre nature; cela fait, il est libre et maître de sa destinée.

C'est à Strasbourg que Goethe, âgé de vingt ans, eut la révélation de son génie. Il y tomba dans un cercle de jeunes gens pleins d'ardeur et d'indépendance, prêts, comme lui, à rompre en visière avec les préjugés de la société, à penser et à vivre à leur façon. Là, le jeune poète, au front olympien, au regard d'Apollon, à l'âme prométhéenne, respirait à l'aise; là, il se sentait libre et roi. A l'aspect de la gigantesque cathédrale, un peuple vivant lui apparut dans ce peuple de pierre; la Germanie du moyen âge se dressa tout à coup devant lui, avec sa foi imposante, ses légendes, ses armées de saints et de martyrs. Puis il lut Shakspeare; révélation plus grande encore. Jamais poète ne l'avait si fortement saisi. Son cher William devint son Dieu. Il faut l'entendre parler à ses amis de sa découverte. Le discours qu'il leur tint à cette occasion nous a été conservé. Ce n'est pas une étude littéraire, c'est un dithyrambe en l'honneur de Shakspeare. « N'attendez pas un discours en règle, s'écrie-t-il, le repos de l'âme n'est pas un vêtement de fête. Jusqu'ici, je n'ai rien pensé sur Shakspeare; — deviner, pressentir en mes plus belles heures, voilà le comble de mes efforts. La première page de lui que j'ai lue, m'a fait sien pour la vie; et quand j'eus achevé la première pièce, j'étais là comme un aveugle-né, auquel une main miraculeuse a rendu tout à coup la vue. Comme par une vive illumination, je sentis mon existence s'élargir de tout un infini, — tout me semblait nouveau, inconnu, et cette lumière inusitée me faisait mal aux yeux... La plupart des gens sont choqués par ses caractères. Mais moi je vous dis : Nature, nature ! rien de plus nature que les hommes de Shakspeare. » Ce cri devint le mot d'ordre de la nouvelle école. La fin est une déclaration de guerre à la vieille littérature du bon goût : « Debout, mes amis, d'un coup de trompette chassez-moi toutes les âmes nobles de l'Elysée du soi-disant bon goût où elles végètent, lourdes de sommeil dans le crépuscule de l'ennui, sans savoir si elles sont ou ne sont pas. Hors d'ici, disons leur, au grand air ! Vous avez des passions dans le cœur et pas de moelle dans les os ; vous n'êtes pas assez las pour vous reposer, mais vous êtes trop paresseux pour agir et vous flânez en bâillant à l'ombre des myrtes et des lauriers. » On aime à se représenter l'auteur de *Goetz de Berlichingen* parlant ainsi à ses amis sur la plate-forme de la cathédrale de Strasbourg, au dessus de la verte Alsace, en face de l'Allemagne et de la France, aux rayons pourpres du soleil couchant et au joyeux cliquetis des coupes vertes où pétillait le vin du Rhin.

La grande ombre de Shakspeare eût suffi à
réveiller un poète tel que Goethe. Un vivant se
chargea de faire tomber les dernières écailles de
ses yeux. Ce fut Herder. Il avait cinq ans de
plus que son jeune ami. Celui-ci cherchait
encore sa voie, tandis que Herder, grand critique, versé dans toutes les littératures anciennes
et modernes, savait clairement où il allait et
portait en toute matière un jugement sûr. Il
s'attacha à Goethe par ce besoin énergique
qu'ont les hommes nouveaux de communiquer
leurs idées, de féconder les jeunes intelligences.
Goethe l'accepta pour guide, l'aima comme un
maître tout en le redoutant, et supporta avec
une patience stoïque, les sarcasmes que cet
homme nerveux et irritable ne lui épargnait
point. Il ferma les yeux aux côtés mesquins de
son caractère et ne voulut voir que la grandeur
de son esprit. L'Allemagne s'en félicita plus
tard, car jamais contact entre futurs grands
hommes ne fut plus fécond. Herder ramena
Goethe à la nature, à la simplicité, à la source
éternelle de la grande poésie : au peuple. Il souleva à ses yeux le voile qui couvrait la pauvreté
de la littérature allemande contemporaine. Il
lui fit connaître Hamann, Ossian, Goldsmith,
Swift. Il lui montra dans la Bible un témoignage éclatant de cette vérité : « que la poésie
est un don répandu dans le monde entier, un

don des peuples et non l'héritage privé de quelques hommes d'une culture raffinée. » Enfin, quand Goethe lui fit part de quelques essais lyriques, il le renvoya à la chanson populaire que tout le monde méprisait alors, mais qui renfermait, selon lui, des trésors de poésie. Laissez-là Klopstock, Hagedorn et Gellert, lui dit-il, allez dans les campagnes, épiez les chants des paysans et des paysannes, et cette poésie-là vous fera oublier celle des livres. Le jeune révolutionnaire en poésie ne demandait pas mieux. Il s'empara avec avidité des chants populaires que lui communiqua Herder, il en recueillit lui-même dans ses nombreuses excursions à travers l'Alsace, il se berça de leur harmonie, se pénétra de leur esprit et y trouva le sentiment le plus vrai sous la forme la plus simple et la plus hardie. Dès lors, la muse populaire fut son maître bien-aimé.

Bientôt une passion aussi rapide qu'imprévue allait faire parler ce poète nouveau, dans une langue nouvelle, dans la langue riche et vibrante de son cœur et de son génie. Tout le monde connaît Frédérique Brion et l'idylle de Sesenheim, par le récit enchanteur qu'en a fait Goethe lui-même, dans *Fiction et Vérité*. On sait comment l'ami Weyland excita la curiosité de Goethe, en lui disant que la famille idéale du *Vicaire de Wakefield* existait en chair et en os au

presbytère de Sesenheim; on sait sous quel dé-
guisement Goethe se présenta chez le pasteur
Brion, en compagnie de son ami et les scènes
plaisantes qui en résultèrent; on se souvient
surtout de la champêtre et ravissante apparition
de Frédérique, qui, du premier coup, captiva
Goethe. Bonheur surprenant! dans cet obscur
intérieur d'un pasteur de campagne, le jeune
poète trouvait son idéal réalisé, surpassé. Le
roman se faisait vrai pour lui plaire; il marchait
et respirait en pleine poésie. Lui qui avait soif
de nature, de mœurs simples, de franchise et de
naïveté, se trouvait transporté comme par enchantement dans un petit paradis terrestre.
C'est là qu'il pouvait se laisser vivre à son gré,
jouer avec les enfants, égayer la famille sous la
tonnelle fleurie, par des contes de fées étour-
dissants, courir les champs avec Frédérique,
causer à cœur joie et se donner tout entier à
l'être le plus naïf et le plus pur qu'il eût rencontré sous le ciel. Car telle était Frédérique,
une enfant de la nature très simple et très ouverte, gracieuse, svelte et farouche, d'une franchise à toute épreuve et d'une inaltérable sérénité. Il retrouva dans sa bouche ces chansons
populaires qu'il aimait tant et qui, sans doute,
devenaient mille fois plus belles en passant par
le cœur et les lèvres de sa bien-aimée. Quand il
la vit pour la première fois, le père la força de se

mettre au piano. « Elle devait chanter un certain air sentimentalement triste et n'y réussit point du tout. Elle se leva et dit en souriant ou plutôt avec cette joie sereine toujours répandue sur son visage : Si je chante mal, je ne puis en donner la faute au clavecin et au maître d'école; mais attendez que nous soyons au grand air, alors vous entendrez mes chansonnettes d'Alsace et de Suisse, celles-là sonneront mieux. » D'un mot, elle avait conquis le poète. Le soir, on alla faire une promenade au clair de lune. «Weyland offrit le bras à l'aînée, moi à la cadette. Nous traversâmes ainsi bien des champs en fleurs, en regardant plutôt le ciel qui brillait au dessus de nos têtes, que la terre qui se perdait au large autour de nous..... Frédérique causait toujours avec plus d'abandon et moi je devenais toujours plus silencieux. C'était bien doux de l'écouter ainsi. Je n'entendais que sa voix, les traits de son visage flottaient dans le crépuscule comme le reste du monde; il me semblait que je voyais jusqu'au fond de son cœur, et je trouvais ce cœur bien pur, puisqu'il s'ouvrait devant moi dans la plus naïve causerie. » Déjà il sentait que ce cœur allait l'aimer et que le sien n'était plus libre.

A partir de ce jour, il revint souvent à Sesenheim et y resta parfois des semaines entières comme sous un charme, oubliant son doctorat, ses amis et le monde entier. Le dimanche, avant l'église, on allait se promener dans les prairies étincelantes de rosée. « Il y a des femmes, dit Goethe, qui plaisent surtout dans une chambre, d'autres qui sont plus belles au grand air ; Frédérique était du nombre. Son être et toute sa personne n'étaient jamais plus ravissants que quand elle voltigeait sur un sentier exhaussé ; la grâce de ses mouvements semblait rivaliser avec la terre fleurie et l'inaltérable sérénité de son visage avec le ciel bleu. » C'est sans doute dans une de ces heures divines où la vie se condense, où les moments contiennent des éternités, qu'est né le *Chant de mai*, cet hymne au printemps et à l'amour, où l'âme du jeune homme écume et déborde dans toute sa fierté.

La nature naissante
Resplendit tout en pleurs ;
O lumière éclatante,
O sourire des fleurs !

Sur les branches humides
Ont sailli les bourgeons,
Mille voix intrépides
Ont jailli des buissons.

Et la joie et l'ivresse
Vous jaillit hors du cœur,
O divine allégresse,
O jeunesse, ô bonheur !

Saison pure et dorée,
Chaud printemps de l'amour,
Douce aurore empourprée
Au lever d'un beau jour !

Tu bénis, tu parfumes
Tous les champs d'alentour,
Le ciel rit, le sol fume,
Tout veut naître à l'amour.

Belle enfant, noble fille,
Sens-tu battre ce cœur ?
Tu souris ! ton œil brille !
Elle m'aime ! ô bonheur !

L'alouette ravie
Boit l'éther immortel,
Et la fleur boit la vie
Boit l'eau fraîche du ciel ;

C'est ainsi que je t'aime
D'un élan généreux,
Tu me rends à moi-même,
A l'espoir valeureux.

Sois heureuse, sois belle
Sous ce ciel rayonnant,
D'une amour éternelle,
Vis éternellement ! (1)

Heureux ceux qui peuvent lire dans l'original
ce chant d'un rhythme entraînant. Il s'élance, il

(1) Composé par Beethoven. Op. 52.

bondit comme un torrent qui voit devant lui·
un océan de verdure à perte de vue, et qui
s'imaginerait que son voyage va durer une éternité, sans se douter qu'il atteindra la mer en
quelques journées. Goethe nageait dans l'éblouis-
sement du premier amour sérieux et profond.
Et tout à coup la source de lyrisme, si longtemps obstruée, jaillit des profondeurs de son
être, large, claire, fougueuse. Il composa pour
Frédérique une série de poésies sur des mélodies connues et les lui envoya. Elle les serra
pieusement dans un album, seul trésor qui
devait lui rester de ces jours lumineux, et
qu'elle conserva toute sa vie comme une relique
de son premier, de son seul amour. Une anno-
tation de sa main trahit la naïveté adorable, la
sainte fidélité de cette âme sans détour. A côté
d'une poésie où Goethe fait allusion à un arbre
dans l'écorce duquel il avait gravé son nom et
celui de Frédérique, elle écrivit en marge :
« Dans le bosquet des rossignols. » Elle vécut
de ces souvenirs. Goethe passa auprès d'elle
des instants d'une félicité si pure et si complète
qu'il ne les retrouva plus dans toute une vie de
gloire et de triomphes. A Strasbourg, il n'avait
guère de repos. Parfois le désir de revoir Frédérique le saisissait au milieu de la journée.
D'un bond il quittait la salle des cours, courait
faire seller un cheval, se jetait dessus, lui en-

fonçait les éperons dans les côtes et partait comme le vent. Il arrivait au presbytère à la nuit close, et quel triomphe quand Frédérique disait à l'oreille de sa sœur : « Ne l'avais-je pas dit? Le voilà! » Il a chanté ces revoirs délicieux et ces adieux émouvants.

SALUT ET ADIEU.

Mon cœur battait : vite à cheval !
Mon cœur l'a dit et je m'élance ;
Et dans son vol sombre et fatal
La nuit berçait la terre immense.

De noirs fantômes se dressaient,
Mais j'avais le courage à l'âme
Et mes artères bondissaient,
Mon jeune cœur était de flamme.

Et je te vis! et de tes yeux
Tombaient à doux flots la lumière,
Mon cœur plus vaste et plus joyeux
S'emplissait d'un divin mystère.

Sur ton front de grâce enchanté
Quel printemps rose, quelle aurore !
Et ta tendresse et ta bonté,
O dieux, la méritais-je encore?

Hélas ! aux premiers feux du jour
L'adieu nous jette sa détresse.
Ah ! dans tes baisers que d'amour !
Et dans tes yeux que de tristesse !

Ton regard humide et baissé
Me disait seul le mot suprême.
Pourtant quel bonheur d'être aimé,
Grands dieux ! quel bonheur quand on aime !

L'adieu définitif était plus proche qu'ils ne pensaient tous deux. Goethe et Frédérique s'étaient laissés entraîner sur la pente de leur amour sans songer à l'avenir. Sans doute le fils du patricien de Francfort aurait pu tenir tête aux préjugés de sa famille et épouser la fille du pasteur de Sesenheim ; et certes le grand cœur de Frédérique était digne de lui. Ce ne furent pas les obstacles extérieurs qui le retinrent. Mais il avait vingt et un ans, il entrait dans le monde, il se sentait du génie, il avait soif d'une liberté sans bornes et une voix plus forte que l'amour même lui criait de ne point se lier. Il y eut là une lutte douloureuse entre le plus profond des sentiments et l'instinct implacable du génie. Le génie en sortit vainqueur, il le fallait ; mais l'homme garda une blessure pour la vie, le remords d'avoir brisé le cœur le plus pur qu'il eût rencontré sur sa route. Terrible fatalité qui arrachait encore des soupirs à la poitrine du glorieux vieillard. Goethe ne dit que deux mots du dernier adieu, il glisse rapidement sur cette page déchirante de sa vie : « Je lui tendis encore la main du haut du cheval, elle avait les larmes aux yeux, et moi je me sentais très mal. » Il retourna à Francfort, le diplôme de docteur en droit dans sa poche et la tristesse dans l'âme. Un joyeux cercle de famille, de gais amis, une brillante société de femmes, des fêtes sans nombre l'attendaient. Mais il était sombre et tourmenté. Personne à Francfort ne l'aimait comme Frédérique, et il avait pu la quitter! Son image le poursuivait dans toutes ses promenades. C'est à elle qu'il songe dans le *Chant du soir du chasseur*.

> Le fusil prêt au feu, d'un pas lent et sauvage
> Je rôde aux champs silencieux,
> Et ton image alors, ta douce et chère image
> Flotte et resplendit à mes yeux.
>
> Tu traverses sans doute et paisible et bénie
> Des vallons riants et des bois,
> Et mon image, hélas! si vite évanouie,
> N'y songes-tu pas une fois?
>
> Moi qui suis mon chemin sans repos et sans trêve,
> Sans jamais pouvoir m'arrêter,
> Qui du nord au midi me traîne comme en rêve
> Puisqu'il a fallu te quitter!
>
> La lune en rayonnant vient rafraîchir le monde;
> Ainsi tu calmes tous mes sens.
> Je songe à toi : sitôt la douce paix m'inonde
> Et je ne sais ce que je sens.

Malgré l'élasticité de sa nature il resta longtemps encore sous ce charme douloureux qu'il appelle « volupté de la tristesse ». Sa muse seule le consolait, et ses chants d'une mélancolie suave ne sont que le trop plein de son cœur. « Quand les autres hommes restent muets de douleur, dit-il dans *Torquato Tasso*, un dieu m'a donné de dire ce que je souffre. » Le souvenir de Frédérique lui revenait à de longs intervalles et la douce résignation de la pauvre délaissée avait quelque chose de profond et d'éternel qui réveillait l'amour endormi dans toute sa force. Alors il couvait ses larmes dans la solitude. Témoin ces vers qui en disent plus que beaucoup de strophes :

> Ne séchez pas, ne séchez pas
> Les pleurs d'un éternel amour !
> Ah! si je n'avais pas mes larmes
> Le monde serait un tombeau...
> Ne séchez pas, ne séchez pas
> Les pleurs d'un malheureux amour !

Il sort du plus profond de l'âme ce soupir à demi comprimé, il fait pressentir un abîme de souffrance. On le voit, lui aussi, l'Olympien, le favori des dieux savait aimer les larmes et se bercer de sa douleur. Mais elle était si intense et si concentrée qu'il s'en arrachait avec énergie pour n'y point succomber. Ce qui le relevait promptement, c'était sa vive sympathie pour les autres, sa soif insatiable de savoir et la conscience de sa mission.

Frédérique avait réveillé le grand lyrique. Au contact magnétique de ce cœur vierge, de cette âme libre, le jeune homme fougueux et fier s'était compris lui-même pour la première fois. Il avait trouvé instantanément et pour toujours cet accent vrai, cette mélodie de l'âme qu'il ne perdit plus. Les années suivantes furent sa période de *tourmente et d'orage*, comme on disait alors. La force créatrice se révèle à lui, tout à coup, impérieuse, souveraine, elle s'impose et réclame sa vie, elle l'envahit par torrents si bien qu'il en est effrayé. Sublime ivresse du génie qui dura quatre ans, pendant lesquels il fit cent projets gigantesques, écrivit deux chefs-d'œuvre : *Goetz* et *Werther*, sans compter les petits, et entrevit confusément *Egmont*, *Wilhelm-Meister*, *Faust*. Jamais il ne fut plus beau, plus superbe qu'à cette époque. Lorsqu'il entrait dans une auberge, les gens levaient la tête pour le regarder, lorsqu'il ouvrait la bouche dans un salon il en était le roi. Hommes, femmes, écrivains illustres, piétistes et incrédules subissaient son charme vainqueur. Personne ne lui résistait. Sa supériorité s'affichait si peu et rayonnait avec tant de force dans tout son être, que les plus jaloux trouvaient une douceur secrète à la proclamer et se sentaient comme grandis en le faisant. « Ce beau garçon de vingt-cinq ans, dit Heinse, auteur contemporain auquel il avait rendu visite, n'est que force et génie de la tête aux pieds, cœur débordant de sentiment, esprit de feu avec les ailes d'un aigle. » Quant a lui, il ne songeait guère à tous ces hommages ; il était absorbé par ses méditations sur l'art, sur la poésie, sur la religion ; il nourrissait au fond de sa pensée une révolte audacieuse contre la société de son temps ; il avait devant ses yeux une vision éclatante de l'humanité de l'avenir, libre et invincible. Il ressemble alors à un jeune Prométhée qui, fier de sa puissance créatrice, se rit de Zeus et s'écrie : Quelle race misérable que ta race humaine ; moi je vais la refaire à mon image, pour qu'elle puisse te renverser ! Il rêve un poème épique sur Ahasverus, un drame religieux sur Mahomet, Faust « bourdonne toujours dans sa tête comme une symphonie à mille voix. » En même temps il se plonge dans Platon, dans Sophocle, dans la Bible. Tout cela ne l'empêche pas de s'enivrer de trois ou quatre amours, et de respirer cet encens étourdissant, que les femmes ne manquent jamais de prodiguer à un jeune homme couronné de beauté et de génie. Et puis, comme pour échapper à cette atmosphère de feu, encore tout brûlant des voluptés terrestres, il se réfugie dans Spinoza, il s'élève aux âpres sommets de l'absolu, il glace son sang qui bouillonne dans les solitudes grandioses de l'*Éthique*, comme le voyageur dans les neiges éternelles des Alpes. Alors tout se calme en lui; il se dit : Malgré tout tu n'es rien dans l'infini. Contemple, comprends et résigne-toi.

Souvent aussi il cherchait le repos au grand air, sous le ciel, dans les montagnes. Il quittait sa ville natale à l'improviste et courait le pays plusieurs journées de suite, jusqu'à ce que la tourmente intérieure se fût calmée. Pendant qu'il marchait, poëmes, drames, chants lyriques, amours passés, présents et futurs, hommes réels et héros de roman, dansaient dans sa tête de folles sarabandes. Il avait beau leur dire de s'arrêter, la danse continuait de plus belle et ne pouvant rien fixer, pour passer le temps il chantait, à haute voix, des chansons étranges, d'un rhythme sauvage, qui d'elles-mêmes lui montaient aux lèvres. Il en a noté une qu'il fit pendant une tempête :

> Par la grêle et l'orage,
> Par la foudre et l'éclair,
> Par l'abîme sauvage,
> Par le ciel sombre ou clair,
> Par la neige et le vent,
> En avant! en avant!

Plutôt souffrir
Mille douleurs
Que de subir
Tant de bonheurs.
Oh ! les faiblesses
Qu'ont les cœurs pour les cœurs,
Que d'étranges tristesses
Dans leurs douceurs !

Où m'enfuirai-je ?
Où me perdrai-je ?
Tout est en vain.
Charme divin,
Sainte folie,
Foi de ma vie,
Règne à toujours,
Amour, amour !

Ces vers nous communiquent la sensation intime de sa vie orageuse. Les nuages tourbillonnent, le vent coupe le visage, la foudre gronde, de bleus vallons brillent à travers les déchirures des brouillards comme des asiles de paix et de félicité, et le voyageur avance toujours, il marche à des splendeurs nouvelles. Dans le rhythme saccadé, on entend le galop pressé de son cœur ; assailli de mille pensées, de mille amours, ce cœur impétueux ne s'assouvit que dans la lutte contre tous les éléments. Il voudrait échapper à sa destinée, mais c'est en vain ; il est forcé de revenir à son tourment, à sa joie éternelle, à l'amour.

Cette chanson, comme tant d'autres de Goethe, ressemble au vrai *Volkslied*. Comme lui elle reproduit par le rhythme et l'accent musical des vers, les mouvements spontanés de l'âme, qui se traduisent nécessairement par des mouvements analogues dans l'être physique. Toute la force communicative de la poésie est là. Sans doute, il y a entre les Lieds de Goethe et ceux du peuple, la même distance qu'il y a entre un esprit de premier ordre et une âme simple, entre un artiste accompli et un chanteur de village. Mais aussi bien, y a-t-il entre eux cette sympathie secrète, qui existe toujours entre le vrai génie et la vraie naïveté. Goethe est un improvisateur populaire, transporté dans les plus hautes sphères d'une société brillante et cultivée. Sa poésie coule de source, il répand ses vers à profusion, comme un magicien secoue des fleurs de sa manche. Ce qu'il raconte lui-même à ce sujet est extraordinaire. « Depuis quelques années, mon talent productif ne me quittait pas un instant; ce que je voyais le jour me revenait la nuit sous forme de rêves pleins de sens, et quand je rouvrais les yeux, le tout m'apparaissait comme un étonnant tableau. Ordinairement j'écrivais le tout de grand matin. Mais aussi le soir et très avant dans la nuit, au milieu de mes amis, quand le vin et la causerie surexcitaient les esprits vitaux, on pouvait me demander ce

qu'on voulait, pourvu que la circonstance eût
quelque caractère, j'étais prêt à improviser. » Et,
chose remarquable, ce poète inépuisable avait
horreur de se voir imprimé. C'est que Goethe
n'était pas poète sur le papier et dans son cabinet d'étude, il était poète parmi les hommes, à
toute heure de la vie, poète toujours vivant et
actif. Il aimait à communiquer ses chants à ses
amis par le verbe inspiré, par la voix vibrante,
en l'accompagnant du geste et du regard. Il
étouffait dans la poussière savante d'un cercle
de pédants ; mais lorsqu'il descendait le Rhin en
barque à voile, avec Jacobi et Lavater, quand
châteaux, rochers et villages défilaient sous leurs
yeux et que le soleil du haut d'un ciel bleu faisait
danser mille étoiles sur le fleuve écumant qui les
emportait dans un mugissement de joie, alors
les strophes hardies se pressaient sur ses lèvres.
Parlait-on de religion et Jacobi voulait-il lui
imposer son idée de la divinité, aussitôt il se
sentait devenir Prométhée en face du dieu pi-
toyable des théologiens et il récitait la fameuse
apostrophe de son Prométhée à Zeus :

> Recouvre ton ciel, ô Zeus,
> De ta fumée de nuages.
> Use ta force, comme un enfant
> Qui décapite des pavots,
> Contre les chênes et la cime des montagnes.

Ma terre ferme,
Il faut me la laisser,
Et ma hutte que tu n'as point bâtie,
Et dont la flamme
Te fait envie.

Je ne connais rien de plus misérable
Sous le soleil, que vous autres dieux.
Vous nourrissez péniblement
Votre majesté
D'hécatombes
Et du souffle des prières,
Et vous auriez faim
Si des enfants et des mendiants
N'étaient des fous pleins d'espérance.

Quand j'étais un enfant,
Quand je ne savais où entrer, où sortir,
J'élevai mes regards égarés
Vers le soleil, comme s'il y avait au dessus
Une oreille pour entendre ma plainte,
Un cœur comme le mien
Pour avoir pitié des malheureux.

Qui m'a secouru contre la superbe des Titans?
Qui m'a sauvé de la mort
Et de l'esclavage?
N'as-tu pas tout accompli,
Feu sacré de mon cœur?
N'as-tu pas brûlé jeune et généreux
L'encens de tes actions de grâce
A celui qui dort là-haut?

Moi t'honorer? Pourquoi?
As-tu jamais adouci mes souffrances
Dans l'affliction?
As-tu jamais apaisé mes larmes
Dans l'inquiétude?

N'est-ce pas le Temps, ce forgeron tout-puissant,
Qui m'a fait homme,
Et l'éternel destin,
Mes maîtres et les tiens?

T'imaginais-tu par hasard
Que je devais haïr la vie,
M'enfuir dans un désert,
Parce que n'ont pas mûri
Tous mes rêves de jeunesse?

Non. Me voici sur mon sol, je pétris des hommes
A mon image,
Une race qui me ressemble,
Prête à souffrir, prête à pleurer,
A jouir, à s'enivrer de joie
Et à te mépriser
Comme moi!

Ses amis admiraient avec une sorte d'effroi
cette ode d'un panthéisme titanesque, où l'on
sentait à la fois le disciple d'Eschyle et de Spinoza. Ils voyaient bien que ce Prométhée c'était
Goethe lui-même, debout devant eux, les pru-
nelles dilatées, beau comme Lucifer. Dans ces
odes-là il était bien loin de la chanson populaire.

C'est l'homme de l'avenir qui parlait alors par sa bouche dans une langue de feu. Mais entendait-on sur les bords du fleuve, dans quelque village, les joyeux accents de la danse, aussitôt Goethe, avec sa merveilleuse élasticité, redevenait le gai compagnon. Abordons! criait-il à ses amis, et tout en s'acheminant vers le préau où dansaient paysans et paysannes il fredonnait lestement :

> Je cours sans flûte et sans musette
> A travers champs, à travers bois.
> Je siffle au vent ma chansonnette
> Plus amoureuse qu'un hautbois.
> Et sur mon rhythme et ma mesure
> Tout danse et tourne, tout murmure,
> Tout marche aux accents de ma voix.
>
> Et quand je trouve la jeunesse,
> Au printemps sous le vieil ormeau,
> Sitôt je chasse sa paresse,
> Je souffle un air sur un roseau.
> Le gars timide se pavane
> Et tourne Suzette et Suzanne
> Aux soupirs de mon chalumeau.

C'est ainsi qu'il mettait sans cesse sa poésie en action. Rêver dans la solitude ne lui suffisait pas. Il avait besoin d'agir, de vaincre les âmes rebelles, de les enthousiasmer et de les faire vibrer à l'unisson de la sienne. C'était la seule gloire dont il fût fier.

Les premières années de Weimar furent pour Goethe une série de triomphes. L'ami de Charles-Auguste parut comme un dieu à la cour et y conquit, par son ascendant, une position exceptionnelle qui sauvegardait sa liberté. Il commença par lâcher encore une fois la bride à la fantaisie sauvage du génie qui se sent maître des cœurs et règne sur les imaginations en monarque absolu. Mais après six mois d'escapades de tout genre avec le duc, de fêtes, de succès et d'enivrements, il se concentre sur lui-même avec une énergie plus grande. Il commence *Egmont, Wilhelm Meister, Iphigénie*. Le poète lyrique n'est pas oisif non plus. Mais il ne parle que par intervalles, quand une émotion s'impose, ou qu'un sentiment fugitif se cristallise. Un soir il écrit quelques vers au crayon sur la cloison de bois d'une petite hutte à Ilmenau, où le regard embrasse un vaste horizon de montagnes. Cette bluette est restée un chef-d'œuvre ; chaque vers chante, chaque mot peint. Ces huit vers sont à à la fois un paysage complet et une mélodie achevée. Malheureusement ici, moins que jamais, la traduction peut rendre l'original :

> Sur les cimes imposantes
> Paix et mort ;
> Dans les forêts frémissantes
> Tout s'endort.

Plus un souffle, plus un soupir...
Petit oiseau se tait dans les feuillages,
O cœur! ô calme tes orages!...
Car bientôt ta paix va venir.

Calme du soir, apaisement du désir dans le
silence de la forêt, résolution suprême de toutes
les dissonnances dans l'accord parfait de la
nature, panthéisme naïf et grandiose d'une âme
qui se sent une avec le monde; toutes ces pensées ne sont pas exprimées dans le *Chant du
soir du voyageur*, mais on les entend chanter
comme les voix confuses d'une douce symphonie.

Plus que jamais à ce moment de sa vie,
Goethe éprouvait la solitude du génie. Tandis
que tout Weimar l'appelait à ses fêtes, le poète
s'isolait de plus en plus et passait des semaines
dans sa maison du parc, au bord de l'Ilm,
plongé dans l'étude des plantes et dans ses travaux poétiques. La seule femme qu'il aimait
sérieusement, éperdûment, madame de Stein, le
tenait à distance tout en acceptant ses hommages. Ce sentiment d'une solitude profonde
au milieu de la richesse débordante du cœur et
de l'esprit, a trouvé son expression dans un des
plus beaux chants de Goethe, qui peut être considéré comme l'apogée de son lyrisme dans le
genre du Lied. Il fait nuit; le poète a quitté sa
maison de campagne et suit la vallée de l'Ilm;

perdu dans ses pensées, il repasse sa vie dans
sa mémoire ; dans l'obscurité profonde, il sent
avec plus d'intensité la grandeur des désirs et
le néant du bonheur. Avoir eu tant d'amour,
avoir été tant aimé, et pourtant quelle solitude !
A ce moment la lune monte derrière les arbres
et verse sur les prés vaporeux son étrange
magie. Soulagé par cette lumière discrète, le
poète s'adresse tout naturellement à l'astre
bienfaisant :

A LA LUNE.

Oui, remplis bocage et vallée
De vapeurs doucement.
Mon âme à ta lumière aimée
Se rouvre entièrement.

Le calme rentre dans ma vie
Sous ton regard lointain,
Car tu reviens comme une amie
Sourire à mon destin.

J'entends la voix enchanteresse
De mes jours de bonheur ;
Entre la joie et la tristesse,
Va toujours, va, mon cœur.

O roule, roule, fleuve sombre,
Emporte mes beaux jours !
Passez comme les flots sans nombre,
Baisers, serments, amours.

Et pourtant le bonheur suprême
Un jour je le connus !
Depuis ce jour je souffre et j'aime,
Mon cœur n'en guérit plus !

Grondez sur vos rives fleuries,
Doux flots harmonieux,
Grondez ! mêlez vos mélodies
A mon chant douloureux !

Montez, par les nuits orageuses,
Débordez mugissants !
Caressez, vagues écumeuses,
Les bourgeons du printemps.

Heureux qui s'enfuit loin du monde,
Sans haine et sans dépit,
Heureux qui dans la nuit profonde
Presse une main d'ami.

Ce que l'esprit le plus sublime
N'a su, ni pressenti,
Au fond du cœur, étrange abîme,
S'éveille dans la nuit.

La mélodie suave de ce Lied vogue comme
une barque légère sur le lac mystérieux et in-
sondable de l'âme. Dans les deux premières
strophes, elle se détache d'un mouvement calme
et régulier. Un léger *crescendo* se fait sentir
dans la troisième avec « la voix enchanteresse
des jours de bonheur. » Bientôt la vague devient plus forte ; avec « les baisers, les serments,

les amours » le poète se berce déjà sur la haute
mer des passions. Un jour, un instant il y a
trouvé « le bonheur suprême » et cet instant
n'est plus revenu. N'importe! il y retourne
encore, il y retournera sans cesse sur cette
mer tumultueuse. Que les flots se gonflent! il
s'en réjouit. « Grondez sur vos rives fleuries,
doux flots harmonieux! » Qu'ils se dressent
jusqu'au ciel! il s'enivre de leur furie. « Montez
par les nuits orageuses, débordez mugissants! »
Il veut se laisser bercer au plus fort des orages
de la vie et dans le déchaînement de toutes les
passions, son cœur, encore maître de soi, se
gonfle d'une sauvage volupté. Mais du sein de
la tempête il aspire de nouveau à la paix. La
vague s'abaisse, le calme revient et le poète
dirige sa barque fragile vers le port de l'amitié.
C'est là qu'il retrouve un instant de félicité et
qu'il savoure avec son ami, dans le silence de la
nuit, les mystères les plus cachés de son être.

Je ne sais si Schubert, ou quelque autre grand
compositeur, a dignement mis en musique ce
Lied. Certes la musique pourrait seule en faire
jaillir tout ce qu'il contient. Elle seule pourrait
rendre la magie du clair de lune, et ce fleuve de
sentiments et de passions qui déborde de l'âme
du poète, se gonfle majestueusement et finit par
s'apaiser en un lac limpide où se réfléchit le
firmament.

C'est là le vrai Lied, tel qu'il existe partout
où la poésie est encore à l'état naturel. La
parole élastique se dilate sous la force du sentiment, se met à chanter d'elle-même et devient
mélodie, tandis que les harmonies variées du
rhythme et de la rime imitent les accords et les
appellent, pour ainsi dire, afin de les soutenir et
de les prolonger. Du reste, point d'amplification
rhétorique, mais l'expression pure et simple de
la pensée, comme dans le *Volkslied*. Sans doute
dans ces strophes *à la lune* le sentiment est plus
élevé, la pensée plus profonde, la langue plus
noble que dans les modestes refrains du peuple;
mais qu'on ne s'y trompe point, c'est la même
coupe, le même développement, le même génie.

On sait que le ciel d'Italie, ses marbres immortels, ses temples radieux et son peuple artiste
furent la plus éclatante révélation dans la vie
de Goethe. Il revint transformé; ce n'était plus
un Germain mais un Grec, ou plutôt l'homme
antique ressuscité. Ses *élégies romaines* en font
foi. Mais la muse du peuple, la simple muse
des campagnes, qui marche pieds nus dans
l'herbe mouillée, les cheveux au vent, une couronne de pervenches sur la tête, une marguerite
entre les doigts, cette muse-là était son premier
amour; il ne cessa d'y revenir. Une douce et
vieille mélodie, un regard de jeune fille, une
fleur au coin d'un bois, un rien tirait de ce vaste

esprit une chanson simple comme les refrains
du peuple. On sait que Goethe fut l'amant de
Christiane Vulpius longtemps avant de l'épouser, mais lorsqu'elle lui eut donné un fils, il la
reçut dans sa maison et la considéra comme sa
femme à partir de ce jour. Il célébra cet événement par une chansonnette.

TROUVÉE !

Dans la forêt profonde
J'allais tout à loisir,
Ne cherchant rien au monde,
Au gré de mon désir.

Je vis debout à l'ombre
Fleurette éclose au jour,
Ses beaux yeux d'un bleu sombre,
Deux étoiles d'amour.

J'étends la main vers elle ;
La fleur dit à ravir :
Quoi ! je suis jeune et belle
Et je devrais mourir !

Je sortis la fleurette
Du sol bien doucement,
Et portai la pauvrette
Dans mon jardin charmant.

J'y plantai la mignonne
Dans un endroit chéri ;
Toujours elle bourgeonne,
Toujours elle fleurit.

Ne dirait-on pas une chanson populaire? Elle en a le symbolisme discret. Le peuple n'aime pas à déflorer ses sentiments; plus ils ont de prix à ses yeux plus il les voile, et c'est par l'instinct du cœur que Goethe parle sa langue en ses heures d'intime expansion. Se sentir en harmonie avec les simples est une des joies les plus pures pour un grand esprit.

Jusqu'à l'âge le plus avancé il ne perdit pas ce don. Sans doute il fit vibrer successivement toutes les cordes de la lyre antique et moderne, il fut l'émule de Pindare, de Catulle et de Hafiz. Mais était-il fortement ébranlé, aussitôt il revenait au Lied. Il avait 79 ans quand mourut le grand duc Charles-Auguste, son ami de jeunesse, avec lequel il avait vécu dans une constante intimité. Ce fut un coup violent pour l'infatigable et indomptable vieillard. Il se retira à la campagne dans une solitude complète. Dans les trois strophes qu'il écrivit sous le coup de cette mort, on peut lire l'énergie de sa douleur et la majesté de sa résignation. Cette courte poésie est intitulée : *A la pleine lune qui se levait.* En réalité elle s'adresse à l'ami qu'il venait de perdre :

> Veux-tu t'en aller si vite?
> Tu brillais si près de moi!
> Tu te caches, tu me quittes,
> Me voilà bien loin de toi.

Mais tu sens que je suis triste ;
Tu reviens, bel astre d'or !
Tu me dis : Ne sois pas triste,
Loin de toi je t'aime encor.

Monte donc! suis ta carrière,
Monte et brille fièrement!
Souffre, ô mon cœur solitaire;
Splendide est le firmament.

Le poëte resté longtemps sans voix, croit retrouver l'image de l'ami dans l'astre magnifique qui monte lentement au ciel. Soudain le disque brillant disparaît derrière de sombres nuages. Une douleur poignante s'empare du vieillard, car cette éclipse subite lui rappelle l'adieu irrévocable. Mais voici que l'astre bien-aimé reparaît comme une étoile au bord de la nuée; c'est ainsi que l'ami à jamais perdu reparaît dans le souvenir; il grandit, il se transfigure et brille désormais d'une lumière immaculée. Le poëte salue avec des larmes de joie cette résurrection idéale et impose silence à sa douleur devant la splendeur du firmament. Que la forme est simple, que la pensée est vaste !

Il y a encore dans l'œuvre lyrique de Goethe un groupe de chefs-d'œuvre qui sont étroitement liés à la poésie populaire; je veux parler de ses ballades. Avant lui Bürger eut la gloire de reprendre la ballade des lèvres du peuple. Sa

Léonore et son *Chasseur sauvage* firent époque dans l'histoire de la poésie allemande. Et ce n'est pas un caprice romantique qui ramenait le monde à ces fictions, mais l'intuition vive de leur poésie exquise et de leur forme dramatique. Dans le *Lied*, le chanteur populaire donnait un libre cours à ses propres sentiments; dans la ballade, il appelait l'attention de son auditoire sur un événement extraordinaire, saisissant, digne d'horreur ou d'admiration, en cherchant à lui communiquer le sentiment que lui inspirait cette histoire; et pour cela il fallait un récit coloré, bref, entraînant. La ballade est, comme le *Lied*, une forme poétique primitive qui a sa raison d'être dans la vie et dans la nature humaine. Ce sont les joyeuses veillées du peuple qui l'ont fait naître. Elles tirent leur puissance du sentiment commun de terreur religieuse, d'attendrissement, d'enthousiasme passionné, qui anime l'auditoire et dont le poète se fait l'interprète. Chez le peuple cet auditoire était une chambre de fileuses ou une joyeuse compagnie de buveurs. Pour les nouveaux poètes c'était toute une nation. La ballade avait donc plus que jamais sa raison d'être. Reprise par les lyriques du dix-huitième et du dix-neuvième siècle, elle s'agrandit, se transfigura et reprit sur les âmes son magique empire, comme la Nixe enchanteresse qui, du fond de son lac, attire les enfants des hommes, en jouant sur sa harpe séductrice.

Bürger, le premier restaurateur de la ballade, aborda surtout le genre de la légende fantastique et y fit merveille, mais il n'atteignit pas la simplicité touchante de ses modèles. Ce triomphe était réservé à Goethe. Ses ballades ont le charme insinuant d'une pensée profonde, sous la forme d'un récit naïf et vivant. Quel monde plein de vie et de mouvement! Ballades enjouées et humoristiques, fleurs de sentiment et fleurs de sagesse, ballades merveilleuses et philosophiques, tout s'y trouve. *La Fleurette merveilleuse* est toute une idylle; *le Retour du comte exilé* est tout un drame; *le Roi des aulnes* que tout le monde connaît par la composition de Schubert, surpasse en terreur et en magie, les plus fantastiques créations du peuple; la *Fiancée de Corinthe*, *le Dieu et la bayadère* s'élèvent en jouant, à une haute philosophie. Je ne citerai que trois ballades, de genres différents, où Goethe développe et ennoblit la ballade populaire.

Nous avons vu que le peuple aime beaucoup la symbolique des fleurs. La richesse infinie des formes et des couleurs dans le monde végétal révèle à l'homme primitif la richesse infinie du monde intérieur qui pousse, verdoie et fleurit dans son sein. De là le plaisir qu'il y prend. On sait que Goethe était bon jardinier et botaniste

passionné. La demi-science éloigne de la poésie
par son pédantisme, la vraie science au contraire découvre sans cesse des mondes de poésie
nouvelle, parce qu'elle nous montre partout
l'individualité et la vie débordante dans la
grande harmonie de l'univers. La science
élargit la poésie de Goethe de tout son infini. Le
grand naturaliste, le chercheur de la plante
primitive, était aussi l'aimable et profond poète
des fleurs. Il savait les faire parler mieux que
personne; car il les connaissait et les aimait
comme des êtres vivants. Témoin la ravissante
Violette :

> Sur la prairie était une fleurette
> Qui se cachait fort humblement.
> C'était la plus charmante violette !
> Survint la bergère en chantant,
> D'un pas léger, d'un cœur content,
>   Là-bas, là-bas,
> Par la prairie en fredonnant.
>
> Las ! dit la fleur, pourquoi ne suis-je
> La reine des prés un instant ?
> Ah ! rien qu'un seul instant, vous dis-je,
> Qu'elle daignât me cueillir de sa main
> Et me presser mourante sur son sein,
>   Rien qu'un instant,
> Rien qu'un quart d'heure seulement !
>
> Las ! qu'advint-il ? Vint la fillette
> Et ne vit pas la violette.

> Elle écrasa la pauvre fleur,
> Qui tombe et dit en expirant :
> Et si je meurs, je meurs pourtant
>   Pour toi, pour toi,
> Et sous tes pieds en t'adorant !

Peut-on exprimer avec une grâce plus persuasive le dévoûment souriant, la félicité du sacrifice complet pour l'être aimé ! Mozart a trouvé pour ce Lied une de ses mélodies divinement touchantes. Il faut l'entendre chanter par une belle voix de femme. Alors seulement il vit de sa vie immortelle.

La ballade merveilleuse a un autre genre d'attrait. Le peuple a incarné dans les divinités des eaux et des forêts les sensations les plus étranges, les plus indescriptibles que lui cause la nature. Une forêt de bouleaux au clair de lune se change pour lui en une ronde d'elfes, les voix du torrent en rires d'ondines, un lac sauvage en un roi des nixes. Ces divinités de la mythologie moderne nous attirent avec une puissance invincible, comme celles de la mythologie antique. On les croit mortes depuis longtemps.

> Mais Pan tout bas s'en moque et la sirène en rit (1).

Qu'un grand poète les évoque et les voilà

_____

(1) Sainte-Beuve.

qui reparaissent dans leur radieuse immortalité:
écoutez, par exemple, *le Pêchëur* de Goethe :

Le flot mugit, le flot murmure,
   Au bord rêve un pêcheur,
Les yeux perdus dans l'onde pure ;
   Le frais lui monte au cœur.
Il guette, il guette ; et l'onde chante,
   Se gonfle, — et de ses flancs
Sort une femme ruisselante,
   Aux blonds cheveux roulants.

Ce fut un chant, un doux murmure
   De sa bouche à son cœur :
Pourquoi remplir mon onde pure
   De mort et de douleur ?
Chez moi la vie est plus heureuse,
   Viens, descends dans mes bras,
Viens baiser mon onde amoureuse,
   Viens et tu guériras.

Vois-tu, le chaud soleil se mire
   Dans mon suave azur,
La lune à mon cristal aspire,
   Y baigne son front pur.
C'est tout mon ciel bleu qui t'appelle
   Dans son sein transparent,
Vois, dans ma rosée éternelle,
   Sourit ton front charmant !

Le flot mugit, le flot s'élève,
   Lui baise le pied nu,
Son cœur se gonfle et se soulève
   Comme au plus doux salut.

> Ce fut un chant, un long sourire...
>   . Il tressaille éperdu !...
> Il cède... il tombe... elle l'attire
>   Et nul ne l'a revu.

Qu'est-ce qui nous captive dans cette ballade? Est-ce seulement l'étrange fascination que nous ressentons en face de l'eau? Est-ce encore la séduction du chant, la plus puissante des séductions, qui s'insinue dans nos sens troublés? Est-ce la fascination éternelle de l'homme par la femme, qui nous enlace et nous enveloppe dans sa voluptueuse étreinte? Est-ce l'attrait de l'infini qui engloutit l'homme dans son gouffre séducteur? Je ne sais. C'est tout cela peut-être, ou plus encore. Il y a dans toute création, vraiment poétique, un secret insaisissable qui se dérobe à l'analyse, mais qui s'impose au sentiment et que l'amour seul sonde dans toute sa profondeur.

Terminons par une ballade chevaleresque où l'idée ressort nettement d'un dialogue vif et mouvementé.

LE CHANTEUR

> Qu'entends-je aux portes du castel?
> Un luth vibrant qui sonne.
> Quel est ce joyeux ménestrel
> Dont le doux chant résonne?

Le roi le dit, le page y va,
L'enfant accourt, le roi cria :
Qu'on fasse entrer le barde.

Salut à vous, nobles seigneurs,
Salut, ô belles dames.
Quel firmament ! que de splendeurs !
Que d'or et que de flammes !
Mais sous ces lustres éclatants
Fermons les yeux ; il n'est pas temps
D'admirer ces merveilles.

Il prélude ; et son luth joyeux
De sons divins ruisselle.
Les fiers guerriers lèvent les yeux,
Baisse les siens la belle !
Le roi sourit à sa chanson,
Et lui fait offrir en son nom
Sa chaîne étincelante.

La chaîne d'or n'est pas pour moi ;
Ta parure splendide
Sied à ses preux ; qu'elle orne, ô roi,
Leur poitrine intrépide,
Au chancelier fais, en présent ;
Qu'il porte encor cet or pesant
Avec mille autres charges.

Je suis l'oiseau, le gai chanteur
De la forêt immense,
Le chant qui jaillit de mon cœur,
Voilà ma récompense !
Mais veux-tu me combler encor,
Qu'on me verse en ta coupe d'or
Le vin aux flots de pourpre.

Il la saisit, et jusqu'au fond
La vide : — O doux breuvage !
Heureux celui qui d'un tel don
Sait faire un noble usage.
Songez à moi ! Dans le bonheur,
Remerciez Dieu d'aussi grand cœur
Que mon cœur vous salue !

C'est bien là le ton cordial des vieilles ballades. Simplicité de la mise en scène, vivacité du dialogue, clarté parfaite du récit, tout rappelle les naïves compositions populaires. Pourtant l'art est accompli et la pensée d'une haute portée. Souvent les poètes ont vanté leur désintéressement et la grandeur de leur mission. Ici, pas un éloge, pas une hyperbole, mais le noble rôle du poète est mis en action par le vieux et joyeux chanteur. On l'appelle, il arrive et sans se faire prier chante à pleine poitrine son meilleur chant. Il met l'enthousiasme dans tous les cœurs, la joie sur tous les fronts. C'est par lui seulement que la brillante assemblée savoure en commun le prix de la vie. Mais il refuse la chaîne d'or, car son art divin n'a pas de plus belle récompense que la joie de triompher des âmes. Il ne demande qu'une coupe du vin le plus généreux et qu'un souvenir dans les jours heureux, comme pour rappeler que la poésie ne vit que d'inspiration et de sympathie. Puis il disparaît aussi vite qu'il est venu, laissant après

lui son adieu comme un parfum d'espérance et
de bonheur. Quelle image vivante de la puissance de la poésie et de la mission du poète! A
ce degré de simplicité et de perfection l'art peut
amuser l'enfant, enthousiasmer le jeune homme
et satisfaire le sage.

Je n'ai fait que glaner dans le vaste champ
des œuvres lyriques de Goethe. J'ai cueilli des
bluettes là où l'on pourrait faire d'opulentes
moissons. Mais ces exemples suffiront, je pense,
pour faire sentir au lecteur que le plus grand
lyrique de l'Allemagne est le plus fervent disciple de la poésie populaire. Il s'élève plus haut
sans doute, mais il respire à pleins poumons
l'atmosphère du *Volkslied*. Dans cet air qui toujours excite et ravive, il est heureux et libre,
car on y oublie la poussière de l'école. Goethe
tenait déjà de la nature ce qui fait le charme
victorieux du *Volkslied*, la spontanéité et la richesse du sentiment, la vivacité primitive du
langage, l'accent du cœur. Mais ces belles
qualités se seraient-elles développées aussi largement si la poésie populaire ne lui était apparue au moment même où il cherchait sa voie?
Non certes. Grâce à elle, il s'est imprégné jeune
encore de l'âme de son peuple ; il l'a purifiée à la
flamme de son génie et il l'a laissé parler par sa
bouche au ravissement universel.

Goethe n'est pas un poète populaire dans le

sens vulgaire du mot, car il a toute l'individualité, toute l'originalité et jusqu'aux bizar-
reries d'un génie extraordinaire qui ne ressemble à aucun autre, et s'il fallait désigner son
caractère dominant d'un seul mot, je dirais que
c'est un poète cosmopolite, le premier, le plus
grand qui ait existé jusqu'ici. Mais la poésie populaire de son pays est comme un beau lac de
montagnes, par lequel le torrent de son lyrisme
a passé afin d'enrichir ses flots dans cet inépuisable réservoir. Goethe est sincère et vrai dans
ses chants comme le peuple dans les siens. La
sincérité et la *vérité*, voilà les grandes qualités de
sa poésie. Il eut le courage d'être une nature
véridique, c'est là ce qui fait sa grandeur et son
héroïsme. Ses faiblesses et ses erreurs, comme
sa magnanimité et sa vaste sympathie, il n'a
rien caché, rien embelli. Tout paraît au grand
jour dans ses paroles et dans ses actions. Regar-
dez-le en face et vous verrez jusqu'au fond de son
âme. Tel homme, tel poète. « Ce qu'il vit, disait
de lui son ami Merck, est encore plus beau que
ce qu'il écrit, » et voilà pourquoi ce qu'il écrit
est si frappant. Il faut être très grand pour ne
jamais poser. Goethe ne posa jamais. « Je n'ai
jamais rien affecté dans ma poésie, dit-il à
Eckermann, ce que je n'aimais pas, ce qui ne
s'imposait pas à moi de force et ne me donnait
pas à penser, je n'ai pas non plus essayé de

l'exprimer. Je n'ai fait des poésies d'amour que lorsque j'étais amoureux. » C'est de là que ses vers tirent leur force persuasive. Goethe a ramené la poésie du cabinet d'étude des savants sur le théâtre de la vie. C'est au milieu de ses compagnons et de ses émules, dans quelque beau site que lui venait l'inspiration ; c'est au milieu d'un cercle brillant de femmes, sous les feux croisés de beaux yeux pétillants de malice et d'esprit, qu'il savait réciter ses strophes magiques, faire taire les moqueurs, commander l'enthousiasme ; c'est pour une femme adorée, c'est pour un nouvel ami qu'il redevenait poète. Après les auteurs anonymes du *Volkslied*, Goethe fut le premier dont on peut dire avec certitude : Il n'a pas chanté en littérateur pour les littérateurs, mais en vrai poète pour les hommes, avec le cœur pour les cœurs, avec la voix vibrante pour d'autres voix. Il a vécu en artiste, il a chanté en homme.

Il est un autre secret que Goethe a dérobé à la chanson populaire, c'est l'harmonie mystérieuse entre le fond et la forme. Écoutez un vrai Lied ; ce n'est pas seulement de la poésie, c'est de la musique, même sans la mélodie, ou plutôt la mélodie est déjà contenue dans les vers comme le papillon dans sa chrysalide ; elle n'a qu'à briser son enveloppe, à étendre les ailes pour prendre son essor. Quand on lit le com-

mencement d'un *Volkslied* comme celui-ci :
« Faut-il donc, faut-il donc quitter le village? »
ou bien : « Autant d'étoiles scintillantes brillent
au grand pavillon bleu, » ou bien un refrain
comme celui-ci :

> Trois cavaliers par la porte sortaient,
> Adieu !
> Gentille amie sur la rue se penchait,
> Adieu ! adieu ! adieu !

Involontairement on entend chanter au dedans
de soi une certaine mélodie, et cette mélodie se
répète dans chaque strophe, s'épanouit toujours
plus largement jusqu'à ce qu'elle expire dans la
dernière, sans qu'un seul vers, un seul mot
vienne interrompre son harmonieuse évolution.
C'est par cette mélodie mystérieuse que le Lied
exprime et communique l'état de l'âme, et si l'on
peut dire, l'accord principal qu'elle rend au passage d'une émotion, comme la harpe éolienne
au souffle du vent. Il en est de même dans les
plus beaux chants de Goethe. Chaque Lied
a sa mélodie, et cette mélodie réside dans la
magie des sons, du rhythme et de la rime. De
même qu'un beau corps est l'expression d'une
belle âme et en reproduit par ses mouvements
gracieux les intentions les plus fines, de même
la musique intime des chants de Goethe est

l'expression parfaite de leur pensée. Les sons
qui se caressent ou s'entre-choquent, le rhythme
qui se berce ou se précipite, les rimes qui ex-
pirent doucement ou tombent avec fracas, sont
comme le remous de l'âme, calme ou orageuse
qui se brise vague à vague. C'est par cette
musique séduisante que les chants de Goethe
s'insinuent dans l'âme et ne s'oublient plus.
Une fois entendus ils y résonneront toujours.

Il va sans dire que cette mélodie intime et
cachée demande à être exprimée dans toute sa
force et qu'elle appelle la musique à son aide
comme dans le *Volkslied*. Aussi quelle foule de
compositeurs ont rivalisé pour mettre en musique
les Lieds de Goethe, depuis les plus humbles,
comme Reichardt et Zelter, jusqu'aux plus
grands génies comme Mozart et Beethoven. On
peut dire que c'est Schubert qui atteignit la
perfection dans l'interprétation musicale du
lyrisme de Goethe. Ses mélodies à grand vol
ont des élancements magnifiques et des berce-
ments infinis comme l'âme du grand poète, elles
nous emportent dans les régions les plus
célestes du sentiment, sans jamais cesser
d'étreindre en sœurs fidèles la parole amie. De
leur côté les accompagnements d'une richesse
de motifs étonnante nous communiquent tous
les frémissements des sens, soulevés par les tempêtes de la passion. Ces merveilleuses compo-

sitions rendent à ces chants leur puissance primitive. Goethe lui-même aimait à les entendre chanter, la musique seule lui paraissait ne pas trahir sa pensée. Dans une de ses poésies, il dit à une amie en lui envoyant quelques chansons :

Oh ! fais vibrer pour mes amours
Ton clavier plein d'âme et d'émoi,
Ne lis jamais, chante toujours
Et chaque mot sera pour toi.

Ainsi chantée, la poésie de Goethe a le charme suprême que lui accorde Heine, cet autre maître du Lied : « Dans ces chants, dit-il, se joue une inexprimable magie. Les vers harmonieux enlacent ton cœur comme une tendre maîtresse; la parole t'embrasse et la pensée te baise au front. »

> Chantez vous tous qui avez une voix
> dans la libre forêt des poètes allemands.
>   UHLAND.

━

> Poète, sois un chêne au vaste et frais feuillage,
> Par tes racines, plonge au cœur du peuple aimé;
> Ta tête alors pourra lutter avec l'orage
> Ou se bercer au vent du printemps embaumé.
>   JULIUS MOSEN.

IX

LE LIED AU DIX-NEUVIÈME SIÈCLE

L'école romantique. Novalis, Brentano et Arnim. — Poètes de combat
en 1813. Arndt, Schenkendorf, Rückert. — Eichendorff. — Henri
Heine. — Uhland et l'école de Souabe. — Wilhelm Müller. —
Lyrisme politique en 1840. Herwegh, Hoffmann de Fallersleben. —
Réaction pieuse après 1849 : Oscar de Redwitz. — Les contemporains : Geibel, Kinkel, etc. — Rôle du Lied dans la vie des Allemands.

Ce n'est pas en vain que Goethe était sorti du
jardin rectiligne de la littérature classique pour
s'enfoncer dans la grande forêt vierge de la poésie populaire. Il y avait réveillé la Belle au bois
dormant, la Muse du Lied assoupie depuis des
siècles dans son château merveilleux couvert
de broussailles, et l'avait ramenée, couronnée
de roses, resplendissante de jeunesse et de
beauté, au milieu de ses compatriotes surpris.
Ressuscitée, belle de l'amour d'un si grand

homme, les hommages ne lui manquèrent pas et tous briguèrent ses faveurs. Depuis ce temps elle est adorée, elle règne. Le Lied, vivant et vibrant, vole de bouche en bouche comme au seizième siècle, comme du temps des *Minnesinger*. De 1770 à 1848 et même au delà, c'est un printemps de lyrisme toujours renaissant, et comme dit Uhland « la floraison ne veut pas finir. » Le Lied moderne n'égale pas la chanson populaire primitive par la vigueur du jet, mais il la surpasse par la richesse des idées. Tout en partageant les aspirations modernes, il n'a rien perdu de sa simplicité. Il ne s'est pas éloigné du peuple; il est resté la fée de l'enfance, le messager des amants, le clairon des batailles, la trompette des révolutions, l'écho toujours éveillé de la vie intime, politique, sociale et religieuse de la nation. Voilà ce qui fait sa force. Je ne veux raconter ce mouvement que dans ses phases principales, grouper les écoles, montrer les chefs et relever entre tous les poètes ceux qui sont restés fidèles au génie de la chanson populaire.

Après les grands triomphes de Goethe et de Schiller, en 1798 environ, surgit l'école romantique. Pendant leur duumvirat, les deux grands organisateurs de la littérature allemande avaient annoncé le règne de l'art grec. Ils ne voulaient point restaurer la mythologie d'Homère et la tragédie d'Eschyle, mais revenir à l'esprit hellénique ; noblesse de l'idée, pureté de la forme, sobriété de l'expression, voilà ce qu'ils prêchaient par la théorie et par l'exemple. L'*Iphigénie* et le *Torquato Tasso* de Goethe, la *Fiancée de Messine* et les poésies philosophiques de Schiller étaient les modèles de cet art nouveau. Ce que les contemporains ne voyaient pas, c'est combien les deux ardents apôtres de la grande poésie humaine et universelle restaient modernes, allemands et même révolutionnaires, tout en s'inspirant du génie grec. Quoi qu'il en soit, le grand public, qui se lasse bien vite de tout, demandait quelque chose de nouveau, de plus intime, de plus germanique.

Ce fut le point de départ des romantiques. Il ne s'agissait point, comme vingt ans plus tard en France, de réagir contre le pédantisme littéraire de deux siècles, mais simplement d'ouvrir une voie nouvelle. A vrai dire, en ressuscitant la vieille littérature germanique, le moyen âge, la chevalerie, les *Minnesinger*, les légendes populaires, en revenant aux sources nationales, en traduisant Shakspeare, les romantiques ne faisaient que continuer l'œuvre salutaire de Herder. Mais ils allèrent bien plus loin, ils voulurent faire une esthétique nouvelle ; ce fut leur malheur. Leur grande erreur fut de considérer la poésie comme une chose supérieure à

la nature, indépendante de la réalité qui peut
et qui doit s'en passer. Frédéric Schlegel,
esprit confus et mystique, finit par déclarer que
toutes les lois sont absurdes en poésie, que les
formes les plus monstrueuses sont admissibles
pourvu qu'elles soient originales. « La poésie
romantique, dit Frédéric Schlegel dans l'*Athe-
neum*, organe de son école, est seule infinie,
seule elle est libre ; la seule loi qu'elle reconnaisse c'est que la fantaisie du poète ne souffre
point de règle. » La fantaisie personnelle et
sans frein, voilà tout ce qu'ils laissaient debout.
Qu'elle aille, pensaient-ils, la belle extrava-
gante, qu'elle coure le monde folle, échevelée,
qu'elle abandonne la terre, peu importe, pourvu
qu'elle nous fasse oublier la médiocre réalité ;
qu'elle se perde dans les nues, tant mieux ; ce
sera son plus beau triomphe.

Quand l'artiste cesse de suivre la nature et
d'aimer l'humanité, il peut être encore un fou
de génie, il n'est plus ce qu'il doit être, l'oracle
inspiré de la Vérité. On devine, du reste, que
ces maximes trouvèrent une foule d'esprits
tout disposés à les mettre en pratique. Sous le
masque commode de cette théorie chacun donna
cours à ses caprices et la plupart y gâtèrent leur
talent. Les uns, comme Tieck, se perdirent
dans l'interprétation allégorique et mystagogi-
que de la nature, les autres, comme Frédéric

Schlegel, aboutirent au catholicisme le plus réactionnaire, d'autres, comme Brentano et Arnim, se plongèrent dans la fantasmagorie du surnaturel. N'oublions pas cependant que ces deux hommes exercèrent une influence prodigieuse, vraiment rénovatrice sur leur époque par la publication du premier recueil de chansons populaires allemandes : *Des Knaben Wunderhorn* (1). On ne saurait assez insister sur l'importance de ce livre dans l'histoire de la poésie allemande. Heine, Uhland, et toute la pléiade qui les entoure, y ont puisé à pleines mains. Cette publication fut la résurrection du *Volkslied* pour le grand public. Malheureusement Brentano et Arnim n'en profitèrent guère eux-mêmes, comme la plupart des romantiques de la première période. Ils ne surent pas dérober à leur modèle le secret de sa mise en scène rapide et de sa forte concision.

En somme, les romantiques allemands se perdirent par la théorie du génie sans frein et par l'idolâtrie du moyen âge. Henri Heine dit plaisamment qu'ils se conduisirent comme certaine servante naïve dans un conte de fées. Cette beauté, déjà fort sur son retour, s'était aperçue que sa maîtresse se rajeunissait tous les ans en buvant une gorgée d'un certain élixir. Un jour,

(1) Voyez Chap. Ier.

elle parvint à s'emparer de la liqueur précieuse. Aussitôt elle songea à se rajeunir comme la princesse, et se trouvant fort vieille elle avala d'un trait tout le contenu de la fiole. Mais quelle fut sa terreur, lorsqu'elle se regarda dans la glace! Au lieu de se retrouver jeune femme, la malheureuse vit qu'elle était redevenue un tout petit enfant. C'est ainsi, dit Henri Heine, que les romantiques tombèrent en enfance à force de se griser du moyen âge.

Cette école compte cependant un poète lyrique sincère, spontané, original. C'est Georges de Hardenberg, plus connu sous le nom de Novalis, son pseudonyme. Trop souvent les poètes de ce temps-là devenaient bons catholiques par goût littéraire. Frédéric Schlegel, par exemple, mériterait la piquante définition que M. Sainte-Beuve a donnée de Châteaubriand : « Un épicurien qui avait l'imagination catholique. » Rien de semblable chez Novalis; c'est un mystique de race et l'un des plus nobles qui se puissent trouver. Tout concourut à le jeter dans les bras de la religion : son tempérament, sa santé chancelante, son éducation et les circonstances de sa vie. A vingt ans il se fiança avec une jeune fille de treize. Bientôt après elle mourut et de ce moment toutes ses pensées se dirigèrent vers l'autre monde. Il choisit un état qui convenait à son penchant vers la solitude et devint inten-

dant des salines dans le cercle de Thuringe.
Retiré dans les montagnes, il se plongea dans
les méditations religieuses avec la foi la plus
ardente. Cette âme tendre inclinait plutôt vers
la religion personnelle et intérieure des frères
moraves que vers les pompes du catholicisme.
Il était de ces natures aimantes mais faibles qui
ne supportent pas le choc de la vie. Elles ne
voudraient rencontrer autour d'elles qu'amour,
dévoûment, paix et félicité ; au lieu de cela elles
voient partout haine, égoïsme, guerre et souffrance. Froissées, elles se replient sur elles-
mêmes et lèvent leurs regards vers le Jésus des
malheureux, qui descend du ciel et tend ses bras
aux hommes, pour les arracher du monde dans
une étreinte fraternelle. Ce Jésus, Novalis n'y
croit pas seulement, il le voit : « Il est toujours
là, dit-il dans un de ses *chants spirituels*, avec
son auréole merveilleuse, le bien-aimé trois fois
saint. Touchés par sa couronne d'épines et par
sa fidélité nous pleurons! et chaque homme
nous est le bienvenu qui comme nous saisit sa
main. » Son amour remplace tous les autres, la
contemplation mystique de sa bonté divine console de toutes les amertumes : « Pourvu qu'il
soit à moi, le monde m'appartient ; je suis bién-
heureux comme un enfant du ciel qui tient le
voile de la Vierge. Perdu dans cette vision, je
ne crains plus la terre. » Ce qu'il y a de tou-

chant chez Novalis, c'est une sorte de dévoûment personnel à Jésus. Il sait bien que le
croyant est de plus en plus isolé dans le monde
moderne, et il en souffre. « Oh! il est solitaire,
s'écrie-t-il, il est triste dans l'âme celui qui aime
le passé d'un amour ardent et candide. » D'autant plus profonde est son adoration pour son
maître. « Si tous te trahissent, moi je te res-
terai fidèle, afin que la reconnaissance ne
s'éteigne pas sur terre. Pour moi tu t'es abîmé
dans les souffrances, pour moi tu t'es noyé de
douleur. C'est pourquoi je te donne mon cœur
pour toujours avec joie. » Qui ne sentirait dans
ces paroles ces nobles élancements qui l'enlèvent de terre? Mais cette religion qui veut concentrer l'attention de l'homme sur une vie future
aboutit fatalement à une fin tragique, au désir
de la mort. Dans ses *Hymnes de la nuit*, Novalis
aspire de toutes ses forces au terrible *au delà*
qui est sa dernière espérance : « Descendons
dans la terre profonde, loin du royaume de lumière! La furie des douleurs et ses coups sauvages sont le signe d'un joyeux départ. Bientôt
nous arriverons dans l'étroite nacelle au rivage
céleste. Sois bénie, nuit éternelle, sois béni, sommeil sans fin! » Déjà il s'attend à revoir les élus
bien-aimés, déjà il croit entendre leurs voix, et
ce pressentiment le remplit d'une ineffable volupté. « Un doux frisson, immense et mystérieux,

nous envahit comme un fleuve. Il me semble
que des profondeurs lointaines j'entends un écho
de nos tristesses. Les élus bien-aimés soupirent
eux aussi après nous et nous envoient le souffle
de leur désir. »

On le voit, cette poésie tend à s'échapper
hors du monde. La terre avec ses splendeurs,
l'humanité avec ses passions s'engloutissent devant le ciel des bienheureux où se précipite
l'âme éperdue. Novalis a traversé tous les degrés du mysticisme depuis l'adoration enfantine
de la sainteté jusqu'à l'amour de la mort et au
délire de l'éternité. Hegel a raison d'appeler
cette poésie la consomption de l'esprit. L'âme
de Novalis se consume parce qu'elle refuse tout
contact avec la nature qui seule pourrait la raviver. Livrée à elle-même, elle languit après
l'infini, elle brûle sous la flamme de son désir,
vacille, pâlit et s'éteint au souffle du vent. Novalis est peut-être le plus romantique des romantiques. Tous ils veulent échapper au monde
réel; Tieck se réfugie dans les contes de fées,
Frédéric Schlegel dans le catholicisme, Hœlderlin dans la Grèce antique, Novalis dans le
ciel chrétien. Hœlderlin fut frappé d'aliénation
mentale, Novalis s'évanouit à vingt-huit ans
dans un rêve d'amour infini. Certes ils firent
fausse route ces songeurs malades, mais ils
furent grands dans leur aberration par l'énergie

et le sérieux de leur désir, fous si l'on veut,
mais à coup sûr martyrs de l'idéal.

Ces exemples prouvent qu'au commencement
de notre siècle les romantiques avaient perdu
presque entièrement cette intelligence directe
de la vie, qui seule renouvelle les arts. Un grand
événement politique les rappela tout à coup au
présent et les secoua si fort, que de rêveurs
exaltés ils devinrent d'un jour à l'autre hommes
d'action. La paix de Tilsit (1807) avait mis l'Allemagne sous le pied de Napoléon. Les pays du
Rhin, changés en province française, la Prusse
morcelée, l'Autriche bâillonnée, toute l'Allemagne garrottée, ce n'étaient point encore les pires
des maux aux yeux des patriotes allemands.
Le sentiment national même semblait éteint en
Allemagne, tant le découragement était profond. A cette heure d'abaissement, rois, ministres, écrivains, penseurs, hommes d'État ne
croyaient plus à l'indépendance de la patrie. A
force de voir des princes serviles dans son antichambre, Napoléon croyait avoir à faire à une
nation de valets. Il se trompait étrangement.
L'Allemagne, longtemps immobile sous le bâillon,
se redressa un beau jour sous le fouet, sombre,
frémissante, armée. Les rudes montagnards du
Tyrol se soulevèrent les premiers; leur chef,
l'intrépide André Hofer, paya son courage de
sa vie. Napoléon le fit fusiller. L'insurrection

tyrolienne fut écrasée, mais un cri d'indignation partit de tous les points de l'Allemagne et la révolte éclata dans toutes les âmes viriles. La Prusse se prépara à la guerre par des réformes radicales. Deux grands patriotes, le baron de Stein et Scharnhorst réorganisèrent l'un l'administration, l'autre l'armée. Mais la grande réforme s'accomplit dans le peuple et par le peuple. Les étudiants formèrent la ligue de la vertu (*Tugendbund*). Le duc de Brunswick créa la légion de la vengeance et Lützow les chasseurs noirs. Quand vint le jour de la lutte, on ne vit pas seulement des régiments ordinaires, on vit une nation entière debout, sous les armes. Tous les hommes valides de quinze à soixante ans couraient rejoindre le drapeau avec enthousiasme et grossir le *Landsturm*. Fonctionnaires, artisans, bourgeois, nobles, paysans marchaient côte à côte, au milieu d'eux des professeurs de l'université de Berlin, des artistes, comme Schadow le sculpteur, des poètes comme Iffland, auteur dramatique et directeur de théâtre. Sur la place d'armes de Berlin on voyait le philosophe Fichte se promener au milieu des soldats et les haranguer. Schleiermacher, le théologien, bénissait leurs drapeaux dans les églises, enflammait leur patriotisme de sa grande pensée religieuse et trempait les jeunes courages pour la mort. Une volonté puissante électrisait ces

masses et versait dans la poitrine des chefs une
force d'airain. Pour la première fois, le temple
de la patrie leur apparaissait comme le seul
asile des mœurs nationales, de la famille, de la
religion, de la pensée, de tout ce que l'homme a
de plus sacré. Et ce temple était insolemment
occupé par les baïonnettes et les canons de
l'étranger. Guerre! criait-on du Niémen jusqu'à l'Elbe et des Carpathes jusqu'à la mer Baltique. Guerre! criaient les nobles et les paysans.
Guerre! répondaient les mères et les fiancées.
Il y eut des femmes qui se déguisèrent pour se
faire soldats. Dorothée Sawosch fit partie d'un
régiment de cavalerie de la landwehr; Char-
lotte Krüger servit dans le régiment de Kol-
berg et revint de la guerre avec le grade de
sous-officier; Éléonore Prochaska entra dans
les chasseurs noirs et se fit tuer en 1813. Dans
les tavernes on ne chantait que des refrains belliqueux, dans les villages on ne jouait que des
fanfares de guerre, dans les forges on ne for-
geait que des armes. Kœrner pouvait s'écrier :

Le peuple s'est levé! l'orage se déchaine!

La poésie lyrique ne resta pas indifférente à
ce réveil. Que dis-je? elle y prit une part active
et sans elle, on peut l'affirmer, il n'eût pas été
aussi électrique, aussi enthousiaste, aussi hardi.

S'il y a dans les temps modernes un exemple éclatant de la noble mission que peut se donner le poète lyrique auprès de son peuple, de l'influence énergique et visible qu'il peut exercer sur la foule, c'était celui-là. Quand l'Allemagne se leva comme un seul homme pour secouer le joug de fer du despotisme, une légion de poètes se leva avec elle pour aiguillonner le courage de ce peuple, ennoblir ses passions soulevées et donner des ailes à son patriotisme. On peut se souvenir de Tyrtée en voyant Kœrner réciter ses chants à ses compagnons et les enflammer au combat. Des nuages où elle s'était perdue la poésie descendit un beau jour, comme un coup de foudre, sur le champ de bataille pour remplir des soldats de son feu sacré. C'est alors qu'apparut la supériorité du Lied, de la poésie populaire et chantée, sur la poésie rhétorique et déclamatoire. Qu'on se figure des pièces de vers, les plus belles, les plus éloquentes, imprimées dans des *Revues* ou sur des feuilles volantes et lancées dans ce peuple inquiet, frémissant. Il n'y eût pas fait attention. Mais portés sur les ailes de la mélodie, ces chants simples et vigoureux atteignaient les esprits les plus ignorants, frappaient les cœurs les plus rebelles, car ils parlaient à tous la même langue primitive, la langue universelle, à jamais victorieuse de la musique. Aussi couraient-ils d'un bout à l'autre de l'Allemagne, et de leurs torrents de colère et d'enthousiasme changeaient des cœurs de quinze ans en cœurs de bronze. Ces refrains guerriers étaient devenus le pain quotidien non seulement des hommes, mais encore des femmes. L'historien Charles Auguste Meyer rappelle à ce sujet un souvenir d'enfance qui est caractéristique. Sa mère habitait avec lui une maison isolée ; on entendait au loin les sourdes détonations du canon dans la nuit, l'enfant avait la fièvre, et la mère, courbée sur lui, murmurait le chant de Kœrner :

O père, je t'appelle !
Les canons rugissants ont tonné dans la nuit.

C'est un grand spectacle que la poésie se mêlant ainsi à la vie publique d'une nation, un beau spectacle pour l'humanité et qu'il faut savoir admirer en refoulant toute vanité nationale. D'ailleurs le plus grand ennemi de la France ce n'était pas l'Allemagne, c'était Napoléon qui les exploitait toutes deux pour assouvir son monstrueux égoïsme. Que les temps étaient changés ! Lorsqu'en 1793 les vainqueurs de Jemmapes et de Fleurus chantaient la *Marseillaise* sous le canon des Autrichiens et des Prussiens, ceux-ci n'avaient aucun chant qui fût digne de répondre à la mélodie triomphante de la liberté. C'est qu'alors ces immortels soldats, ces enfants de dix-huit ans pieds nus, en guenilles, au front radieux, étaient pénétrés de l'héroïque conviction qu'ils se battaient pour les peuples et contre les princes. Mais à Leipzig, par quels accents les héros de la grande armée répondaient-ils aux chants de liberté des Allemands? Ils n'avaient qu'un cri : Vive l'empereur! Ce cri fut étouffé et il le méritait. C'est qu'alors nos soldats se battaient pour un prince et contre les peuples. La tyrannie peut faire de bons soldats, voire même de grands capitaines, mais des héros et des poètes, jamais. La liberté seule peut faire chanter jusque dans la mort.

J'ai nommé Théodore Kœrner (né en 1791, mort en 1813). Ce noble caractère est resté pour ses compatriotes le type du soldat-poète, l'idéal du jeune homme exalté qui se dévoue corps et âme à la patrie. La nature et la fortune semblaient l'avoir orné à plaisir de tous leurs dons pour rehausser la grandeur de son sacrifice. Il était d'une famille distinguée, et montra de bonne heure un cœur tendre dominé par une volonté ferme. Une éducation brillante et libérale développa rapidement sa fière sensibilité et sa vive intelligence. A dix-sept ans il était cavalier fringant, parfait tireur, bon musicien, et de plus, poète de talent. Fortune unique, à vingt ans il

devint poète du *Hoftheater* de Vienne, où il avait
fait représenter plusieurs drames avec succès.
Peu de temps après il se fiança, et rien ne manquait plus à son bonheur quand survint l'insurrection nationale de 1813. Il écrivit à ses parents : « Une grande cause réclame de grands
cœurs. » Gloire littéraire, famille, amour, rien
ne le retint; il s'engagea dans les volontaires
de Lützow. Déjà il avait composé beaucoup de
chants patriotiques, dès lors il n'en fit plus d'autres. Quand les chasseurs noirs reçurent leur
bénédiction dans une église de village ils entonnèrent solennellement un chœur de Kœrner. Il
ne cessa d'électriser ses compagnons d'armes
qui l'adoraient par son entrain juvénile et ses
chants belliqueux. Bientôt il devint adjudant de
Lützow et risqua joyeusement sa vie dans toutes
les charges de cavalerie. Dangereusement
blessé dans une escarmouche devant Leipzig, il
n'échappa qu'à grand'peine à la mort. A peine
rétabli, il alla rejoindre les chasseurs de Lützow
qui s'étaient placés sous le commandement du
général Wallmoden et harcelaient journellement
l'armée du maréchal Davoust. Un matin, au
point du jour, après une nuit passée à cheval
en embuscade, il composa son fameux *Chant de
l'épée.* C'est un dialogue fiévreux entre le cavalier et son arme fidèle; il sent la poudre et l'atmosphère électrique du combat :

Ma forte lame blanche,
Tu brilles à ma hanche,
Pourquoi si doucement
Sourire à ton amant?

« Un cavalier m'emporte
Et fière je l'escorte,
Je vibre dans ses bras,
Oui, libre tu seras! »

Oui, libre! ô claire épée,
Sois donc ma fiancée,
J'en jure devant Dieu
Dans un baiser de feu!

« Je suis ta jeune amante
Qui t'aime flamboyante,
A quand donc, bel ami,
A quand la folle nuit? »

La folle nuit s'apprête,
Entends-tu la trompette?
Au bruit sourd des canons
Nous nous embrasserons!

« Je languis palpitante
Après l'étreinte ardente.
Je brûle! saisis-moi,
Ma couronne est à toi! »

En l'air donc, ma flamberge,
Va, chante, ô belle vierge,
Ton chant de volupté :
Sang rouge! et liberté!

Kœrner venait de noter ce chant sur une feuille volante et le récitait à ses amis, quand Lützow donna le signal de l'attaque. Tous deux enfoncèrent les éperons dans les flancs de leurs chevaux et fondirent sur l'ennemi en tête de leur troupe. Quelques minutes après, Kœrner tombait mort sous la balle d'un tirailleur. On l'enterra sous un chêne, son arbre favori. Parmi les amis qui recouvrirent de gazon le tertre du poète, abattu dans sa fleur, se trouvait un jeune homme distingué, nommé Bærenhorst. Peu de jours après il occupait un poste dangereux dans un combat d'avant-garde. Il se précipita sur les ennemis qui l'enveloppaient, en s'écriant : Kœrner, je te suis! et tomba criblé de balles. Tant l'âme de ce jeune homme avait passé dans celle de ses amis.

Parmi les poètes de 1813, Kœrner représente à merveille le jeune homme exalté, téméraire, exubérant de générosité. Ses chants ont une singulière force lorsqu'on songe qu'il les a scellés de sa mort. Cependant, sauf le *Chant de l'épée*, on y retrouve plutôt la rhétorique enflammée de Schiller que l'accent cordial du peuple, mais, quoi qu'on en puisse dire, ils conserveront toujours un reflet de l'auréole du martyr.

A côté de Kœrner le jeune homme, se place Ernst Moritz Arndt, l'homme mûr, plus calme, mais non moins énergique et peut-être plus inébranlable encore. Arndt est né (1769) dans l'île de Rügen qui forme la pointe septentrionale de l'Allemagne. Cette île sauvage, avec ses tombeaux de géants, son lac lugubre de la déesse Hertha, qui dort dans une forêt séculaire, ses promontoires, qui s'avancent hardiment dans la mer, et ses baies silencieuses cernées de collines basses aux sapins sombres, cette île rude et sévère rappelle, comme par magie, la vieille Germanie païenne. Les immenses rochers de craie de Stubbenkammer, dressés à pic sur la plage et couronnés d'une superbe forêt de hêtres, d'où l'on aperçoit l'étendue vaste et grise de la mer Baltique, semblent appartenir déjà à la grandiose nature scandinave. C'est de cette île, dit-on, que partirent les premiers conquérants de Rome. Sous l'habit moderne, Arndt est un de ces vieux Germains ; il en a les colères viriles et l'indomptable opiniâtreté. Compagnon d'Odoacre, il se fût rué à coups de massue sur les légions romaines. Sous Napoléon, il s'éleva contre la domination étrangère avec une indignation concentrée. En 1806 il fut nommé professeur à Greifswald. Son esprit hardi, son patriotisme de feu ne purent se taire devant le despotisme napoléonien, moins encore devant la servilité des princes allemands et l'abaissement du peuple. Du haut de sa chaire de professeur, il prêcha la guerre et lança dans l'Allemagne sa célèbre

brochure *l'Esprit du temps*. Napoléon lut la brochure et en verdit de colère; il jura de perdre
cet homme. Après la bataille d'Iéna, Arndt dut
s'exiler, il alla en Suède et ne revint qu'en 1810,
mais dès lors il fut un des promoteurs les plus
actifs du grand mouvement insurrectionnel qui
valut à l'Allemagne sa délivrance. L'indignation
patriotique le fit poète et ses chants firent des
soldats. Souvent il en composait lui-même la
mélodie et ils couraient de l'Elbe au Rhin,
comme la flamme sur une traînée de poudre.
Son *Chant de la patrie* fut un véritable tocsin
d'alarme et devint la *Marseillaise* des Allemands :

> Le Dieu qui fit pousser le fer
> N'a pas voulu d'esclaves,
> Il mit pour foudre et pour éclair
> Le glaive au poing des braves.
> Il mit l'audace dans leur cœur,
> Le verbe dans leur bouche ;
> Il fit à l'homme un front sans peur
> Jusqu'à la mort farouche.

> Et ce qu'il veut nous le voulons,
> Et fière est la besogne.
> Chassons les tyrans et foulons
> Leurs valets sans vergogne.
> Taillons en pièces sans broncher
> Qui défend l'infamie,
> Il n'est pas digne de toucher
> Le sol de la patrie.

O terre de fidélité,
O sainte Germanie,
Quel cri nous as-tu donc jeté ?
Est-ce un cri d'agonie ?
Non. Romps tes fers, ô Spartacus,
Et forge-toi des armes,
Nous sommes fils d'Arminius ;
Brillez, grands feux d'alarmes !

O monte, monte, feu sacré
En flamme triomphante !
Notre étendard est arboré,
La liberté le plante.
Exaltez vos cœurs jusqu'au ciel,
Levez-vous tous, courage !
Jurez d'un élan fraternel :
« Il n'est plus d'esclavage ! »

Sonnez, clairons, roule, ô tambour !
Tintez, ô lames vierges !
Vous serez belles en ce jour
Et rouges, nos flamberges !
Oui, rouges du sang des bourreaux
Et belles de vengeance,
Sortez, sortez de vos fourreaux
Au jour de l'espérance !

Flottez victorieusement,
Flottez au vent, bannières !
Disons en tombant fièrement :
« Serrez les rangs, mes frères !
Le drapeau veut s'épanouir,
Le fer tressaille et vibre.
Volons ! il faut vaincre ou mourir,
Mourir en homme libre ! »

Dans une traduction, sans doute, le *Chant de la patrie* ne va pas à la cheville de la *Marseillaise*, mais on peut comparer l'original à l'hymne immortel de Rouget de l'Isle, qui trouva d'un jet paroles et mélodies, exemple unique dans l'histoire de la poésie française et qui prouve, une fois de plus, que les sentiments riches et les situations fortes font jaillir toute vive la grande poésie. Il y a un souffle plus entraînant dans l'hymne français, le souffle orageux de toute la révolution. Derrière « l'étendard sanglant de la tyrannie » il semble que l'aurore de la liberté éternelle se lève sur les peuples et qu'à ses premiers rayons les hommes éblouis poussent un cri de reconnaissance et de triomphe, puis marchent contre leurs tyrans dans une sainte ivresse, sans savoir même s'il serait plus doux de vivre ou de mourir pour elle. Dans le chant germanique il y a moins d'élan, mais une sombre indignation, une colère concentrée et une résolution de fer. On sent que c'est un peuple tout entier qui marche contre l'étranger, qu'il s'avancera comme un mur et se fera tuer jusqu'au dernier homme s'il le faut.

Ce n'est pas le seul chant patriotique d'Arndt qui soit devenu populaire en Allemagne; ils se comptent par douzaines. La plupart sont des œuvres de circonstance, faites moins pour être lues que pour être chantées par des combat-

tants, comme la *Prière pour la consécration guer-*
rière d'un jeune homme, ou le *Chant du soir du*
soldat. Souvent il célébrait les héros du jour,
Schill, Scharnhorst, etc. Celui qu'il chante avec
le plus d'entrain c'est Blücher. Il n'est pas sans
intérêt de comparer la familiarité populaire avec
laquelle les soldats allemands de 1813 traitaient
leur général de quatre-vingt-dix ans, à cette
sorte d'enthousiasme sombre et de terreur ad-
mirative que l'empereur inspirait au soldat français. Cette familiarité a passé dans la poésie
d'Arndt :

Beau clairon, que dis-tu? Francs hussards en avant!
Notre vieux général est plus prompt que le vent,
Son cheval intrépide a henni d'allégresse,
Et sa lame tranchante a brillé vengeresse.

Voyez-vous rayonner ses yeux clairs et perçants?
Voyez-vous ondoyer ses cheveux blanchissants,
Sa vieillesse fougueuse est un feu de colère,
Suivez-le, gais hussards, c'est le roi de la guerre.

Tout semblait s'écrouler dans l'abîme éternel ;
Il leva hardiment son fer nu vers le ciel,
Et jura par l'acier flamboyant et sauvage
De prouver au tyran ce que peut un courage.

Et ce fer a vaincu ! Aux clairons éclatants,
Ce vieillard est parti comme un cœur de vingt ans,
Il chassa le tyran, il était de sa taille,
Ah! sonnez la victoire, ô clairons de bataille !

Ce ton vif fit la fortune de ces chants. Arndt est le plus grand des poètes patriotiques de 1813, parce qu'il a su être populaire sans rien abdiquer de sa noblesse. On a remarqué qu'un souffle républicain court à travers sa poésie et qu'il ne nomme les princes que pour les accuser. C'est l'opposé chez Max de Schenkendorf qui représente le parti aristocratique parmi les chanteurs de 1813. Sa poésie a parfois quelque chose de doux, de mystique et de pénétrant comme le chant : « Liberté que j'aime, qui remplit mon cœur », beau surtout par la mélodie de Groos; mais l'inspiration de Schenkendorf est troublée par une chimère, il rêve le rétablissement du vieil empire féodal et germanique. Rückert le surpasse de beaucoup dans ses *Sonnets cuirassés* par la hauteur de pensée, la vigueur de touche et la force des images. Il s'adresse à la classe pensante, aux écrivains, à la jeunesse studieuse, aux philosophes, aux femmes, à l'élite de la nation et l'excite à la révolte. Le plus connu de ses chants patriotiques est celui des *Trois compagnons*. Trois soldats vont ensemble à la guerre, l'un est Prussien, l'autre Autrichien, le troisième ne dit pas de quel pays il vient. Frappés d'un coup de mitraille ils tombent tous trois ensemble, l'inconnu au milieu, les deux autres à ses côtés. L'un crie : Vive la Prusse! l'autre : Vive l'Autriche! Alors l'inconnu se relève et s'écrie d'une voix défaillante : Vive l'Allemagne! Les deux autres se relèvent, se cramponnent à ses bras, et tous trois avant d'expirer s'écrient encore une fois : Vive l'Allemagne! On le voit, la poésie lyrique donna pour ainsi dire le signal de ce grand mouvement unitaire de l'Allemagne qui est en train de s'achever et qui malheureusement n'a pas commencé comme Rückert l'avait rêvé.

Les poésies patriotiques de 1813 forment un intermezzo dans l'histoire du romantisme allemand. Tant que dura la lutte on se fit soldat, chanteur populaire, homme de parti. Une fois l'indépendance reconquise, la paix assurée, les souverains refusèrent au peuple les libertés promises à l'heure du danger, redoublèrent de despotisme, et sauf Arndt, Uhland et quelques autres, les rêveurs rentrèrent dans le pays des rêves. Témoin le baron d'Eichendorff qui avait été chasseur volontaire dans l'armée prussienne de 1813-1815 et qui devint après la guerre un des plus brillants représentants du lyrisme romantique.

Eichendorff est un croyant naïf. Cette âme tendre, religieuse et candide est presque une exilée dans le monde moderne. Troubadour à la cour des Hohenstaufen en l'an 1200, il eût été le plus heureux des mortels ; il aurait chanté le saint-empire germanique, la Vierge et la dame de ses pensées. Son malheur voulut qu'il fût *Referendarius* à Breslau en 1820; et il regretta toute sa vie le saint-empire et la foi de ses pères. Ce culte exclusif du passé lui fit une place à part dans le lyrisme allemand. On se souvient de ces ermites d'autrefois qui se bâtissaient une chapelle de pierre au fin fond de la forêt. On les voyait rarement, on connaissait à peine leur retraite, mais le soir les bûcherons entendaient parfois une voix grave se prolonger sous les dômes sombres des sapins séculaires. Eichendorff est un de ces ermites. Il vit à peu près en dehors du monde, mais il lui a été donné d'exprimer avec une délicatesse exquise quelques-uns des sentiments favoris du peuple allemand. Il aime la nature; voilà ce qui rend sa poésie vraie et vive. Le mystique Novalis en voulant monter au ciel se perd dans le vide, Eichendorff non moins croyant trouve cependant que la terre est belle, il fait passer les anges sur les moissons dorées sous le voile du crépuscule et nous fait entendre le souffle de Dieu dans le murmure des grands bois. Il préfère à tout autre séjour les hautes forêts solennelles, silencieuses, remplies seulement d'un religieux frémissement. Là, seul, loin du monde, il va chercher la force et la joie et lorsqu'il quitte la haute forêt, il jure de s'en souvenir au milieu de la foule humaine, afin de garder au fond de son cœur la jeunesse, la foi et la sainte fidélité. Le cycle sur la mort de son enfant, où le poète associe la nature à sa douleur avec une grâce naïve, est peut-être ce qu'il a composé de plus touchant. On est saisi comme à l'improviste, en lisant la première promenade du père dans le jardin, où son enfant jouait encore il y a peu de jours. Les fleurs lui jettent des regards à la dérobée et envoient des papillons à la recherche de leur compagnon habituel ; le coucou apparaît dans les branches du bosquet comme s'il attendait son ami, enfin l'arbre rompt le silence et dit : Pourquoi viens-tu seul aujourd'hui? Le père se tait, l'arbre secoue sa tête sombre, les feuilles frémissent, l'herbe se couvre de pleurs et le père fond en larmes.

Cette communion intime du poète avec la nature annonce le disciple de la chanson populaire. Il apparaît plus nettement encore dans les chants d'amour et de voyage, où Eichendorff fait parler des musiciens ambulants, des étudiants, des matelots et des soldats. Rien de plus simple que la célèbre chanson du moulin :

> Au fond de la prairie,
> Là cause un frais moulin ;
> Ma maîtresse est partie,
> Je tourne autour en vain.

Elle était ma promise,
J'en reçus cet anneau,
Mais quand la foi se brise,
Se brise aussi l'anneau.

Je parcourrai la terre
En chanteur ambulant ;
Ma voix avec mystère
Dira mon long tourment.

J'irai dans la bataille
En sombre cavalier ;
Au fort de la mitraille
Je veux, je veux voler.

Le moulin me repousse..,
Il tourne, il tourne encor,
La mort me serait douce...
Il se tairait alors (1) !

Le soldat qui revient de la guerre et qui
trouve sa bonne amie mariée est le pendant de
ce Lied.

LE DERNIER SALUT

J'avais passé près du vieux hêtre,
Je vis la maison dans les bois,
Ma mie était à sa fenêtre,
Filant, filant comme autrefois.

(1) Voir la mélodie V à l'appendice.

J'étais soldat, j'étais en guerre,
Un autre, un autre est son époux,
Nous étions comme sœur et frère ;
Aujourd'hui, quel gouffre entre nous !

Un enfant jouait sur la route,
Il ressemblait à mes amours :
« De t'embrasser, oui il m'en coûte,
Mais Dieu te bénisse à toujours ! »

Ma mie était pâle, inquiète,
Dans ses yeux tristes, quel émoi !
Pensive elle inclina sa tête,
A-t-elle vu que c'était moi ?

Là-haut, là-haut près du vieux hêtre,
Les feuilles faisaient un doux bruit,
J'ai fait chanter mon cor... peut-être
L'a-t-elle entendu dans la nuit.

Les oiseaux ont chanté l'aurore,
Elle a pleuré, pleuré, pleuré !...
Moi j'ai marché, je marche encore,
Et jamais je ne reviendrai !

Il n'y a pas une ligne dans ces chansonnettes que le peuple n'aurait pu trouver lui-même ; et pourtant que le sentiment est élevé, que le tableau est complet ! Aussi le peuple les chante-t-il dans toute l'Allemagne.

La poésie romantique allemande était dans ses plus beaux jours en 1825. Une foule d'adorateurs se pressaient autour d'elle, maint chevalier faisait flotter ses couleurs dans l'arène de

la littérature èt de la critique, les rois lui sou-
riaient parce qu'elle les encensait, les diploma-
tes la protégeaient parce qu'elle faisait oublier
au peuple ses pensées de liberté. C'est alors
qu'entra en lice un poète étincelant d'esprit et
d'imagination, qui s'annonça comme son plus
fougueux chevalier. Par malheur, il s'aperçut
un beau jour qu'il rompait des lances pour une
vieille douairière desséchée, au lieu de conquérir les charmes d'une jeune beauté florissante.
Rouge de colère, il lui jeta son gant à la face et
distribua à tous ses champions de si bonnes es-
tocades, que la plupart ne s'en relevèrent plus, et
que la dame vénérable en mourut de dépit. Cet
enfant terrible c'est Henri Heine. A ce nom que
de burlesques et ravissantes apparitions surgissent et tourbillonnent devant l'esprit ! Que de
fées pensives vous regardent de leurs grands
yeux d'un bleu sombre, que de nixes moqueuses
vous raillent en passant, que de caricatures
bouffonnes, que de figures douloureuses et tragiques défilent à nos yeux. Quel concert de rires et de pleurs étourdit nos oreilles. La forêt
magique des contes de fées s'ouvre de nouveau
au regard fasciné, et dans la brume lumineuse
des vertes frondaisons, dans le scintillement du
soleil sur les feuilles exubérantes se montre une
main blanche qui nous fait signe, nous appelle
et nous attire plus loin, toujours plus loin.

L'histoire de Heine et de la poésie romantique est elle-même un des plus étranges contes
de fées. Cette poésie, comme une châtelaine ambitieuse, avait transporté ses pénates dans l'antique château du moyen âge et l'avait restauré
somptueusement. Entre ses murs chancelants,
elle avait reconstruit, en bois, il est vrai, une
salle splendide. Des colonnes torses soutenaient
fièrement la voûte mauresque, et les statues colossales des vieux empereurs, rangées au fond de
la salle près du trône de la sainte et mystique
Poésie, semblaient prêtes à tirer l'épée pour la
défendre. C'est dans cette salle étincelante de
flambeaux, de fontaines et de lustres que les
romantiques se donnèrent rendez-vous pour une
fête immense. Oh! le joyeux bal! oh! les masques follement bariolés! C'est là qu'on vit arriver les costumes les plus resplendissants, des
chevaliers allemands, francs, maures et sarra-
sins; de blondes châtelaines aux robes d'azur
parsemées d'étoiles d'argent, de sombres reines
aux manteaux de pourpre où rayonnaient des
soleils d'or, des troubadours aux longues chevelures flottantes. Et l'on chanta de nouveau les
folles aventures et la douce souvenance d'amour.
Les chevaliers applaudirent, le sein des femmes
se gonfla de désir, et du haut de son trône go-
thique la Poésie jeta des couronnes parfumées
aux chanteurs. Puis le bal commença; une mu-

sique rêveuse attira les couples dans son cercle
magique et de ses cadences de plus en plus passionnées les entraîna dans un fougueux tourbillon. A ce moment entra un mystérieux chevalier
espagnol. Dans son pourpoint de velours il
marchait aussi fièrement que le plus superbe hi-
dalgo, sur son manteau brodé d'or on voyait
quelques chiffres arabes et hindous, une grande
plume de corbeau flottait sur sa tête. Il ne portait point de masque. Son visage était beau et
séduisant. Un feu doux et sombre couvait dans
ses yeux fixes et le dédain superbe plissait ses
lèvres voluptueuses. Ses armes étaient brodées
en argent sur sa barrette. C'étaient deux têtes
de sphinx dont l'une semblait pleurer et l'autre
éclater de rire. On cessa de danser pour le regarder. Il saisit négligemment la première guitare venue et chanta quelques romances cas-
tillanes d'un ton si fier, d'un accent si nouveau,
qu'un tonnerre d'applaudissements l'accueillit.
Le bal reprit avec furie et le nouveau venu en
fut le roi. Mais bientôt tout le monde s'arrêta
de lassitude : « Or çà, dit à haute voix le bel
inconnu, il est minuit, qu'on se démasque! Assez de comédie! Je veux savoir qui vous êtes.
Moi je m'appelle Henri Heine. Je suis juif ou
protestant, comme vous voudrez, mais je me ris
de Dieu et du diable, j'adore l'amour et la liberté, mais je hais l'hypocrisie. J'ai dit qui je

suis, que chacun en fasse autant! » Tous se ré-
crièrent indignés. Alors le beau chevalier partit
d'un éclat de rire sardonique : « Quoi! vous
avez peur, beaux masques! Eh bien, je sais qui
vous êtes. » Et s'approchant d'un majestueux
templier, il lui arracha son masque : « Toi,
s'écria-t-il, tu n'es qu'un jésuite et tu fais ici les
petites affaires de ta congrégation. Vous, beau
petit comte qui ne parlez que croisades, vous
n'êtes qu'un valet de Sa Majesté le roi de Prusse,
et vous feriez mieux d'entrer dans la garde et
d'y montrer votre taille que de parader dans le
palais de la Poésie où vous n'avez que faire.
Toi, beau troubadour, qui soupires pour la
dame de tes pensées, tu n'es qu'un commis né-
gociant en bonne fortune avec une chambrière.
Vous êtes tous de faux saints, de faux chevaliers et de faux troubadours. Je vous démas-
querai tous, illustres faquins, je montrerai sous
vos masques lisses vos faces ridées de cuistres
et de charlatans, et sous vos pourpoints de soie
vos habits râpés d'usuriers et de bureaucrates.
En vérité, si vous n'étiez à mourir de rire, vous
mériteriez qu'on vous chasse à coups de fouet.
Quant à vous, dames illustrissimes, je n'exa-
mine pas vos titres. Que serait donc la comédie
et la tragédie de la vie, si vous n'aviez pas le
droit de vous jouer de nous, de nous faire danser comme des marionnettes, de remplir nos

cœurs de tortures divines et de voluptés douloureuses? Comtesses, danseuses, bohémiennes et
courtisanes, je vous aime toutes et je vous célèbre. A vous mes chants de gloire et d'ivresse.
Vous êtes belles, et vive le bal! » A cette sortie,
il y eut un orage de rires, de cris et de vociféra-
tions. La voix stridente du chevalier allait jusqu'à la moelle des os, il y avait dans son amertume je ne sais quoi d'âpre et de déchirant
qui faisait frissonner; la vieille bicoque romantique trembla dans ses fondements. Il y en eut
quelques-uns qui lui demandèrent raison de ses
insultes. Il croisa le fer avec eux et les étendit
sur le plancher de façon à leur ôter l'envie de
recommencer la lutte. « On étouffe dans votre
salle, dit le vainqueur, il me faut de l'air et le
souffle des, grands bois. » Ce disant il enfonça
la grande porte, un coup de vent entra, tous les
lustres s'éteignirent et chevaliers et belles dames se virent comme des spectres à la lueur de
quelques pâles flambeaux. Mais à travers la
porte brisée apparut un paysage féerique de forêts, de montagnes et de lacs dormants sous le
clair de lune. Alors le poète magicien, saisissant
une vieille harpe oubliée, en tira des accords si
merveilleux que les forêts lointaines en frémirent de délices. A leurs mélodies caressantes,
s'éveillèrent les génies des bois et les déesses
des eaux, pour renouer leurs rondes gracieuses

et renouveler leurs chants tentateurs. Aux soupirs de la harpe magique, aux appels impérieux
de l'enchanteur un essaim de fantômes légers
s'approcha, et se glissa dans la salle aux yeux de
la foule ravie. Elles arrivèrent du fond de leurs
dômes de verdure les elfes sauvages couronnées
de fleurs fantastiques et ceintes de guirlandes
de bouleaux pour recommencer leur ronde fu-
gace au clair de lune. Elles arrivèrent du fond
de leurs palais de cristal et de leurs cascades
écumeuses les nixes, les folâtres rieuses, aux
seins de neige palpitants; elles s'entraînèrent et
s'enlacèrent dans une ronde furieuse. Parfois
les plus folles. en passant devant l'enchanteur,
se retournaient, et belles, échevelées, les seins
au vent, un éclat de rire aux lèvres elles semblaient vouloir lui ravir un baiser, mais elles
n'effleuraient que sa harpe. Et au milieu du cercle des folles ondines flottaient comme une mystérieuse vision la bien-aimée du poète, les bras
croisés, sa petite tête brune penchée avec un
étrange sourire aux lèvres. Était-ce de la tendresse ou de l'ironie? Tout à coup le capricieux
nécromancien interrompit sa musique enchanteresse par un accord strident, et se mit à jouer
des airs si comiques qu'on ne pouvait les entendre sans rire. Ces airs avaient une vertu singulière. Chacun d'eux faisait entrer instantanément
dans la salle un personnage contemporain; il

dansait comme un pantin de la façon la plus burlesque et dévidait ses plus secrètes pensées. Tantôt c'était le gros banquier Gumpel de Berlin, s'intitulant en Italie, il marquese Gumpelino, déclamant du Shakspeare en calculant la hausse de ses rentes et se prenant pour le Roméo d'une Anglaise fantasque, laquelle lui administre tendrement certain philtre de pharmacie, qui le guérit à tout jamais de ses imprudentes amours. Tantôt c'est le philosophe kantien Saül Ascher avec ses jambes abstraites et sa figure décharnée, exprimant l'impératif catégorique, qui marche comme une horloge en disant : la raison est le premier principe. Tantôt c'est le vieux Schlegel avec ses trente perruques de rechange. Enfin, c'est toute une galerie de *binettes* contemporaines. « Ah! vous vous récriez à ces charmantes figures, dit le magicien. Pourtant c'est vous, c'est votre génération qui a pour nom sottise, hypocrisie, servilisme. Avec vos pieuses cafardises, vos lâches concessions vous avez empoisonné votre religion, votre philosophie, votre vie entière. D'ailleurs, tout n'est que rêve, chimère, illusion. La poésie est aussi folle que la réalité est stupide. L'histoire est une comédie que se donne le bon Dieu pour tuer le temps. Au fond, vous n'y croyez pas plus que moi à ce bon Dieu qui fait peur aux enfants et aux nourrices. Seulement vous êtes trop lâches pour le dire. Vous ne vous estimez guère, mais vous posez devant le monde, vous vous affublez de bonnets, de croix et de rubans et on vous prend pour des héros. Eh bien! moi, je ne suis qu'un fou, je ne crois à rien, je me méprise, mais je dis la vérité. Mon cœur saigne, mais vos sottes infamies ne m'arracheront jamais qu'un rire de mépris et j'ai le droit de vous cingler la face! » Ainsi parla le magicien satirique transformé en fou de cour, coiffé d'une marotte et un fouet à la main. « Sus au misérable! haro sur le baudet! mort au blasphémateur! » cria toute la gent romantique, aristocratique et cléricale. Mais lui, saisissant une torche en feu, la brandit autour de lui et entonna la *Marseillaise* d'une voix de stentor. « Oh! ce chant vous fait peur, dit-il, pour l'étouffer vous voudriez dresser un échafaud. Parbleu, je veux vous aider. » Alors le sombre magicien évoqua le spectre de la guillotine. Elle se dressa dans un brouillard rouge, haute et sanglante et tout autour se promenaient des corps sans tête qui se faisaient de graves révérences.. C'était Marie Antoinette et sa cour. « Des corps sans tête, voilà l'image de votre société, » dit en riant le fou terrible. Déjà on entendait chanter au loin la *Marseillaise*, la *Carmagnole* et le *Ça ira* et ces chants allaient croissant comme le mugissement de la tempête, au tocsin de 1848. « Le jour

de gloire est arrivé ! » dit le poète en lançant sa
torche dans les lambris de l'édifice vermoulu.
La flamme rouge le saisit et gagna les combles
en crépitant de joie. Les poutres craquèrent, la
foule s'enfuit, en un clin d'œil la salle brillante
fut un brasier, elle s'effondra et le poète poussa un
cri de triomphe. Tout à coup il se retrouva dans
le morne donjon, vieilli, triste, seul. Comme dans
les contes de fées quand le château plein de
flambeaux,. de varlets et de damoiselles s'est
évanoui, il n'entendit plus que les cris de la
chouette et de l'orfraie.. Alors le poète s'écria
tristement : « Et pourtant j'ai aimé ! et pourtant
j'ai cru à l'Idéal ! » Peut-être n'avait-il jamais été
plus sincère ; mais il avait trop ri, on ne le crut
point.

Ceci est la très véridique histoire de Henri
Heine. Le plus fou des romantiques mit le feu
au château. Mais à vrai dire l'incendiaire n'était
que l'exécuteur impitoyable de la fatalité. Car ce
château était de bois. Je veux dire que les prin-
cipes de l'école romantique allemande devaient
la conduire à une ruine précoce. N'avait-elle
pas voulu se mettre au dessus de toutes les lois
et créer une poésie en dehors du monde réel?
N'avait-elle pas déclaré que son principe suprême c'était l'ironie dédaigneuse du poète, con-
templant toute chose des hauteurs de la fantaisie? Il fallait que justice se fît ; Henri Heine

s'en chargea. Il retourna l'ironie contre ceux qui s'en servaient si mal, mit la bande en fuite, mais à force de manier l'arme à double tranchant il s'en blessa cruellement. Après s'être moqué de tout le monde il se moqua de lui-même, cessa presque d'être un caractère et le génie survécut à l'homme.

Henri Heine est un génie à double face. D'un côté, on y trouve une sensibilité ardente, subtile, féminine, d'une exquise délicatesse; de l'autre, un esprit infernal, une ironie maligne et sauvage, qui de ses flèches empoisonnées frappe l'ennemi droit au défaut de la cuirasse; tantôt une tristesse suave et rêveuse, tantôt un rire méchant et cynique; ici l'ange, là le démon. Cette nature double a été une des causes principales du succès prodigieux de Henri Heine en France. On aime chez nous ces contrastes heurtés, ces poètes au cœur sanglant et déchiré qui disent au monde : Vois-tu les blessures que tu m'as faites? et qui, quand la foule approche, se redressent et font siffler le fouet autour de ses oreilles. On a pardonné à Henri Heine ses excentricités de sentiment et d'imagination, grâce à son esprit mordant. Qu'il lui arrive par exemple, de parler d'un amour de jeunesse, de quelque belle jeune fille blonde et songeuse, il en parlera si bien, que vous, Français sceptique, vous serez sur le point d'être ému. Déjà les larmes vous viennent aux yeux et vous craignez de perdre votre enjouement d'homme du monde. Mais voici qu'un trait d'esprit part comme une flèche, la madonne se change en soubrette; vous souriez et vous voilà soulagé. Vous pensiez avoir à faire à Jean Paul, point du tout, c'est à un autre Voltaire. La surprise vous enchante et vous applaudissez. Pour les Allemands, c'est tout le contraire. Ils voulaient rire et on les fait pleurer; ils sont furieux.

Il ne suffit pas de signaler le contraste, il faut le comprendre. Henri Heine, qui aimait à se faire passer pour le Byron allemand, a dit que le poète d'un siècle tiraillé entre le passé et l'avenir devait forcément avoir le cœur déchiré en deux. Et pourquoi? Cela dépend du poète. S'il comprend les luttes de son siècle et en prévoit l'issue, il peut s'y jeter hardiment et garder une âme tranquille lors même que son sang s'échauffe dans le combat. Byron avait déclaré la guerre aux mœurs et aux préjugés de son temps, mais il se prenait au sérieux, il croyait à ses héros, il n'a jamais douté de lui-même, il est mort pour la liberté des Grecs. Lord Byron est en contradiction avec son siècle, Henri Heine est surtout en contradiction avec lui-même. Cela tient plus à son tempérament qu'à son temps. La nature l'avait doué, d'une part, d'une merveilleuse sensibilité poétique, de

l'autre, d'une vue perçante des ridicules et des
bassesses de l'homme. Ces deux facultés sont
chez lui également puissantes, elles lui sont
également chères, et si vous lui donniez le choix,
il hésiterait. Il adore la mer du Nord et son
imagination y déploie des ailes d'aigle, mais les
philistins de Berlin et de Munich n'en font pas
moins ses délices. Il comprend les plus divines
extases de l'amour ; mais se moquer d'une bourgeoise sentimentale, qui étale au soleil couchant
ses charmes problématiques et enivre un candide étudiant de sa sottise épanouie, voilà un
plaisir qu'il ne donnerait pas pour un empire.
Il hait l'hypocrisie dévote, la sottise prétentieuse,
l'égoïsme rampant, mais il aime haïr, c'est une
volupté pour lui. Quand il voit s'accoupler la
méchanceté et la bêtise, il les crible de traits et
lorsqu'ils bondissent sous le coup, il s'amuse,
il se délecte, il éclate de rire. Quelquefois cependant son rire se change en pleurs. Il se moquera
par exemple, d'un vieux moine abêti par les pra-
tiques religieuses, puis tout à coup, saisi de
pitié, il a peine à retenir une larme. Mais plus
souvent les larmes tournent au rire chez cette
organisation nerveuse. Qu'au moment de s'at-
tendrir devant une *Annonciation* il s'aperçoive que
l'ange Gabriel ressemble à un heureux Céladon,
alors adieu le sérieux. L'idéal est pour Heine
un jardin splendide peuplé d'arbres gigan-

tesques, de fleurs superbes et d'hommes divins ;
la réalité n'est à ses yeux qu'un affreux tripot
rempli de coquins, de cuistres et de cafards ;
et pourtant ce tripot le fascine. Dans les fanges
de la réalité il rêve de l'idéal, et dans le beau
jardin de l'idéal il ne peut oublier les figures
grotesques de là-bas. Il n'a pas su réconcilier
ces deux mondes opposés. Il les porte dans sa
poitrine comme un ange et un démon qui sont
toujours en lutte et ne peuvent se terrasser. De
là les dissonances criardes dans ses œuvres. A
la fin, il ne sait plus lui-même où il en est. « Il
y a des cœurs, dit-il dans les *Reisebilder*, où la
plaisanterie et le sérieux, la malice et la bonté,
la verve pétulante et la morgue s'amalgament
d'une façon si bizarre qu'il est difficile de les
juger. Un semblable cœur se trouvait dans le
sein de Mathilde ; quelquefois c'était une froide
île de glace, dont le sol poli comme un miroir
laissait jaillir des palmiers languissants, et souvent aussi c'était un volcan d'enthousiasme
dont la flamme était étouffée tout d'un coup sous
un rire éclatant comme une avalanche de
glace. » Cette lady Mathilde ressemble étonnamment à Heine. « Mon cœur, dit-il ailleurs,
a des parfums si violents qu'ils me montent à
la tête et m'étourdissent ; alors je ne sais plus
où l'ironie cesse et où le ciel commence. »

Il semble que ce tempérament fantasque ne

soit pas favorable au lyrisme, qui ne triomphe que par l'expression harmonieuse des sentiments. Pourtant Henri Heine est le plus grand lyrique allemand du dix-neuvième siècle et sa place vient immédiatement après Goethe. Il a su concentrer dans ses Lieds sa vive sensibilité et n'y laisser paraître l'ironie que par pointes légères, comme pour nous avertir qu'il y a un satirique sous le poète et qu'il n'est pas la dupe de ses songes. Il est vrai que dans ses dernières œuvres poétiques le *Romanzero, Atta Troll*, le *Conte d'hiver*, *Lazare*, Henri Heine s'est laissé entraîner de plus en plus par sa verve aristophanesque. Le diable l'emporte finalement sur l'ange et trépigne gaîment sur son cadavre. Mais dans son premier recueil, le *Livre des chants*, quel sentiment prime-sautier, quel art merveilleux, que de chefs-d'œuvre! Ces Lieds qui n'ont souvent que deux ou trois strophes ont une puissance mystérieuse d'émotion communicative, qui vous pénètre de frissons délicieux comme la mélodie suave et douloureuse de violons à la sourdine. Pour la force captivante du charme, ils atteignent les chants de Goethe. Les vieilles sagas racontent que les magiciens du nord possédaient des sceptres de bois sur lesquels étaient inscrites certaines lettres, appelées *runes*, qui formaient des mots et des vers magiques. Chacun de ces vers avait une puissance

occulte, soit d'exciter certains sentiments, certaines passions dans l'âme des assistants,
soit de consacrer la force des serments, soit
d'évoquer certaines divinités. Les Lieds de
Heine ont une puissance analogue; à peine
a-t-on entendu le premier vers qu'une certaine
corde de notre être est touchée, peut-être ne la
connaissons-nous pas nous-mêmes, mais voici
qu'elle vibre, doucement d'abord, puis toujours
plus fort jusqu'à ce qu'elle gémisse de douleur
ou chante de joie. En apparence c'est bien peu
de chose qu'une de ces chansons, ce n'est souvent qu'une pensée, qu'un sourire, mais quel
sourire expressif! quelle pensée insinuante!
Chacune d'elles se grave dans la mémoire comme
un clair-obscur de Rembrandt, et laisse en nous
l'echo vibrant d'une musique étrange aux désirs
inassouvis et comme la sensation fatale d'un motif
dont on cherche le sens et qu'on ne peut oublier.

L'histoire d'amour qui sert de thème à l'*Intermezzo* est des plus communes. Une petite bourgeoise se laisse faire la cour par un poète, lui
donne quelques espérances, puis épouse un qui-
dam riche et bien posé. Cette histoire arrive
cent fois par jour en Allemagne et ailleurs.
Mais tout le monde ne sait pas chanter ses déceptions comme Henri Heine. Il dit lui-même :
« Quand je vous ai conté mes peines, vous avez
bâillé et vous n'avez rien dit, mais quand je les

ai mises en jolis vers, vous m'avez fait de
grands éloges. » Rien de plus naturel au fond ;
car le poète seul pouvait nous faire partager les
émotions de l'homme et nous en faire sentir l'intensité. Soit qu'il fasse frémir d'amour et chanter le calice du lis pour exprimer le premier
baiser de sa maîtresse, soit que sur les ailes de
son chant il veuille l'emporter jusqu'aux rives
du Gange, où les fleurs de lotos attendent leur
sœur bien-aimée, où les gazelles intelligentes
viennent épier les amants qui chuchotent voluptueusement à l'ombre des palmiers et où mugis-
sent les ondes du fleuve sacré, soit qu'après la
trahison il aperçoive en rêve l'infidèle resplendissante de diamants, mais la nuit noire dans
son sein et au fond un serpent qui lui ronge le
cœur, toujours nous entendons cette musique
intérieure de l'âme qui est comme le mouvement
de la vie, toujours nous voyons le paysage, la
scène, le tableau, nous voyons le visage de la
« petite brune, » tantôt triste, tantôt malicieux,
nous croyons entendre jusqu'au son de sa voix.
Il y a bien çà et là quelques velléités ironiques,
quelques traits contre les philistins endiman-
chés, qui de leurs longues oreilles savourent le
chant criard des moineaux. Mais partout et sous
l'ironie même on sent courir la passion. Parfois
un rêve à peine ébauché fait entrevoir des abîmes de souffrance :

Doux amour, lorsque dans la tombe
Seulette tu reposeras,
Comme un rayon furtif qui tombe
Je veux me glisser dans tes bras.

Pâle et silencieuse amie,
Oh! comme je veux te presser !
Dans les sanglots de l'agonie
Baiser tes lèvres, t'enlacer !

Minuit ! j'entends le sol qui tremble,
J'entends les morts passer sur nous.
Nous nous aimons ! restons ensemble,
Le sommeil dans tes bras est doux.

Les morts se lèvent, sombre foule,
Voici le jour du jugement !
Laissons passer leur mer qui roule,
Dormons, dormons paisiblement.

L'image du dernier jugement qui réunit les
amants séparés est empruntée à la chanson populaire. Elle revient de temps à autre chez Heine
et produit toujours un grand effet, car c'est sous
cette image grandiose que depuis des siècles le
peuple en Allemagne se représente l'éternité.
Comme Eichendorff, Heine est un disciple de la
chanson populaire et un disciple plus heureux
encore. Il a su lui ravir sa charmante noncha-
lance, ses cris primitifs à demi articulés qui
nous atteignent comme la voix de la nature. Il
en diffère par la finesse extrême des sensations
et la perfection de la forme. Heine est aussi lo

disciple de Goethe dont il a étudié la langue magistrale, mais il condense davantage sa pensée
et concentre ordinairement l'effet sur la dernière
strophe ou sur le dernier vers. Ce sont des chefs-
d'œuvre de concision facile. Voici, par exemple,
une petite chanson de printemps qui est une
musique ravissante dans l'original et met en
branle une foule d'images et de pensées, comme
la phrase mélodieuse d'un chalumeau qui réveille une série d'échos dans un joyeux vallon :

> Quelle suave sonnerie
> Traverse mon âme en chantant ?
> Résonne au loin sur la prairie,
> O jeune chanson de printemps !
>
> Va voir la violette éclose,
> Porte mes vœux à chaque fleur ;
> Et si tu rencontre une Rose (1),
> Dis-lui le salut de mon cœur !

Heine semble vouloir pénétrer plus avant que
ses devanciers dans la vie cachée de la nature.
Chez lui tout vibre, tout palpite, tout parle.
L'étoile cligne malicieusement des yeux, les vio-
lettes chuchotent sous l'herbe, la forêt sait son
secret, les curieux chevreuils comprennent la
causerie des amants. Ses paysages brûlent de

---

(1) Dans la langue poétique, *Eine Rose*, signifie parfois : une jeune
fille.

volupté ou frissonnent de douleur. Souvent une
seule image lui suffit pour nous jeter dans une
interminable rêverie :

> Sur un mont chenu de Norwége,
> Un pin se dresse triste et seul,
> Il dort — et l'éternelle neige
> Le couvre d'un épais linceul.
>
> Il rêve d'un palmier splendide,
> Qui loin dans l'Orient vermeil,
> Languit seul sous un ciel torride,
> Sur son roc brûlé du soleil.

Quand l'homme se retrouve ainsi dans le
monde végétal, ne semble-t-il pas que les énergies secrètes, qui dorment dans les plantes aux
mille formes, se traduisent dans le langage
de la poésie et que l'âme de la nature se révèle?

Voici un autre paysage dans lequel Heine a
versé la douleur déchirante d'un adieu éternel :

> Le bois jaunit, le bois frissonne,
> Les feuilles tombent lentement ;
> J'ai vu tomber au vent d'automne
> Ce qui fleurit de plus charmant.
>
> La cime frêle et douloureuse
> Des arbres vient de s'embraser.
> Saison d'été, saison heureuse,
> Serait-ce ton dernier baiser?

Ah! je pourrais sous ce feuillage
Pleurer, pleurer du fond du cœur ;
Je me souviens à cette image
De notre adieu plein de douleur.

J'ai dû te quitter, toi si chère,
Et je savais que tu mourrais !
J'étais la saison passagère,
Et toi la mourante forêt.

Écoutez encore cet autre Lied qui semble chanter sur le sépulcre des beautés terrestres et célestes comme la voix d'un sylphe léger qui monte en planant dans l'azur foncé du firmament :

La belle étoile tombe
De son brillant séjour,
Elle a trouvé sa tombe
L'étoile de l'amour.

Le doux pommier frissonne ;
Tombez feuilles et fleurs,
Dépouilles de l'automne,
Jouets des vents moqueurs.

Cygne de l'eau dormante,
Ton chant me fait frémir ;
Doucement tourne et chante,
Les flots vont t'engloutir !

Silence — sur la terre,
Tout dort, tout a passé ;
L'étoile est en poussière,
Le doux chant a cessé.

Heine n'excelle pas seulement dans le Lied proprement dit. Il est passé maître dans la ballade. Sujets chevaleresques et modernes lui réussissent également. Les *Deux Grenadiers*, le *Pèlerinage à Kevlar*, l'*Idylle dans le Harz* autant de chefs-d'œuvre émouvants. La plus connue de ses ballades c'est la *Lorelei*; je crois qu'il serait difficile de trouver quelqu'un en Allemagne qui ne la sût point par cœur. Une ancienne tradition des bords du Rhin raconte qu'une des ondines du fleuve, appelée *Lore* ou *Lorelei*, apparaît quelquefois, non loin de Bacharach, sur un haut rocher qui surplombe le courant rapide, et chante un chant séducteur. Sa voix a une puissance si forte que lorsqu'un batelier s'oublie à l'écouter, il est perdu. Sa nacelle livrée à la violence du courant va se fracasser contre les rochers et le tourbillon engloutit le malheureux. C'est cette Lorelei si connue du peuple que Heine a célébrée :

> Dis-moi, quelle est donc cette histoire
> Dont mon cœur se souvient,
> De douce et d'antique mémoire,
> Qui toujours me revient?
>
> La brise fraîchit, il fait sombre,
> Le vieux Rhin coule en paix ;
> Tout dort, tout grisonne ; dans l'ombre
> S'embrasent les sommets.

Là-haut une vierge immortelle
   Trône au soleil couchant,
Son sein de rubis étincelle,
   La belle chante un chant;

Chante en peignant sa chevelure,
   Plus fière que le jour,
Un chant de merveilleuse allure,
   Un puissant chant d'amour !...

Le pêcheur d'un désir sauvage
   Frémit dans son bateau ;
Son œil ne voit plus le rivage,
   Son œil regarde en haut !

Je crois que la vague dévore
   La barque et le pêcheur.
O Lore des flots, fière Lore,
   Voilà ton chant vainqueur (1).

Belle sirène du Rhin, Lore aux cheveux d'or, dont la voix est douce et orageuse comme le murmure des vagues, toi qui aimes à séduire et qui jouis dans la séduction, toi qui as vu plus d'un enfant des hommes s'engloutir dans le tourbillon fatal et qui n'en souris pas moins toujours plus belle, toujours plus triomphante, que tu ressembles dans ta blancheur radieuse à l'immortelle Poésie, qui trône dans l'azur et qui chante dans sa beauté, tandis que, les yeux fixés sur elle, plus d'un amant téméraire va se briser

(1) Voir la mélodie VII dans l'appendice.

contre les écueils de la Réalité et s'engloutir dans le fleuve de l'Oubli.

Si Henri Heine a eu un rival dans sa génération, c'est Uhland. On n'imagine pas deux hommes formant un contraste plus tranché. A ce propos M. Vischer, le plus grand esthéticien que l'Allemagne possède en ce moment, raconte un mythe charmant de sa façon. Il prétend que les Muses s'ennuyant à cœur joie sur l'Hélicon, résolurent un beau jour de s'enivrer. Ce jour-là les échos de la montagne sacrée répétèrent avec effroi des cris de bacchantes et les refrâins sauvages d'une danse dithyrambique. Celle des sœurs immortelles qui ressentit le plus fortement la puissance de Dionysos, ce fut Euterpe, la Muse de la poésie lyrique. Elle errait comme folle sur les hauteurs de la montage sacrée et lançait en l'air ses deux flûtes, comme les Ménades lancent leurs canthares en criant : Evohé! Evohé! Quand vint la nuit, une idée étrange lui traversa l'esprit. Elle résolut de descendre sur la terre et d'embrasser le premier mortel qu'elle rencontrerait. Sitôt dit, sitôt fait. Les yeux enflammés, la chevelure au vent, elle prit son vol à travers les airs du côté du nord, et se laissa tomber dans une grande ville sur les bords de l'Elbe. Le premier homme qu'elle aperçut était un jeune étudiant débraillé, qui sortait d'une auberge en chantant un refrain

bachique. C'était Henri Heine. Elle se jeta
dans ses bras, imprima sur ses lèvres un baiser
brûlant et disparut. Le lendemain la Muse se
réveilla d'un long sommeil, se rappela ce qu'elle
avait fait et frémit. En un clin d'œil elle entrevit les conséquences de son action. Elle vit que
le poète ferait un usage dangereux de cette faveur éclatante ; elle vit qu'il mêlerait à ses sentiments sublimes, à ses pensées fulgurantes
toutes les trivialités de la vie, et qu'il ne crain-
drait pas d'introduire dans la poésie la parodie
de la poésie. Et pourtant il resterait poète et
poète de génie jusque dans l'ordure ; car le baiser était de feu, il comptait ! Ces réflexions la
plongèrent dans une grande tristesse, mais
bientôt elle releva la tête avec l'expression
d'une joie soudaine, comme si elle entrevoyait
la possibilité de réparer le mal qu'elle avait fait.
Elle partit une seconde fois pour l'Allemagne,
en se dirigeant un peu plus vers le sud, descendit dans une riante vallée du Wurtemberg et
s'arrêta devant une maison modeste, située sur
un vignoble. Dans le jardin se tenait un jeune
homme aux traits rudes et honnêtes, qui venait
de planter un cep et s'interrompait dans son
travail, pour regarder d'un œil paisible les montagnes bleuâtres à l'horizon. C'était Uhland.
Elle s'approcha de lui, le baisa au front et en le
quittant se retourna deux fois encore pour lui

sourire. Hélas! ce baiser était moins brûlant
que l'autre, mais il avait aussi son prix; Uhland
fut un vrai poète calme, chaste et sérieux.

Ce mythe joyeux caractérise à merveille le
talent de l'honnête Uhland en contraste avec le
flamboyant, le spirituel, le sceptique Heine.
Uhland est un caractère essentiellement germanique, ferme jusqu'à l'entêtement, sincère
jusqu'à la naïveté, très rude au dehors, très
sensible au fond, parlant peu et bien, vénérant
la religion et le roi, mais défendant jusqu'à la
mort les droits du peuple. Il le prouva en 1815,
quand le roi de Wurtemberg voulut introduire
une constitution nouvelle, qui aurait privé les
États et le peuple de leurs droits. Il s'y opposa
de toute sa force, et ses chants indignés con-
tribuèrent fortement au maintien de l'ancienne
constitution.

Uhland a eu le grand mérite d'aimer son
peuple et de le connaître à fond. Personne n'a
étudié et compris comme lui la chanson populaire. Aussi toute sa poésie s'en ressent; inspirée
par le peuple, elle agit directement sur lui. C'est
surtout dans la ballade qu'il fut créateur, il y
ressuscite le monde chevaleresque dans toute sa
splendeur. Ses ennemis n'ont pas manqué de
dire que c'était là un retour au passé, une vaine
imitation. Rien de plus faux et de plus injuste.
Uhland est un homme moderne qui choisit

ordinairement ses héros dans le passé, parce qu'il offre des caractères plus trempés, des passions plus franches, un cadre plus pittoresque. Qu'il mette en scène Charlemagne ou Barberousse, des héros scandinaves ou germains, des chevaliers ou des bergers, de belles princesses ou de pauvres faneuses, c'est toujours une pensée moderne, un sentiment largement humain qu'il exprime. La *Malédiction du chanteur* est un chef-d'œuvre grandiose et tout à fait unique dans son genre. La gravité héroïque des Nibelungen s'y marie à la douceur profonde du sentiment moderne, pour produire quelque chose de nouveau et de splendide. La *Faucheuse* est une idylle touchante qui fait venir les larmes aux yeux. Un riche fermier fait sa tournée de grand matin sur ses prés et voyant Marie, la servante, déjà au travail il lui dit : « Si tu fauchais ce pré en trois jours, je ne pourrais pas te refuser mon fils unique. » A ce mot, Marie sent tressaillir son cœur. Une nouvelle vie, une nouvelle force pénètre tous ses membres, elle brandit la faux et couche à terre l'herbe en grands cercles. A midi les faucheurs vont se rafraîchir à la source; Marie fauche toujours en plein soleil. Les cloches du soir sonnent, faucheurs et faucheuses s'en vont ; Marie aiguise de nouveau sa faux. La rosée du soir tombe sur les prés, la lune se lève, le rossignol chante au

loin; Marie ne voit pas la lune se lever, elle
n'entend pas chanter le rossignol, elle fait
siffler sa faux dans les hautes herbes. C'est ainsi
qu'elle travaille pendant trois jours se nourris-
sant d'amour, se désaltérant d'espérance. Quand
le soleil se lève pour la troisième fois, voici que
tout est achevé, et Marie, là-bas, est debout
pleurant de joie. Arrive le fermier : « Bonjour,
Marie! que vois-je? Oh, la brave fille! la prairie
est fauchée et tu auras un beau salaire. Mais
quant au mariage.... tu as pris ma plaisanterie
au sérieux. Tu es crédule, je le vois, et folle
comme tous les cœurs amoureux. » Il dit et va
son chemin. Mais la pauvre Marie sent son
cœur se glacer, ses genoux fléchir; pas un cri,
pas un soupir, elle tombe sans connaissance
dans le foin. C'est ainsi qu'on trouve la faucheuse là-bas dans les prés.

« C'est ainsi qu'elle vit des années encore,
muette, comme une morte; une goutte de miel,
voilà sa seule nourriture. O préparez-lui une
tombe dans la plus parfumée des prairies, car
jamais vous ne retrouverez faucheuse qui tant
aima ».

N'est-ce pas une vraie idylle? C'est toujours
avec cette grâce et cette vérité qu'Uhland met
le peuple en scène. C'est alors que son talent
me paraît le plus original. En ceci, personne ne
l'a égalé. Car il sait idéaliser le peuple en res-

tant fidèle à son génie. Peut-on exprimer, par exemple, le recueillement du dimanche, ce sentiment religieux qui est propre au peuple des campagnes, avec plus de noblesse que dans ce petit Lied :

CHANT DE DIMANCHE DU BERGER.

C'est le jour du Seigneur !
Restons sur la prairie immense,
Un son de cloche... puis silence...
Au loin paix et bonheur.

Je m'agenouille, ô roi !
Terreurs suaves, indicibles,
Des milliers d'âmes invisibles
Prient tout autour de moi.

Ciel pur, ciel de splendeur !
Il semble en son profond mystère
Qu'il va s'ouvrir à ma prière...
C'est le jour du Seigneur !

Voici un autre berger, un montagnard intrépide fait pour lutter avec tous les éléments :

LE FILS DE LA MONTAGNE.

Je suis le pâtre, enfant des monts !
A mes pieds les plus fiers donjons ;
Je vois du jour le premier feu,
Je reçois son dernier adieu.
Je suis le fils de la montagne !

Au berceau du torrent d'azur,
Dans le roc je bois son flot pur.
Il s'élance et mugit plus bas,
Je cours le saisir dans mes bras.
Je suis le fils de la montagne !

Ma maison forte est ce rocher.
L'orage ne peut l'arracher,
Qu'il hurle du nord au midi,
Plus haut ma chanson retentit.
Je suis le fils de la montagne !

Gronde à mes pieds, nuage en feu !
Je suis debout dans le ciel bleu.
Siffle ouragan ! je te connais,
Passe et laisse mon trône en paix;
Je suis le fils de la montagne !

Quand pour la guerre le tocsin
Élèvera son cri d'airain,
Là-bas, je serai dans mon rang
Pour brandir mon glaive en chantant :
Je suis le fils de la montagne !

Ce vigoureux enfant des Alpes qui se sent le
roi du monde au haut de sa montagne et s'apprête à descendre dans la plaine au premier
tocsin de la liberté, n'est-ce pas l'image idéale
du peuple dans sa force et sa fierté ? Le poète
prend au peuple son âme et la lui rend plus
belle.

Uhland est le fondateur de l'école de Souabe.
Autour de lui, à Tubingue et à Stuttgard, se

sont groupés de 1820-30, un certain nombre de poètes distingués qui, sans l'imiter, ont chanté dans son esprit. Justinus Kerner, Gustave Schwab, Édouard Mœrike, sont les étoiles les plus brillantes de cette pléiade wurtembergeoise. Simplicité enfantine du sentiment religieux et du sentiment de la nature, un certain goût pour la ballade merveilleuse et chevaleresque, un grand amour du peuple et le culte intelligent de la chanson populaire, voilà ce qu'ils ont appris du maître et ce qu'ils ont développé chacun selon ses forces. Toutefois, le disciple le plus original et le plus brillant d'Uhland est né en Saxe, c'est le joyeux Wilhelm Müller. Dans la grande forêt des poètes germains, c'est le merle aux notes vives, aux éclatantes risées. Uhland est le type achevé du sérieux et de la fidélité germanique. S'il avait vécu au douzième siècle, à coup sûr il eût suivi Barberousse à la croisade et serait mort avec lui. Wilhelm Müller ne s'inquiète guère du passé, il vit tout entier dans le présent. C'est le poète de l'école buissonnière. On se le figure aisément en habit de chasseur, un cor suspendu au côté, parcourant les montagnes et s'annonçant à chaque auberge par de claires fanfares. Sa bonne amie c'est la brune fille d'auberge aux yeux de biche sauvage, à la bouche fraîche comme une fraise. C'est elle qui

lui verse le vin clair avec un sourire perlé. Il a
pour compagnon fidèle son fusil de chasse et tire
plus volontiers en l'air que sur le chevreuil aux
yeux confiants. Tous les animaux de la forêt
sont ses amis; il veut être enterré au beau milieu des grands bois, et se réjouit à la pensée
que cerfs et chevreuils sauteront gaîment par-
dessus sa tombe. Il célèbre le vin sur le ton
des gais compagnons d'autrefois, mais il fait
sortir de son verre l'amitié, l'amour, la liberté
et toutes les merveilles du monde. Comme eux,
il chante la saison du renouveau, mais dans ses
hymnes au printemps on entend les frémissements de l'être universel, la fête du monde entier, les fiançailles du ciel et de la terre. Il est
moderne et reste populaire. Comme Uhland, il
excelle à faire parler les gens du peuple, musiciens ambulants, postillons, meuniers, chasseurs, artisans et matelots. Son cycle, intitulé
la Belle Meunière, est un drame palpitant en
vingt-huit Lieds. Voici la chanson du meunier
en voyage :

OÙ VAIS-JE ?

J'entends chanter et bruire
Un ruisseau de cristal.
Il bondit et va rire
Folâtre au fond du val.

Ah ! tout mon sang s'agite,
Mon cœur déjà le suit.
Vite, mon bâton, vite,
Et je pars avec lui.

Je pars ! je veux le suivre
Et par monts et par vaux.
Qu'il chante ! et qu'il m'enivre
Toujours de chants nouveaux !

Où vas-tu me conduire,
Frais ruisseau ? Tu descends !
Ton murmure et ton rire
Ont troublé tous mes sens.

Mais est-ce bien ton onde
Qui chante sous mes pas ?
Les Nixes font la ronde
En se causant tout bas.

— Laisse causer, arrive,
Et suis mon gai destin !
Où coule une onde vive
Tourne un joyeux moulin.

Tout Wilhelm Müller est dans cette chanson
avec son humeur voyageuse et sa gaîté d'écolier en vacance. Ce joyeux poète mourut à
trente-trois ans. S'il avait vécu, il aurait peut-
être surpassé Uhland. Dans ses *Chants des Grecs,*
inspirés par les chants populaires de la Grèce
moderne, il s'est révélé comme chantre passionné de la liberté des peuples. Traduits en

grec, ces chants raviraient d'enthousiasme le peuple qui les a fait naître.

Bientôt la poésie patriotique devait prendre un caractère plus national, plus actuel et plus incisif. De 1840-1848, se forme l'école des poètes politiques dont Hoffmann de Fallersleben et Herwegh furent les promoteurs. Ce lyrisme se rattache à celui de 1813. Comme lui, il revendique la grande patrie allemande, mais il s'en distingue par son esprit démocratique et révolutionnaire. Le premier était dirigé contre l'étranger, celui-ci attaque les princes et l'aristocratie régnante. C'est un avant-coureur des révolutions de 1849 à Berlin, à Vienne, à Leipzig, à Francfort et à Carlsruhe. Hoffmann de Fallersleben n'est pas seulement un poète politique, ses chants de jeunesse rappellent ceux d'Uhland et de W. Müller. Pénétré comme eux de la vieille poésie germanique, il s'en est heureusement inspiré. Les *Minnesinger* et particulièrement Walter von der Vogelweide lui ont fourni des formes nouvelles de strophe, la chanson populaire l'a aidé à donner des voix au peuple obscur des artisans. Hoffmann de Fallersleben a un naturel très aimable et très franc. Il est religieux sans piétisme, naïf sans affectation, viril sans emphase. Mais il est loin d'avoir la force plastique d'Uhland ou le jet primesautier de W. Müller. Ses poésies politiques, qui surtout ont fondé sa réputation, renferment quelques belles pièces d'une inspiration toute populaire, comme son chant à l'Allemagne. Mais en somme, ce recueil renferme peu de Lieds d'un intérêt universel. Traduits, la plupart d'entre eux perdraient toute valeur.

Herwegh est une nature juvénile, frondeuse et enthousiaste. Il fit cavalièrement son entrée en littérature par ses *Poésies d'un vivant*, où il prit à partie la politique oppressive des souverains allemands et la lâche indolence du peuple. Ce ne sont que cris de guerre et d'insurrection ; le poète entrevoit un grand combat qui se prépare contre tous les tyrans, et déjà il élève le drapeau de la république. Il y a là quelques Lieds d'une ardeur entraînante, comme le *Chant du cavalier*, resté populaire. Herwegh a été la voix inspirée d'un temps de réveil et d'illusions politiques, mais pour être poète complet à la façon d'Uhland ou de W. Müller, il lui a manqué la maturité de la pensée et la force plastique qui crée des types et des situations. Avouons, pour être justes, que le poète politique et libéral se trouve de nos jours dans une situation fâcheuse. L'ancien idéal monarchique et aristocratique est en train de s'effondrer. Tout ce qui en reste ce sont des cadres trop étroits pour la société qu'ils veulent renfermer,

et des hommes trop désabusés pour croire à
l'idée qu'ils représentent. Quant à l'idéal nouveau de la démocratie, il n'a pas encore pris de
forme précise. La révolution française l'a proclamé, mais sans le réaliser. Or la poésie veut
des mœurs constituées, des traditions, des héros. Tout cela manque au poète démocratique.
En France, au moins, nous avons la Révolution, vision éclatante et terrible qui projette sa
lueur sanglante sur tout notre siècle. Le poète
allemand qu'a-t-il? Rien. Il en est donc réduit à
la satyre ou à l'invocation d'un idéal vague.
Encore, pour que la satyre soit vraiment forte,
faut-il que le poète puisse opposer l'idéal splendide à la sombre réalité. La force du génie
suffit sans doute pour ébaucher à grands traits
l'idéal de l'avenir, mais il faut le génie. Les
poètes politiques allemands de 1840-1849, n'ont
pas réussi dans cette tâche difficile. Ils n'ont pu
que pousser des cris de révolte, tourner en ridicule les rois peureux et insolents, les ministres réactionnaires, les chanceliers serviles
et la troupe moutonnière des philistins.

Après 1849, nouvelle volte-face. La poésie se
fit un instant l'écho de la réaction. M. Oscar de
Redwitz publia son *Amaranthe*, une épopée chevaleresque, semée de chants d'amour chrétiens.
Ce roman doucereux, sans caractères, sans évé-
ments, sans imagination, eut un succès prodi-

gieux. Après l'échauffourée de 1849, la belle société avait hâte d'oublier le spectre de la Révolution, les nouveaux sans-culottes, les insurgés, la question du travail et du paupérisme, pour se replonger dans les délices paisibles de la vie aristocratique. Voilà pourquoi tant de comtesses sentimentales, tant de jeunes seigneurs épris de leurs droits féodaux, tant de filles poétiques de conseillers intimes de Sa Majesté vantèrent dans leurs salons catholiques le héros de M. de Redwitz, le pieux et insipide chevalier Walter, ainsi que sa fiancée, la non moins pieuse et non moins insipide Amaranthe. Le chevalier Walter, il est vrai, a reçu de son siècle un grain de fantaisie libertine. Il fait un voyage en Italie, et sur cette terre païenne il s'oublie, il est sur le point de tomber dans les filets d'une comtesse incrédule, qui, naturellement, est un monstre de luxure et de perfidie. Mais après cette escapade, il se hâte de revenir en Allemagne et retrouve la foi dans les bras orthodoxes de sa blonde fiancée. Certes, il y avait là de quoi réjouir toutes les jeunes baronnes en quête d'un Walter bien pensant. Mais cela n'a point empêché qu'aujourd'hui M. de Redwitz et ses imitateurs sont parfaitement oubliés. Amaranthe n'excite plus qu'un sourire moqueur et son succès passager est considéré par les historiens comme le symptôme maladif d'une époque de réaction.

A mesure qu'on se rapproche du présent dans l'histoire du Lied, les poètes deviennent plus nombreux et se groupent plus difficilement. A vrai dire, la période qui va de 1848 à 1868 n'appartient pas encore à l'histoire. Féconde par la science et le roman, elle a été pauvre en lyrisme. Les poètes nouveaux qui surgissent, ont plutôt les yeux tournés vers le passé que vers l'avenir; ce sont des successeurs, des épigones plutôt que des novateurs. Quelques-uns cependant nous charment par la fraîcheur de leur inspiration, d'autres par un essor hardi vers cette poésie largement humaine et cosmopolite que nous rêvons tous. Je me contenterai de caractériser en traits rapides quatre poètes, qui me paraissent être les talents les plus remarquables de cette époque : Robert Reinick, Emmanuel Geibel, Auguste Kopisch et Gottfried Kinkel. Ils se forment en groupe tout naturellement : Reinick c'est l'enfant, Geibel la jeune fille, Kopisch le fringant jeune homme et Kinkel l'homme adulte.

Robert Reinick (né 1805) fut à la fois poète et peintre. Dès son enfance il aima la nature et la poésie, la forêt et Théocrite, la palette et la chanson. Tout jeune il se voua à la peinture d'histoire, travailla dans l'atelier de Begas à Berlin et dans celui de Schadow à Dusseldorf. Il considérait la peinture comme sa vocation, mais ce sont ses chansons qui l'ont rendu célèbre. Lui-même le dit gaîment :

> Je cours le monde à l'aventure,
> Je vois s'ouvrir cœurs et maisons,
> Qui ne veut pas de ma peinture
> Se réjouit à mes chansons.

Robert Reinick est un poète naïf dans le vrai sens du mot. Toute sa vie il a vu la nature avec les yeux et le cœur d'un enfant. Qu'il est aimable, qu'il est séduisant lorsqu'il fait sonner l'arrivée du printemps par les clochettes de neige (perce-neige) et ses fiançailles avec la terre par les clochettes de mai (muguets). Comme on se laisse captiver avec lui lorsqu'il tombe sous le charme d'une conversation entre la jeune fille et le petit oiseau. « Quand la jeune fille chantait, petit oiseau faisait silence, et quand petit oiseau chantait, la jeune fille prêtait l'oreille. » Quel parfum d'innocence dans ses strophes à la jeune fille qui dort dans sa tourelle. ombragée de tilleuls, sous la garde des étoiles et qui porte tout le grand ciel et les anges dans son cœur. Reinick est resté enfant toute sa vie. A lire ses chansons si fraîches et si candides, je ne m'étonne pas que tous les artistes de Dresde aient subi le charme entraînant de sa joyeuse nature et l'aient regretté à sa mort (1852) comme un de

ces gais compagnons qu'on ne remplace pas.
Car c'est un spectacle fortifiant au milieu de
notre société factice, qu'une âme aussi pure,
aussi enfantine, pour laquelle il n'y a pas de
dissonnance dans la vie, pas de contradiction
dans l'humanité.

Emmanuel Geibel (né à Lubeck, 1815) est le
plus célèbre des poètes actuels de l'Allemagne.
Sa réputation s'étend sur le sud et le nord de ce
pays, le recueil de ses poésies a eu trente-six
éditions. Si l'on demande la cause de ce prodigieux succès, il faut dire que Geibel le doit surtout à sa forme magistrale. Il a étudié avec le
même zèle les lyriques grecs et latins, les poètes
espagnols et français, Goethe, Platen, Heine et
la chanson populaire. Pénétré de toutes ces formes, de tous ces rhythmes, il a su les reproduire
dans sa langue avec une grâce et une euphonie
merveilleuses. De plus, il se distingue par une
imagination vive, un sentiment délicat, une
pensée élevée, des sujets d'une grande variété.
Voilà certes des mérites sérieux. Mais que l'on
se demande ensuite : quel est le fond de cette
poésie? et l'on trouvera que Geibel n'a rien ap-
porté de vraiment neuf au lyrisme de son pays.
Il a su faire vibrer les cordes douces de la lyre
germanique, mais il n'en a pas ajouté de nouvelles.
Ce qui lui manque, c'est la force et l'originalité
du tempérament, qui font du poète une puissante

individualité. Son tour d'esprit est celui d'une
jeune fille de quinze à dix-huit ans. Il exprime
à ravir dans ses Lieds ce premier et timide épanouissement de l'âme, ce désir vague et sans ob-
jet qui caractérise la femme naissante dans la
vierge. Geibel sait à quoi rêvent les jeunes filles
allemandes. Aussi lui en savent-elles gré et le
préfèrent-elles à tout autre poète jusqu'à dix-
huit ans et quelquefois au delà. Geibel a donc
sa place marquée dans l'histoire du Lied au dix-
neuvième siècle; c'est le poète des jeunes filles.
Voilà sa force et sa limite.

Ne demandez pas à Kopisch ce qu'il est; il ne
le sait pas lui-même et s'en inquiète fort peu.
C'est un fringant gaillard, qui parcourt le
monde en buveur intrépide, en joyeux conteur
et en improvisateur inépuisable. S'amuser et
amuser ses compagnons par des chansons à
boire, se conter des farces désopilantes à faire
bondir la panse de l'aubergiste et tressaillir
d'impatience le vin de Johannisberg au fond de
la cave, être assis sous la tonnelle fleurie, entre
les yeux pétillants de deux belles filles et rire à
cœur-joie des cuistres d'église et d'université,
n'est-ce pas vivre et en faire assez pour l'autre
monde? Ainsi pense Kopisch et d'aucuns sont'
de son avis. Si vous lui demandiez quelle est sa
religion, il répondrait sans doute qu'elle con-
siste à vénérer le bienheureux père Noé, l'in-

venteur trois fois béni de la vigne, qui dit à
Dieu après le déluge : « Cher Seigneur, l'eau
ne me plaît point du tout, attendu que tu y as
fait périr toute la race des pécheurs. Voilà pourquoi, moi, pauvre vieux, je demande une autre
boisson. » Sur quoi, Dieu le père lui donna un
cep du paradis, et Noé de planter, de vendan-
ger, de boire et de vivre trois cent cinquante
ans. Morale : Voulez-vous être bon chrétien?
Ne mettez jamais d'eau dans votre vin. Kopisch
a autant de bonhomie et de gaîté que le brave
patriarche, son patron. Il me rappelle ce joyeux
compagnon du temps jadis qui disait : « La
plus belle maîtresse que j'ai dort dans la cave
de l'aubergiste. Elle porte une robe de bois et
s'appelle la piquette de muscat. »

Après ce joyeux poète, si leste et si fringant,
plaçons le viril, le sérieux Kinkel (né 1815).
Il a prouvé qu'il est homme par sa vie autant
que par ses œuvres. Après avoir étudié la théologie à Bonn, il y renonça parce qu'il pensait trop
librement et se consacra tout entier aux beaux-
arts et à la littérature. Il épousa une catholique, musicienne distinguée, après avoir soutenu des luttes terribles contre sa propre famille
et celle de sa fiancée. En 1849 il se jeta dans le
mouvement révolutionnaire. Blessé dans l'insurrection badoise, il fut transporté à Rastadt
et condamné à la prison à perpétuité. Grâce au

courage et au dévoûment d'un ami (1), il parvint
à s'évader de la forteresse de Spandau, se rendit à Londres, puis en Amérique, et revint se
fixer en Angleterre comme professeur d'un collége. Ses chants sont antérieurs pour la plupart
à cette destinée orageuse. Ils célèbrent le Rhin
et ses vertes rives, ils célèbrent le noble et profond amour du poète, ils racontent mainte touchante histoire du vieux temps. Sa poésie
grave, virile, pleine d'émotion contenue, respire un large amour de la liberté et plane fièrement sur le monde qu'elle embrasse d'un chaud
regard. Un de ses plus beaux chants est adressé
aux émigrants de la vallée de l'Aar, à ces
pauvres paysans qui, trouvant la terre natale
trop étroite, s'en vont chercher fortune dans
l'autre monde. On sent courir le souffle d'une
terre vierge et libre dans.ces strophes majestueuses. La scène est simple et grande. Le
soleil couchant rougit les hauts rochers de la
vallée, la petite troupe des émigrants se met en
marche, et devant ce beau spectacle qu'elle
contemple pour la dernière fois, les larmes
lui viennent aux yeux. Mais le poète ne pleure
pas, il ne plaint pas cette famille vaillante qui va
quérir une autre patrie, car il entrevoit pour

---

(1) Schurz, qui devint général à l'armée fédérale dans la dernière
guerre d'Amérique.

elle un grand avenir. Après avoir béni le vieillard vigoureux, le jeune homme intrépide et la brune jeune fille, le poète leur adresse un dernier conseil : « Attachez-vous à la terre-mère qui, là-bas, vous nourrira de son sein inépuisable ! Soyez fidèles à la charrue et au troupeau bien-aimé, soyez fidèles à l'âme de la patrie qui chante dans vos cœurs ses mélodies familières !... Allez en paix avec votre pauvre valise, ô grains perdus dans la grande semaille des peuples ! Et lorsqu'un jour d'un sang mêlé naîtra un peuple uni de pensée et d'action, joignez à sa force votre chaste honneur. Élevez d'une âme pieuse les autels de l'Esprit et réveillez le feu sacré de l'art au cœur glacé du peuple ! »

Si nous jetons un dernier coup d'œil sur l'Allemagne contemporaine, il nous sera facile de voir que les jeunes talents lyriques ne lui font pas défaut. Otto Roquette, Julius Rodenberg, Theodor Storm, Albert Traeger, Alfred Meissner, Frédéric Bodenstett rapportent de leurs excursions et de leurs voyages plus d'une fraîche bluette poétique, plus d'une fleur aux riches couleurs. Mais on ne peut nier que depuis 1849 la poésie lyrique ait subi en Allemagne une éclipse aussi forte qu'en France et que le grand public y reste assez indifférent. Aussi les poètes ont-ils tourné leurs plus grands efforts

vers le roman et le drame. Quant au peuple, il
est absorbé par la science qui s'est faite populaire. Il lit, il apprend, il travaille; il a soif
d'histoire, de géographie, d'histoire naturelle,
de physique, de chimie : et il a raison. Pour
commencer une vie nouvelle, l'important c'est
de savoir. De cette vie nouvelle sortira une
nouvelle poésie. Vienne une recrudescence de
liberté, un large épanouissement de toute la
nation, et de nouveaux poètes apparaîtront. En
attendant, le peuple n'oublie pas de chanter ses
vieux chants bien-aimés qui sont comme la
voix éternelle de son âme à travers les siècles.
Les sociétés de chant couvrent l'Allemagne,
elles florissent dans les villes et se répandent
dans les villages. C'est là que se conserve la
tradition du Lied.

Je suis loin d'avoir épuisé dans cette rapide
esquisse les richesses infinies de mon sujet.
L'histoire du Lied est toute l'histoire intime du
peuple allemand et l'on pourrait s'égarer en la
suivant dans tous ses détours. Je crois cependant avoir prouvé une vérité singulièrement
importante, fort peu connue en France, et qu'il
serait bon de méditer, c'est que chez nos voisins les plus grands lyriques se sont inspirés
de la chanson populaire, c'est que chez eux la
haute poésie est sortie de la poésie naïve du
peuple comme une fleur de sa tige; c'est que le

Lied d'aujourd'hui n'est autre chose que le Lied du seizième siècle ressuscité, métamorphosé, développé selon les aspirations multiples de notre siècle et selon la diversité infinie des individus.

Est-il besoin de développer longuement les avantages d'une telle poésie, d'origine naturelle et instinctive, qui plonge par ses racines dans le cœur même de la nation, sur une poésie d'origine purement littéraire, savante, académique? Sa supériorité saute aux yeux, disons le mot : c'est la seule vraie poésie, parce que c'est la seule vivante. La poésie savante est un luxe d'oisifs, une fantaisie de lettrés; la poésie populaire, je veux dire celle qui s'inspire librement du génie et des formes de la poésie primitive, est un élément de la vie sociale, elle est la libre expression de l'âme nationale. L'une est exposée à mille dangers; trop facilement elle se perd dans les artifices du métier, dans les puérilités de la mode, dans les abstractions métaphysiques, dans le mensonge et dans la pose; l'autre marche sur la terre ferme de la réalité et trouve dans ses modèles les trois secrets du grand art : force, simplicité et vérité. L'une est écrite et ne vit que sur le papier, l'autre est chantée et vit dans toutes les bouches. L'une est un plaisir de salon, un divertissement de raffinés qui se pare du nom pompeux et vide d'*art pour l'art*; l'autre est une œuvre pour tous, qui pénètre dans la hutte du pauvre comme dans le palais du riche, c'est la fête de tout un peuple, c'est l'art humain pour l'humanité.

Le Lied répond à cet idéal. De là sa merveilleuse vitalité. Il se chante au foyer domestique, sur les bancs de l'école, à l'université, dans les villes, dans les montagnes, aux fêtes de tir et jusque dans les grandes assemblées populaires. Il vole de la chambre solitaire du poète à la danse de village, il descend des hautes vallées des Alpes dans le salon de la femme du monde, qui se rafraîchit le cœur et l'esprit en modulant, dans le dialecte montagnard, la chanson rustique de la pastoure. Le Lied est devenu ainsi une sorte de trait d'union entre toutes les classes de la société. Communion heureuse et féconde! Car si le cœur du peuple vivifie et rajeunit sans cesse celui des classes plus cultivées, celles-ci peuvent diriger vers l'idéal les énergies primitives du peuple. Faut-il s'étonner ensuite que les rapports entre l'artisan et l'homme de pensée, entre le paysan et le citadin deviennent, grâce au chant, plus intimes et plus enjoués? Traversez un dimanche les montagnes du Wurtemberg, de la Thuringe ou des bords du Rhin, vous y verrez souvent un beau spectacle. Les jeunes gens de la ville qui descendent le soir des hauteurs couronnées de forêts et de ruines, entonnent les vieux refrains d'amour du peuple, et les paysannes de la vallée leur répondent de loin par le *Chant du départ* de Hauff, par le *Moulin* d'Eichendorff ou par la *Lorelei* de Heine. Salut amical et doucement railleur, qui signifie : « Si vous savez nos amours et nos chansons, nous savons les vôtres, et qui sait si nos fils ne vous surpasseront pas! »

La littérature cultivée devient si promptement factice, qu'il est bon de retourner quelquefois à l'origine de toute poésie.

Madame de Staël.

—

Morta dinhen qu'es
Mes jo la crech viva.

V. Balaguer.

Ils disent qu'elle est morte,
Moi, je la crois vivante!

CONCLUSION

CE QUI MANQUE A LA POÉSIE LYRIQUE EN FRANCE

Abîme entre la poésie savante et les chants du peuple. Isolement de l'une, corruption des autres. — Le fléau de la centralisation littéraire. — Tyrannie de Paris, étouffement de l'originalité provinciale. — Le génie français est-il l'esprit parisien? — Le salut de la poésie lyrique est dans trois choses : Renaissance du génie provincial, étude de la poésie primitive chez tous les peuples, alliance sérieuse de la poésie et de la musique.

Personne ne reprochera au lyrisme de l'Allemagne moderne de n'avoir pas été touché par les idées religieuses, philosophiques, sociales et même politiques, qui ont si fortement agité notre siècle. Si cet arbre aux mille branches a gardé sa santé et sa vigueur malgré tant d'orages, c'est qu'il plonge par ses racines dans le sol de la poésie primitive, dont la séve exubérante n'a cessé d'affluer dans tous ses rameaux. Qu'est-ce que la France peut opposer à ce spec-

tacle? De grands noms, quelques hommes de
génie, çà et là d'admirables chefs-d'œuvre, des
talents variés, oui; mais non une tradition vivante, un art populaire, une poésie sue et chantée par tout le monde. Les volumes de vers ne
manquent pas, mais si l'on excepte les œuvres
des coryphées de notre littérature, dans combien de mémoires vivent tous ces chants, quel
rôle jouent-ils dans la famille, au foyer, dans
toute notre vie? Que sont-ils pour la grande
masse du peuple? Ont-ils pénétré dans les campagnes, élevé le paysan, consolé l'ouvrier? Que
chacun réponde à ces questions selon son expérience. Quoi qu'il en soit, notre poésie lyrique,
·malgré sa riche efflorescence dans la première
moitié du siècle, est plutôt un art de lettrés
qu'une force vive, sortant des profondeurs de
la nation et y faisant circuler la joie, l'enthousiasme et l'amour de l'idéal. Depuis le dix-septième siècle il y a entre la poésie française et
la poésie germanique une différence analogue à
celle qui séparait, il y a deux mille ans, la poésie latine de la poésie hellénique. A Rome, Horace, Ovide et Virgile écrivaient pour leurs amis
sur du fort beau parchemin et récitaient leurs vers
dans un cénacle choisi. En Grèce, Tyrtée poussait les Spartiates au combat par ses rhythmes
belliqueux; Stésichore entonnait ses hymnes
d'amour en guidant la danse gracieuse des jeunes

filles devant le temple de la déesse; Sapho chantait les flammes sauvages d'Aphrodite, qui consumaient son sein languissant, assise au milieu de ses compagnes, sur les hauts rochers de Lesbos, au divin murmure de la mer d'Ionie; Pindare célébrait les héros et les dieux, aux jeux olympiques, devant un peuple enivré. Pour les Romains la poésie était un luxe, pour les Hellènes c'était une action, c'était la vie elle-même à sa plus haute puissance. La poésie française, sans aucun doute, est plus populaire que celle des Romains du temps d'Auguste, mais qu'elle est loin d'avoir la force d'expansion, la puissance communicative, la popularité universelle du Lied! Elle peut avoir des qualités qui manquent à nos voisins, mais avouons franchement que cette différence capitale est une infériorité. Quelle en est la cause, et si c'est possible, le remède?

Lorsqu'un étranger, qu'il soit Italien, Anglais ou Allemand, lit la plupart de nos grands poètes, il est frappé tout d'abord par le caractère oratoire, qui défigure parfois leurs plus belles créations. Pourquoi tant de rhétorique et de vains ornements? nous disent-ils. Vos poètes méditent, raisonnent et font la philosophie de leurs sentiments. Ils sont de parfaits orateurs; on dirait même quelquefois, que sous le coup des plus fortes émotions, ils songent à leur attitude et à son

effet sur le public. Et ne les avons-nous pas surpris en train de vous prouver l'existence de Dieu
et l'immortalité de l'âme? C'est là de l'éloquence.
Mais le vrai poète n'a pas besoin de démonstra-
tion, sa muse le transporte bien au dessus des
luttes de l'école, dans les régions sereines de la
vérité immortelle. Comment songerait-il à démontrer son amour ou sa foi, puisqu'il en est
pénétré jusqu'au fond de l'âme et ne fait qu'un
avec eux? S'il aime, il ne célèbre pas l'amour,
c'est l'amour lui-même qui déborde par torrents
de son cœur; s'il est croyant, il ne chante pas
Dieu, c'est Dieu lui-même qui parle par sa
bouche. Les strophes qui tombent de ses lèvres
ne sont jamais que le trop plein de son âme, et
laissent deviner les orages qui la soulèvent,
comme les vagues qui s'avancent sur la plage
font pressentir la pleine mer. Or, vous autres,
vous voulez tout dire et vous ne laissez rien deviner. Vous déclamez admirablement en vers,
vous ne chantez pas. De là, la longueur déme-
surée de vos poèmes, dont une foule sont à la
fois épiques, philosophiques et oratoires, et
manquent par là de ce caractère net et tranché,
de cette sobriété dans la forme tant chérie des
Hellènes et dont les chefs-d'œuvre ne sauraient
se passer.

Ainsi parlent les étrangers. Nous nous hâtons
de leur répondre que chaque nation a son goût

en littérature, que le nôtre c'est l'éloquence, que notre poésie est fière de pouvoir l'appeler à son aide, et qu'elle doit à cette passion généreuse pour sa sœur des qualités de premier ordre, que nous seuls savons apprécier et que nous ne donnerions pas pour tous les chants du monde. Mais tout en défendant ainsi notre cause, nous sommes forcés de nous avouer en secret, qu'en poésie l'éloquence est inférieure à l'inspiration pure, qu'en fait d'art les genres mêlés sont toujours les mauvais genres et que chez les Grecs, ces maîtres immortels de la poésie, le lyrisme avait cette allure vive, rapide, musicale que nous pourrions retrouver nous aussi dans notre poésie populaire.

D'où vient donc l'abîme qui se creuse entre notre poésie littéraire et celle du peuple? Nul doute à cet égard. Au dix-septième siècle les gens de lettres vivaient de la faveur royale. Attachés à la cour d'un grand monarque, ils s'habituèrent à n'écrire que pour la cour, à ne penser que pour le roi. Louis XIV n'ayant pas regardé le grand Racine en passant dans la galerie de Versailles, le grand Racine meurt de chagrin. C'est par le grand Louis qu'on obtenait succès, fortune et gloire, pourquoi songer alors au reste de la nation? Au dix-huitième siècle, tout change de face. Sous l'influence salutaire des sciences et de la philosophie, il se forme un

grand public généreux, passionné, ouvert à
toutes les idées nouvelles, élevé au dessus de
tout préjugé. Rousseau, Voltaire, Diderot écri-
vent pour l'Europe civilisée et se sentent face à
face avec elle lorsqu'ils tiennent la plume. Mais
l'aurore d'une poésie nouvelle ne se leva point
sur le siècle de Louis XV et de la Pompadour.
La Révolution, partie des provinces, en donnant
l'essor au peuple tout entier, parut un instant
devoir développer tous les germes de vie provinciale et individuelle lorsqu'elle essaya avec
la Constituante de décentraliser la France.
Malheureusement la Révolution se concentre à
Paris, renforce la centralisation, la pousse jusqu'à la Terreur et amène l'Empire. Il ne fut
guère question de poésie sous le régime du sa-
bre et du canon, qui avait déclaré la guerre aux
idéologues quels qu'ils fussent. Sous la Restau-
ration, la littérature devint de plus en plus universelle et démocratique. Le mouvement romantique qui l'accompagna fut un des plus féconds
que la France ait jamais eus ; il nous donna la
liberté. Gardons-nous de l'oublier, car la justice
envers le passé est une condition du progrès
dans l'avenir. Mais remarquons aussi que ce
généreux mouvement subit la fatalité de ceux
qui l'avaient précédé. Il resta concentré à Paris
et malgré tout son éclat il n'eut pas ce caractère
profondément national et cette portée euro-

péenne qui donnèrent une grandeur historique, une énergie réformatrice, une puissance sociale au mouvement poétique provoqué en Allemagne par Lessing, Herder, Schiller et Goethe. Depuis ce temps, Paris est devenu plus que jamais le centre littéraire exclusif et absolu. Ce n'est pas pour la France que vit, pense, écrit l'élite des Français ; elle donne le sang de son cœur, la flamme de sa vie pour plaire aux Parisiens. Aujourd'hui, on courtise lâchement la grande ville comme autrefois on courtisait le grand roi, et ceux qui aspirent à une prompte renommée, ont bien moins le mâle orgueil de faire partager leurs idées à leurs compatriotes jusqu'aux extrémités de la France, que ' , vanité d'enlever un jour les suffrages de la capitale.

« Votre centralisation, disait Lamennais, c'est l'apoplexie au centre et la paralysie aux extrémités. » Ce mot s'applique non seulement à la politique, mais encore à toute la vie intellectuelle et morale de la France. La centralisation excessive est le fléau de la poésie. C'est Paris qui depuis trois cents ans, imprime son cachet à notre littérature, c'est Paris qui a empêché la fusion complète du génie du peuple avec celui de ses grands poètes, c'est Paris qui corrompt la province, c'est Paris qui étouffe la France. D'une part, les poètes préoccupés seulement du succès dans la capitale ont presque toujours dédaigné les chants de leur pays, qui cependant auraient pu leur donner des leçons de simplicité, de grâce et d'énergie. D'autre part, la poésie populaire négligée, couverte de mépris, est morte dans les provinces, faute de vie provinciale. Les produits de fabrique parisienne sont venus la remplacer. Ce sont ces refrains de vaudeville, ces couplets sans âme et sans vergogne, chansons graveleuses et banales, où l'ineptie des idées rivalise avec l'impudence de l'expression. Mais elles viennent de Paris! et la province d'admirer, et le paysan d'oublier pour ces pauvretés, les chants au moins sentis et naïfs de ses aïeux. Encore dix ans de notre état politique, encore dix ans de nos mœurs, et il n'y aura plus d'autre poésie populaire en France que celle des cafés chantants.

Et pourtant il y en avait une, que dis-je, il y en a une encore! Le peuple a chanté dans nos provinces comme partout où des hommes marchent librement sous le ciel, il a donné une voix à ses rêves, à ses amours, à ses espérances. Quand une de ces strophes doucement émues, murmurées par un pâtre ou une jeune fille, vient frapper notre oreille au milieu des montagnes, comme nous oublions bien vite tant d'œuvres factices, devant cette poésie du sentiment pur, qui s'exhale comme le parfum matinal d'une fleur à peine éclose, comme nous saluons la nature immortelle révélée dans le cœur des simples! Déjà l'attention de nombreux chercheurs s'est portée sur ces chants trop négligés jusqu'à ce jour, et qui sont de plus en plus difficiles à recueillir. Des travaux remarquables ont découvert çà et là des trésors. Il y a longtemps déjà que le beau recueil.*Barzaz-Breiz* de M. de la Villemarqué nous a fait connaître les chants populaires de la Bretagne. Le livre de M. Francisque Michel sur le pays basque, l'étude de M. Beaurepaire sur la poésie populaire en Normandie, celle M. Max Buchon sur les noëls et chants populaires francomtois, le recueil des chants populaires de la Saintonge et de l'Angoumois que vient de publier M. Bujeaud, ont mis au jour quelques fleurs de poésie primitive, perdues, il est vrai, dans des bouquets de mauvaise herbe et d'orties. Pourtant ces recueils ne sont pas à dédaigner, car plus d'un mystère de beauté se cache sous ces œuvres sans prétention et c'est à l'art de les en faire jaillir. En un mot, la poésie littéraire devrait se rapprocher de la vraie poésie populaire, pour y chercher ce qui lui manque trop souvent à elle-même : la sincérité de la pensée, la sobriété de la forme et le tour musical. Plagier serait folie, mais non s'inspirer. Brizeux l'a fait pour la Bretagne; malheureusement il est resté trop monotone dans la forme. Il ne s'agit pas de renoncer au trésor d'idées et de sentiments que nous devons à une éducation supérieure, pour descendre au niveau des paysans, ce serait la pire des affectations, mais de surprendre dans les chants populaires la manifestation spontanée du sentiment. Car cette faculté existe toujours en nous quoi qu'on fasse pour l'étouffer. Partout où il y a un sentiment vrai et individuel la manifestation primesautière, qui est toujours la plus poétique, est possible, pourvu que l'homme ait le courage d'exprimer son mouvement intérieur. Malheureusement on s'en laisse imposer de moins simples et de moins fidèles par la tradition littéraire, on s'y habitue et on finit par ignorer sa propre nature. Mais la vue du vrai, du naïf, nous saisit malgré nous avec une puissance magique, et nous aide à retrouver notre originalité perdue. Si on apprenait à étudier la poésie populaire dans ce sens, à la comprendre et surtout à l'aimer, peut-être finirions-nous par entendre en France de ces chants simples et pénétrants, qui feraient l'admiration du penseur et la joie du peuple.

Ces chants existent, me dira-t-on, et leur poète c'est Béranger. Béranger, qui le nierait? est un véritable poète populaire, mais il est presque le seul, j'ajoute qu'il est loin d'exprimer le génie français dans sa plénitude comme on a voulu le prétendre. Il restera le type achevé du chansonnier parisien, car il a élevé à la dignité d'un genre littéraire cette chanson libertine qui, dès le temps du cardinal de Retz, courait les rues de Paris et montait gaillarde et frondeuse de la guinguette du pauvre à la maison bourgeoise et jusqu'à la table du grand seigneur. Il l'a dévoloppée sans la dépouiller de son caractère primitif, il l'a élargie en lui infusant les idées patriotiques et humanitaires de son siècle. De là son immense et légitime succès, non seulement en France, mais encore dans toute l'Europe littéraire. Qu'on ne l'imite plus, mais qu'il serve d'exemple. Qu'on fasse pour toute la France ce que Béranger a fait pour Paris, qu'on transforme, qu'on développe, qu'on ennoblisse en des œuvres nobles et vigoureuses les chants populaires du pays entier, que tout en restant Parisien, Francomtois, Provençal, on ait le courage d'être vraiment Français. Certes, une poésie nouvelle sortirait de cet effort. Tout le monde sait quelles richesses de naïveté et de sentiment madame Georges Sand a su découvrir dans son pays berrichon; ses romans champêtres sont devenus classiques quoique tout imprégnés de la séve du terroir. Cette hardiesse, qui a été possible en prose, serait-elle impossible en poésie? Non, j'en suis sûr. Elle seule pourra fortifier et développer le génie poétique de la France, et quelles œuvres viriles nous lui devrions!

Mistral, le poète original et vigoureux de la Provence a composé récemment un chant plein de courage, ses aïeux auraient dit : un beau *sirvente*. Cette fière chanson s'appelle la Comtesse (*la Coumtesso*), elle a fait le tour du midi, a pénétré jusqu'en Espagne et a été traduite en catalan. Écoutons quelques strophes de ce vaillant troubadour contemporain :

Je sais, moi, une comtesse (1),—qui est du sang impérial ; — en beauté comme en élévation, — ni loin, ni haut, elle ne craint personne, — et pourtant une tristesse, — de ses yeux voile l'éclair.

Ah ! si l'on savait m'entendre !—Ah ! si l'on voulait me suivre !

Elle avait cent villes fortes, — elle avait vingt ports de mer ; — l'olivier couvrait sa porte — de son ombre douce et claire, — et tout fruit que porte la terre — était en fleur dans son jardin.

Ah ! si l'on savait m'entendre !—Ah ! si l'on voulait me suivre !

(1)　　　　　Sabe, iéu, uno coumtesso
　　　　　　Qu'es dóu sang emperiau ;
　　　　　　En béuta coume en autesso
　　　　　　Cren degun, ni liuen ni aut ;
　　　　　　E pamens uno tristesso
　　　　　　De sis iue nèblo l'uiau.
　　　　　　　　Ah ! si me sabien entendre !
　　　　　　　　Ah ! si me voulien segui !

　　　　　　Elo avié cent vilo forto,
　　　　　　Elo avié vint port de mar ;
　　　　　　L'oulié davans sa porto
　　　　　　Oumbrejavo, dous e clar :

... Tout le jour, elle chantait — au balcon sa belle humeur ;
— et chacun brûlait d'envie — d'en ouïr quelque rumeur, —
car sa voix était si suave — qu'elle faisait mourir d'amour.

Ah ! si l'on savait m'entendre ! — Ah ! si l'on voulait me
suivre !

Les poètes, on le devine, — lui faisaient la cour en grand
nombre ; — les amoureux, sous le givre, — l'attendaient de
grand matin ; — mais, comme elle était perle fine, — à haut
prix elle se tenait.

... Car sa sœur, sa mauvaise sœur, — pour hériter de son
bien, — l'a enfermée dans le cloître, — dans le cloître d'un

E tout fru que terro porto
Ero en flour dins soun relarg,
 Ah ! si me sabien entendre !
 Ah ! si me voulien segui !

Tout lou jour cansounejavo,
Au balcoun, sa bello umour ;
E cadun barbelejavo
De n'ausi quauco rumour,
Car sa voues éro tant siavo
Que fasié mouri d'amour.
 Ah ! si me sabien entendre !
 Ah ! si me voulien segui !

Li troubaire, se devino,
Le fasien grand coumpagnié ;
Li fringaire, à la plouvino,
L'esperavou matinié ;
Mai coume éro perlo fino,
Carivèndo se tenié.
 Ah ! si me sabien entendre !
 Ah ! si me voulien segui !

Car sa sorre, sa sourrastro,
Pèr eireta de soun bèn,

couvent, — qui est clos comme une huche, — d'un Avent à
l'autre Avent.

Là, jeunes et vieilles — sont vêtues également — d'un voile
de laine blanche — et d'une robe noire ; — là, la même cloche
règle tout communément.

Là, plus de chansonnettes, — mais sans cesse le missel ; —
plus de voix joyeuses et nettes, — mais silence universel ·
— rien que des saintes nitouches — et des vieilles à trois
dents.

Blond épi de blé, — gare la faucille recourbée ! A la noble

La clavado dins li clastro,
Dins li clastro d'un couvènt,
Qu'es barra coume uno mastro
D'un Avènt à l'autre Avènt.
    Ah ! si me sabien entendre !
    Ah ! si me voulien segui !

Aqui jounio e mai carcano
Soun vestido egalamen
D'oun pléchoun de blanco lano
E d'un negro abihamen ;
A qui la memo campano
Règlo tout coumunamen.
    Ah ! si me sabien entendre !
    Ah ! si me voulien segui !

Aqui plus de cansouneto,
Mai de longo lou missau ;
Plus de voues galoio e neto,
Mai silenci universau ;
Rèn que de cato-faueto,
O de vièio à tres queissau.
    Ah ! si me sabien entendre !
    Ah ! si me voulien segui !

Bloundo espigo de tousello,
Garo lou voulame tort !
A la noblo damisello
Cantou li vespro de mort ;

damoiselle, — on chante les vêpres des morts, — et avec des ciseaux on lui coupe — sa chevelure d'or.

Or, la sœur qui l'enferme, — règne hautaine pendant ce temps ; — et, par envie, la barbare, — elle lui a brisé ses tambourins, — et elle s'empare de ses vergers — et lui vendange ses raisins.

Et elle la fait passer pour morte, — sans pouvoir décourager ses amoureux, — qui par la campagne, — maintenant s'en vont, impuissants et désolés... — Et en quelque sorte, elle ne lui laisse — que ses beaux yeux pour pleurer.

Ceux qui ont la mémoire, — ceux qui ont le cœur haut, — ceux qui dans leur hutte, — sentent siffler le mistral, — ceux qui aiment la gloire, — les vaillants et les premiers.

E' m'aco l'on ie cisello
Sa cabeladuro d'or.

Or la sorre que l'embarro
Segnourejo d'enterin
E d'envejo, la barbaro,
I'a 'sclapa si tambourin,
E dè si vergié s'emparo
E ie vendémio si rin.

E la fai passa pèr morto,
Sèns poudé ie mancoura
Si fringaire — que pèr orto
Aro van, despoudera...
E ie laisso, en quauco sorto,
Que si béus iue per ploura.

Aquéli qu'an la memòri,
Aquéli qu'an lou cor aut,
Aquéli que dins sa bòri
Sèntou gisela lou mistrau,
Aquéli qu'amou la glòri,
Li valènt, li majourau.

En criant: place! place! — En avant! les vieux et les jeunes, — nous partirions tous en race — avec la bannière au vent ; — nous partirions·tous comme une rafale — pour crever le grand couvent.

Et nous démolirions le cloître, — où pleure nuit et jour, — où nuit et jour est enfermée — la nonne aux beaux yeux. — En dépit de la *sœurâtre*, — nous bouleverserions tout !

Nous pendrions ensuite l'abbesse — aux grilles d'alentour, — et nous dirions, à la comtesse : Reparais, ô splendeur ! — Dehors, la tristesse, dehors ! — Vive, vive l'allégresse ! (1)

> En cridant : Arasso! arasso !
> Lou ! li viéi e li jouvènt,
> Partirian toutis en raço
> Emé la bandiero au vènt,
> Partirian coume uno aurasso
> Pèr creba lou grand couvènt !
>
> E demoulirian li clastro
> Ounte plouro jour-e-niue ;
> Ounte jour-e-niue s'encastro
> La moungeto di béus iue...
> Mau-despié de la sourrastro,
> Metrian tout en dès-e-vue !
>
> Penjarian pièi l'abadesso
> I grasiho d'alentour,
> E dirian à la coumtesso :
> « Reparaisse, o resplendour !
> Foro, foro la tristesso !
> Vivo, vivo la bandour ! »

Cette comtesse, on l'a deviné, c'est la Provence ; la sœur marâtre, c'est la France du nord, quant à l'abbesse détestée, elle ressemble

(1) Traduction de M. Émile Ranquet.

étonnamment à l'administration départemen-
tale, qui a reçu d'en haut la mission providen-
tielle d'étouffer en province toute initiative. Le
poète provençal se berce du rêve de voir ressus-
citer sa glorieuse patrie avec sa fière indépendance, sa langue musicale et sa riche poésie.
Rêve chimérique, j'y consens, mais qui renferme une profonde vérité, comme tous les beaux
rêves. La Provence ne veut pas abdiquer comme
province, elle ne veut oublier ni sa langue, ni
sa poésie. Quoi de plus juste, quoi de plus heureux? La poésie française ne pourrait qu'y gagner. Car sa sœur, la poésie provençale, une
fois sortie de sa prison, partagerait bientôt les
fruits de son jardin avec sa sœur désormais
bien-aimée. Il y aurait alors deux sortes de
poètes en Provence, les uns chantant en provençal pour leurs compatriotes, les autres écrivant en français et donnant une expression plus
universelle au génie provençal, mais puisant et
repuisant à la source intarissable de la poésie
populaire. La Provence ne peut pas vouloir oublier le français, car c'est son lien avec la
civilisation européenne; mais elle ne peut pas
non plus oublier sa langue maternelle, car c'est
son âme. Et quel fond merveilleux de poésie
dans cette langue si sonore et si nuancée! Qu'on
lise la traduction française de *Mireïo* ou de
Calendau, ces charmantes épopées rustiques de

Mistral. Quelle vigueur de langue, quelle fierté d'allure, quelle richesse d'expression, quelle abondance de mots nouveaux, colorés, naturels, que l'on reconnaît comme des amis qui devraient être français depuis longtemps. Il y aurait là pour le poète français des moissons de fleurs éclatantes, des vendanges de fruits savoureux. Et à qui les devra-t-il, si ce n'est au génie de la Provence qui se réveille, à son âme qui cherche la lumière et veut s'épanouir au souffle du grand ciel?

Ce qui fait la fécondité de la poésie en Allemagne, c'est que chaque pays y vit de sa vie indépendante tout en voulant faire partie de la nation; c'est que les dialectes apportent sans cesse leurs alluvions à la grande littérature, comme les ruisseaux des montagnes au fleuve de la plaine; c'est qu'il y a une poésie wurtembergeoise, bavaroise, autrichienne, thuringienne, holsteinoise, etc., une poésie du Rhin et de l'Oder, de la Forêt-Noire et du Harz. La France est un pays aussi varié que l'Allemagne, et pourtant on n'y connaît qu'une littérature parisienne. Voilà le malheur. Oui, Mistral a raison, non seulement pour la Provence, mais aussi pour les autres provinces françaises. Elles ressemblent toutes à de tristes châtelaines enfermées dans un couvent. Elles sont en train d'oublier leurs chants, leurs gloires et leurs amours. Qu'elles brisent les portes de leur prison, qu'elles renaissent, qu'elles retrouvent leur génie; que dans la langue qui leur est commune à toutes, elles donnent une voix à leurs souvenirs et à leurs espérances, et puis qu'elles s'unissent entre elles ; alors nous pourrions dire à la poésie française ce que Mistral dit à sa Provence chérie : « Reparais dans ta splendeur! Dehors, dehors la tristesse ! Vive, vive le bonheur!

Cela ne suffit point. Notre propre poésie populaire pourra peut-être, grâce à des recherches intelligentes, nous passer quelque chose de sa séve ; mais je doute qu'elle soit assez riche pour nourrir un art jeune et nouveau. Joignons-y donc l'étude de la poésie populaire chez les autres nations. Que de belles moissons on y a déjà faites, et que nous en avons peu profité! Que de moissons à faire encore dans tous les pays de l'Europe, en Irlande, dans le pays de Galles, en Écosse, en Italie, en Suède, en Norwége, en Bohême (1), en Serbie, en Grèce et surtout en Allemagne. Dans tous ces pays, la chanson primitive, expression naturelle de la poésie, a poussé et fleuri librement en luxuriantes forêts vierges. C'est là qu'il

(1) Voyez *la Bohême pittoresque et littéraire*, par Joseph Fricz et Louis Léger. Librairie internationale. Paris, 1867.

nous faut aller chercher parfois la fraîcheur et
la santé. Et ne craignons pas d'y perdre notre
originalité native. L'originalité est une force
inaliénable qui réside dans le génie de la race
et dans le tempérament personnel. Les peuples
comme les individus ne se développent qu'au
contact les uns des autres. Étudier la poésie
populaire sous tous les climats, ce n'est pas
seulement satisfaire une vaine curiosité ; l'étudier avec le feu sacré de la sympathie, c'est
étendre son âme à celle des autres nations,
c'est l'élargir peu à peu à l'âme de l'humanité.
Madame de Staël a dit dans son livre sur l'Allemagne, que la France était entourée d'un mur
chinois qui empêchait les idées de passer. Dieu
merci, nous n'en sommes plus là aujourd'hui.
Grâce à elle et à tant d'autres, on a fait de
larges brèches dans cette épaisse muraille. Mais
çà et là des pans de mur sont restés debout ; on
y rencontre même des sentinelles cléricales, uni-
versitaires et administratives qui nous crient :
Gardez-vous de passer, vous cesseriez d'être
Français ! — Gens de petite foi, âmes pusilla-
nimes ! tout au contraire, nous ne serons véri-
tablement Français, c'est à dire affranchis et
capables d'aider à l'affranchissement du monde,
que lorsque la dernière pierre de ce mur sera
tombée.

Ce n'est pas tout. A l'étude de la poésie popu-

laire et primitive dans la plus large acception
du mot, le poète de nos jours devrait joindre
l'amour et l'intelligence de la musique. La
poésie et la musique sont des sœurs qui ne développent toute leur beauté qu'en se donnant la
main. Elles n'ont pas besoin de marcher toujours ensemble, mais lorsqu'elles se séparent
entièrement chacune perd quelque chose de sa
force. Dans toute poésie primitive, paroles et
musique sont nées d'un même élan. C'est là la
poésie vivante, la vraie, qui n'a pas besoin de
commentaire et qui produit le plus puissant
effet. Une des forces magiques du Lied c'est
la mélodie qui l'accompagne et ne fait qu'un
avec lui. Dans la chanson anonyme nous
avons vu le peuple inventer naïvement paroles
et musique. Ces modulations languissantes de
tristesse ou pétulantes de plaisir, sont nées
des battements les plus secrets de son cœur,
en même temps que ces strophes dont la pensée
sincère émeut si profondément. Quant au Lied
du dix-huitième et du dix-neuvième siècle, nous
avons vu Beethoven, Mozart, Schubert, Schuh-
mann et Mendelssohn se faire les interprètes
des Goethe, des Heine, des Uhland, des Eichendorff et des Geibel. Le Lied s'est élevé et
a grandi : la musique s'élève et grandit avec lui.
Le compositeur pénètre dans la pensée du
poète et l'exprime à son tour avec les ressources

infinies de son art. C'est une création nouvelle,
ou plutôt c'est l'achèvement de la création primitive. Car comment les paroles suffiraient-
elles pour faire vibrer le sentiment intime et
l'épanouir dans sa plénitude? Un beau Lied,
une belle poésie porte sa mélodie en elle-même,
c'est Beethoven qui l'a dit, et le musicien n'a
qu'à l'en faire jaillir; grâce à lui la passion
latente contenue dans les paroles s'épand en
ondes sonores. Lorsqu'on a entendu chanter la
Violette de Goethe composée par Mozart, *l'Hymne
à la Joie* de Schiller, composé par Beethoven, ou
le *Roi des Aulnes* de Schubert, on ne peut plus se
passer de la mélodie, et l'on comprend que la
vraie poésie ne se manifeste dans sa puissance
divine que par la vraie musique. Voilà ce que les
poètes oublient trop facilement aux âges de
réflexion et de critique. Il est incontestable
qu'un grave défaut de la poésie lyrique en France,
c'est d'être trop près de la rhétorique, et trop
loin de la musique. Ce n'est pas à dire que
toute poésie doive être chantée. Une grande
partie du lyrisme moderne échappera toujours à l'interprétation musicale. Mais on peut
regretter que dans l'œuvre de nos grands
poètes, il n'y ait pas un plus grand nombre de
chants susceptibles de composition. Car les vers
chantés sont la partie la plus vivace de la poésie.
La musique force le poète au tour naturel, à la

sobriété de l'expression, à l'harmonie, à la proportion du développement, en un mot à l'unité de la forme et du fond. A défaut du poète musicien qui est l'idéal, il faut donc tendre à une alliance sérieuse, désintéressée, entre le musicien et le poète. Tous deux grandiraient dans cette union. Le musicien y trouverait ce qui lui manque souvent, l'image et l'idée précises; le poète y trouverait ce qu'il ambitionne toujours, la forme universelle et populaire.

Résumons. Renaissance du génie provincial, étude de la poésie primitive chez toutes les nations, alliance de la musique et de la poésie, voilà les signes par lesquels vaincra le poète lyrique, voilà les réformes grâce auxquelles la poésie pourrait renaître en France et devenir populaire sans rien abdiquer de sa haute mission. Les talents variés, les aspirations généreuses, les volontés énergiques ne manquent pas. Ce qui est plus rare, c'est l'intelligence du simple, du grand, du primitif, du vrai beau. Mais elle vient vite à celui qui en a le désir. Ces réformes nécessaires une fois comprises, voulues par la jeunesse, la poésie finirait par sortir de l'impuissance où elle languit depuis vingt ans, pour entrer dans une voie plus large et plus nationale. L'art compris et aimé d'un plus grand nombre porterait plus justement le nom de sacré, et les poètes n'écrivant plus pour une école ou pour une coterie, pour un salon ou pour un journal, mais pour leur nation, seraient touchés d'un souffle nouveau. Car le peuple inspire le poète et les chants appellent les chants. Si ce n'est encore qu'un beau rêve, qu'importe? il faut y croire, car sans lui point d'avenir. Et pourquoi désespérer du retour de la poésie, puisqu'on n'a pas désespéré du retour de la liberté? Non, la poésie n'aura pas célébré son plus grand triomphe en France, avant que le poète, pénétré des plus grands sentiments et des plus hautes idées de son siècle, n'ose s'écrier : Chantons avec le peuple et qu'il chante avec nous autres, car c'est nous élever que de l'élever jusqu'à nous!

APPENDICE

I

LE BATELIER

CHANSON DE STYRIE

(Wie d' Wolken am Himmel.)

1

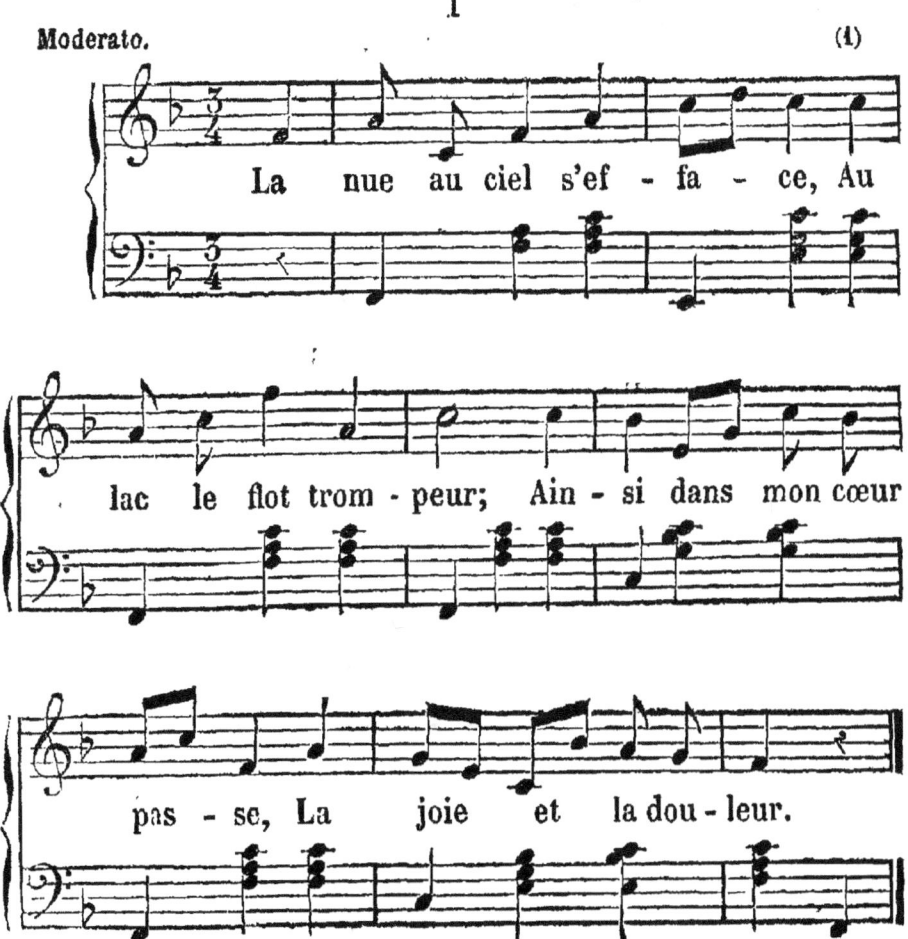

Moderato.

La nue au ciel s'ef - fa - ce, Au lac le flot trom - peur; Ain - si dans mon cœur pas - se, La joie et la dou - leur.

(1) Dans cette chanson comme dans celles qui suivent, la première portée sert à la fois de chant et d'accompagnement.

2

J'ai pour joyeux royaume
Ma rame et mon bateau ;
Ma rame est triste et chôme,
Ma barque dort sur l'eau.

3

Tout seul dans ma nacelle
Je rêve tout le jour ;
Me faut deux mains mignonnes
Et deux yeux pleins d'amour

4

Me faut deux mains mignonnes
Pour ramer contre vent ;
Et deux yeux, deux étoiles
Pour voguer au levant.

II

LE DEPART

(Morgen muss ich fort von hier.)

Andante.

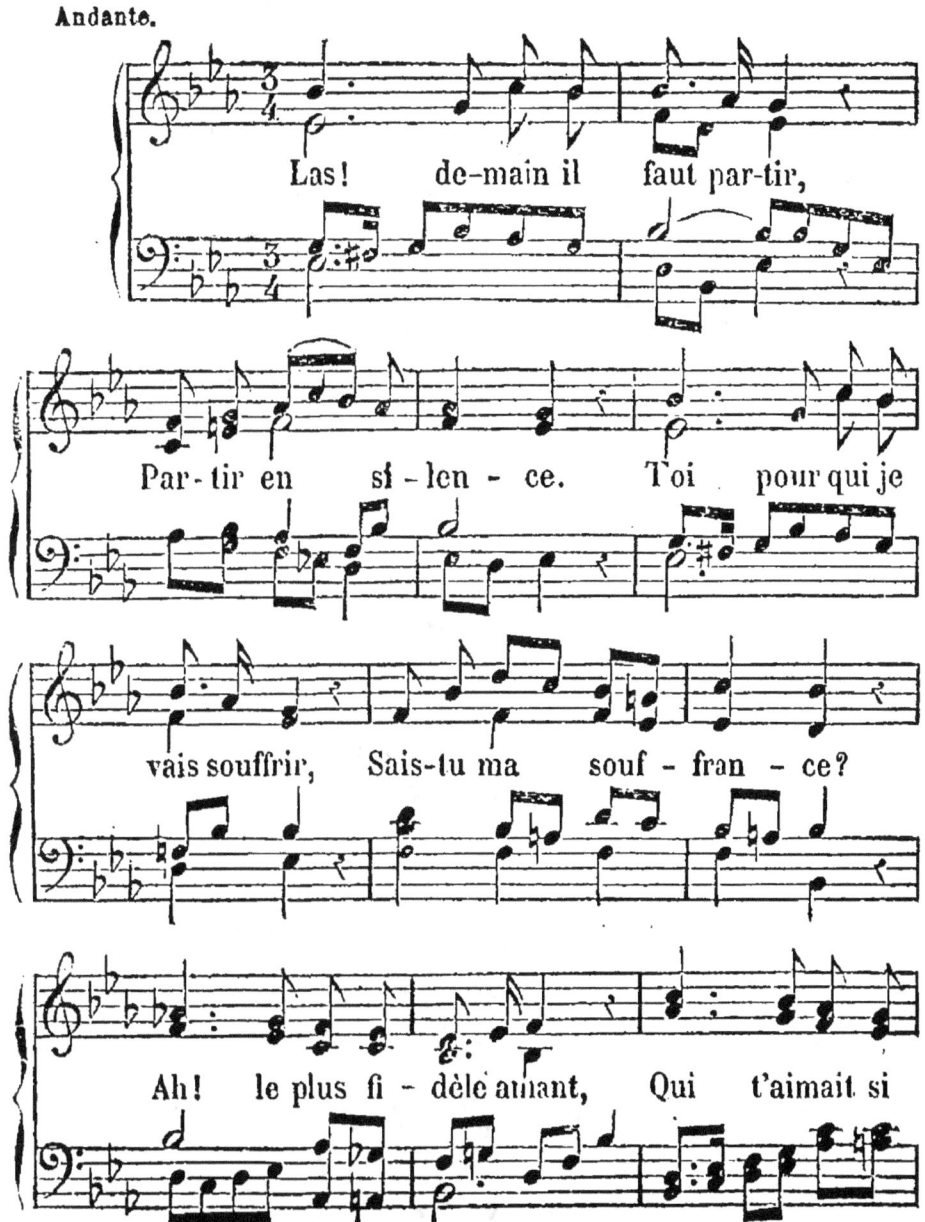

Las! de-main il faut par-tir,

Par-tir en si - len - ce. Toi pour qui je

vais souffrir, Sais-tu ma souf - fran - ce?

Ah! le plus fi - dèle amant, Qui t'aimait si

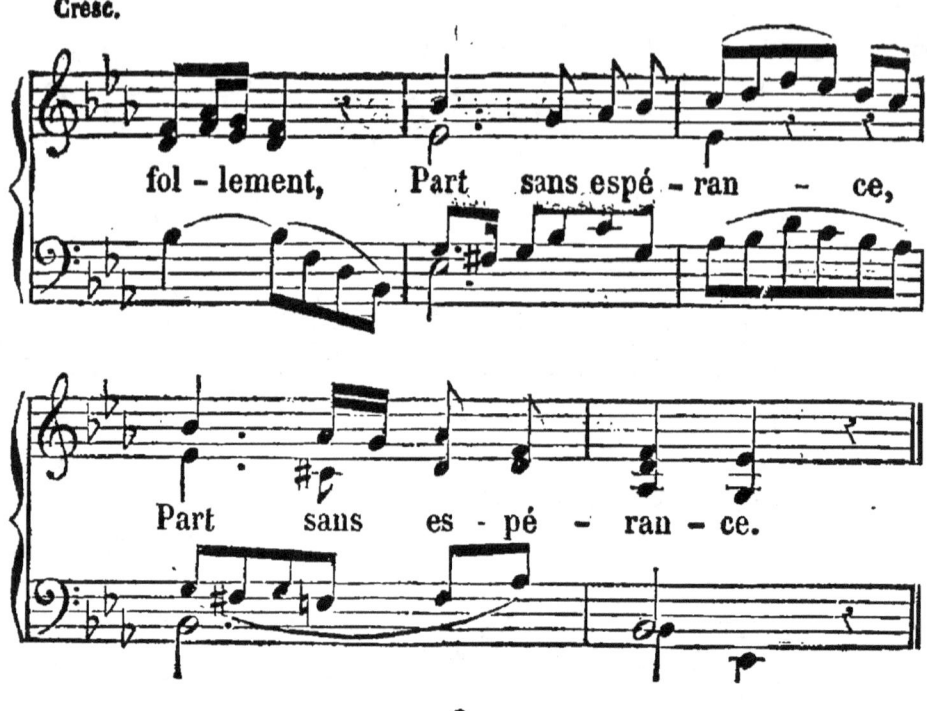

Cresc.

fol - lement,   Part   sans espé - ran - ce,

Part   sans   es - pé - ran - ce.

2

Quand l'ami quitte l'ami,
Quand l'adieu les presse,
Tout le firmament frémit,
Frémit de tristesse.
Bien plus grande est la douleur,
Quand l'amour nous brûle au cœur,
Et que l'adieu presse. (*bis.*)

3

Tu t'en vas par les prés verts
Jeune et fraiche amie.
Ah ! dis-moi si je te perds,
Est-ce pour la vie ?
Ah ! si j'ai pu t'affliger,
Promets-moi de l'oublier ;
Par amour oublie ! (*bis.*)

4

T'effleure un léger zéphir,
Qu'un vent te caresse,
Dis-toi que c'est un soupir
D'un cœur en tristesse,
J'en envoie mille par jour ;
Ils ne parlent que d'amour,
Car j'aime sans cesse! (*bis.*)

III

DERNIER ADIEU

(So viel Stern' an Himmel stehn.)

1

Andantino.

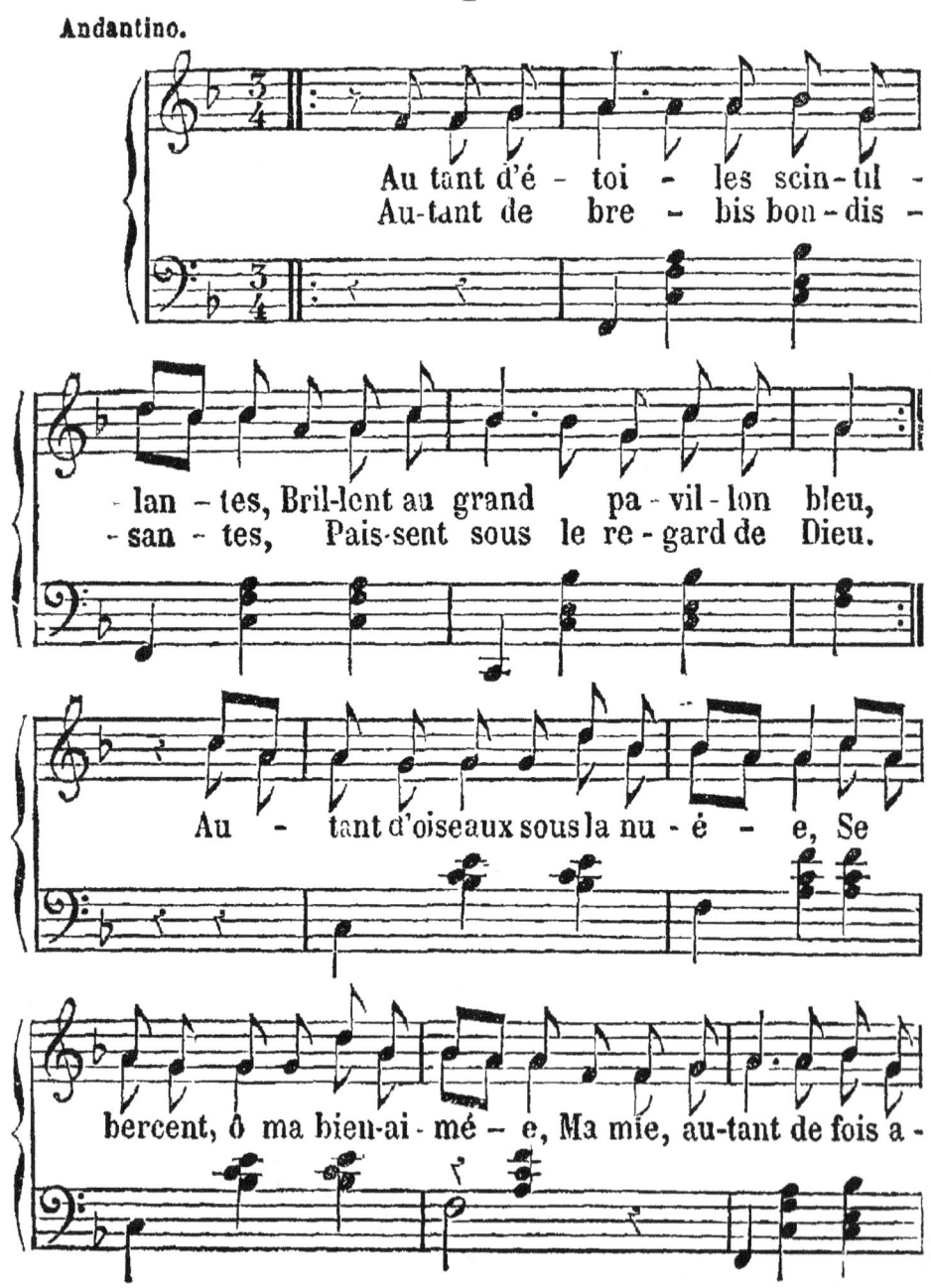

Au tant d'é - toi - les scin - til -
Au-tant de bre - bis bon - dis -

- lan - tes, Bril-lent au grand pa - vil - lon bleu,
- san - tes, Pais-sent sous le re - gard de Dieu.

Au - tant d'oiseaux sous la nu - é - e, Se

bercent, ô ma bien-ai - mé - e, Ma mie, au-tant de fois a -

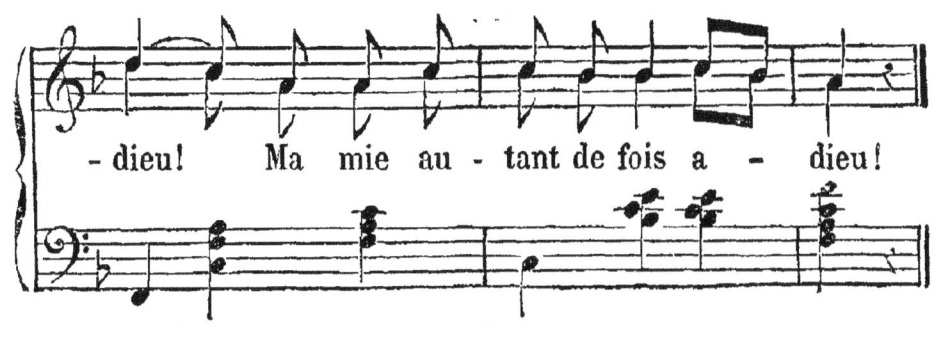

- dieu! Ma mie au - tant de fois a - dieu!

2

Ne dois-je plus jamais t'entendre,
Te laisser pour l'éternité?
Non, je ne puis pas le comprendre,
Que demain j'aurai tout quitté.
Que ne suis-je mort en silence
Sans avoir connu l'espérance,
Bien avant que d'avoir aimé.

3

Oh! ne crois pas que je t'oublie,
Jusqu'au tombeau va mon amour,
Si je dois dans ma triste vie
Mourir loin de toi quelque jour.
Je veux dormir au cimetière
Comme un enfant qu'endort sa mère,
Qui s'endort bercé par l'amour!

IV

SERMENT

CHANSON DE LA THURINGE

(*Ach wie is'ts möglich denn.*)

1

Andante conmoto.

Ah! qui ja - mais pour - ra, M'ar - ra - cher à tes bras? Je t'ai don - né ma foi, Oh! crois le moi! Mon cœur est plein de toi, D'un bon-heur in - fi - ni; Oui, j'en ai tout ban - ni, tout hormis toi!

2

Vois la fleur sous tes pas
Qui dit : Ne m'oublie pas !
Presse-la sur ton cœur
Et songe à moi !
Meure espérance et fleur,
Riche encore est mon cœur ;
Car l'amour n'y meurt pas,
Va, crois-le moi !

3

Ah ! que ne suis-je oiseau
Pour voler aussitôt,
Pour voler vers ton toit,
Tout près de toi.
Me touche un franc chasseur,
Je tombe sur ton cœur ;
Un seul regard encor...
O douce mort !

L'ANNEAU BRISÉ

(In einen Kühlen Grunde.)

POÉSIE D'EICHENDORFF. — MURIQUE DE SILCHER.

1

Piano. Andante.

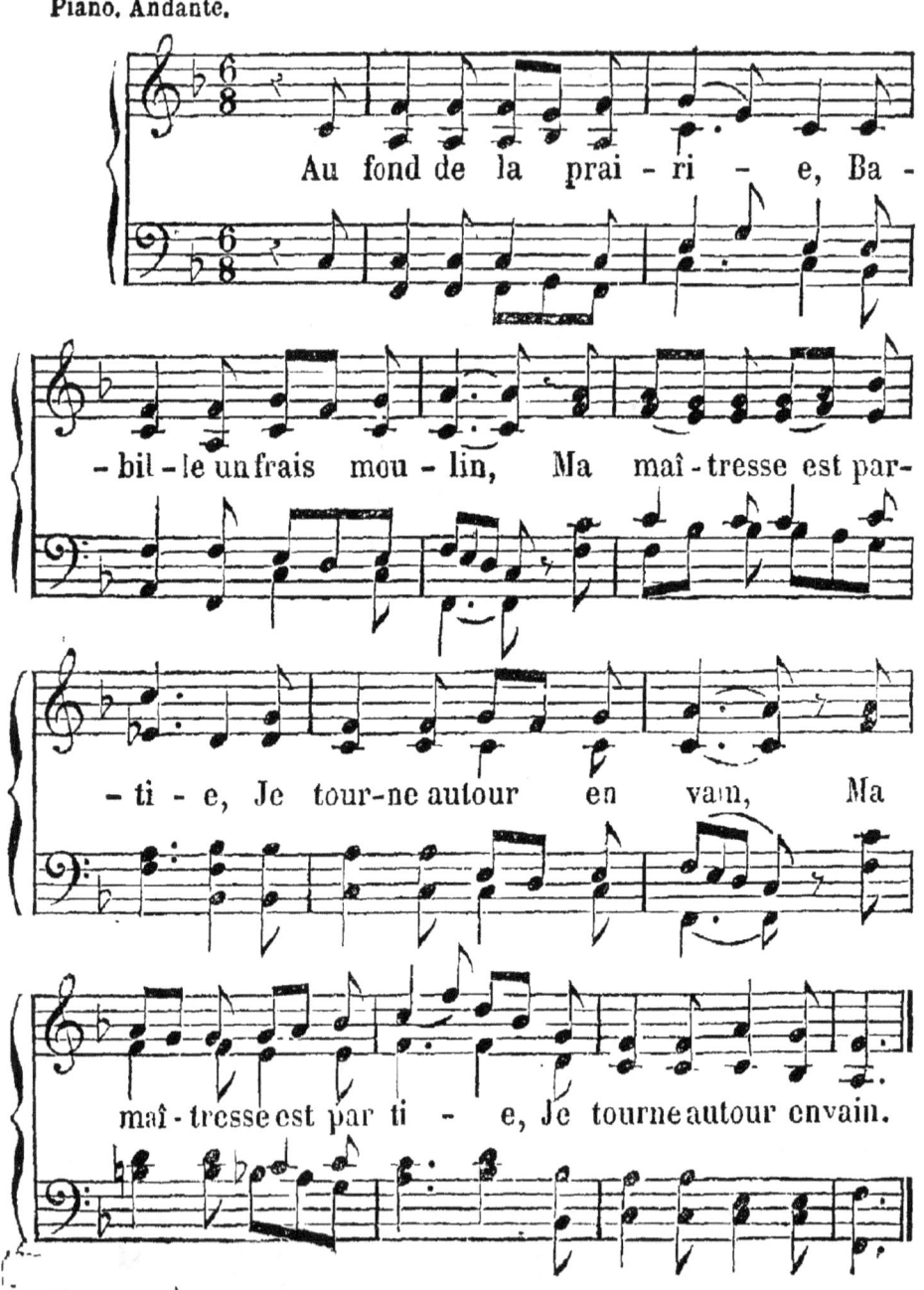

Au fond de la prai - ri - e, Ba-

-bil - le un frais mou - lin, Ma maî - tresse est par-

-ti - e, Je tour-ne autour en vain, Ma

maî - tresse est par ti - e, Je tourne autour en vain.

2

Elle était ma promise
J'en reçus cet anneau;
Mais quand la foi se brise, } *bis.*
Se brise aussi l'anneau.

3

Je parcourrai la terre
En chanteur ambulant,
Ma voix avec mystère } *bis.*
Dira mon long tourment.

4

J'irai dans la bataille
En sombre cavalier;
Au fort de la mitraille, } *bis.*
Je veux, je veux voler.

5

Le moulin me repousse,
Il tourne, il tourne encor!
La mort me serait douce... } *bis.*
Il se tairait alors!

N. B. Le 3ᵉ couplet se chante un peu plus vite, le 4ᵉ très vite (*Allegro vivace*), le 5ᵉ pianissimo et très lentement.

VI

QUAND SOUFFLE LA BRISE

(Wenn's Maihüflerl weht.)

MUSIQUE DE KREIPL.

1

Moderato.

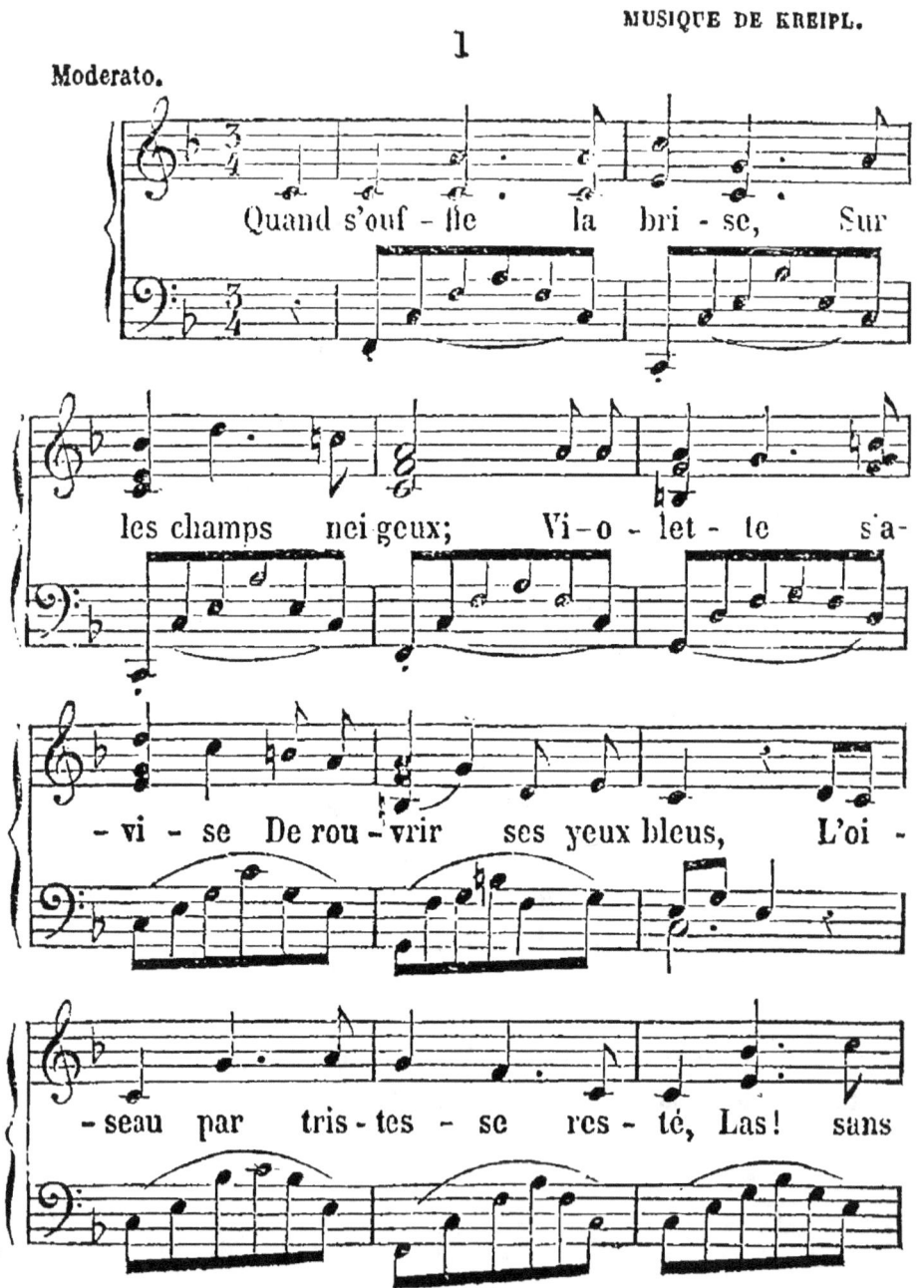

Quand s'ouf - fle la bri - se, Sur les champs nei geux; Vi - o - let - te s'a - vi - se De rou - vrir ses yeux bleus, L'oi - seau par tris - tes - se res - té, Las! sans

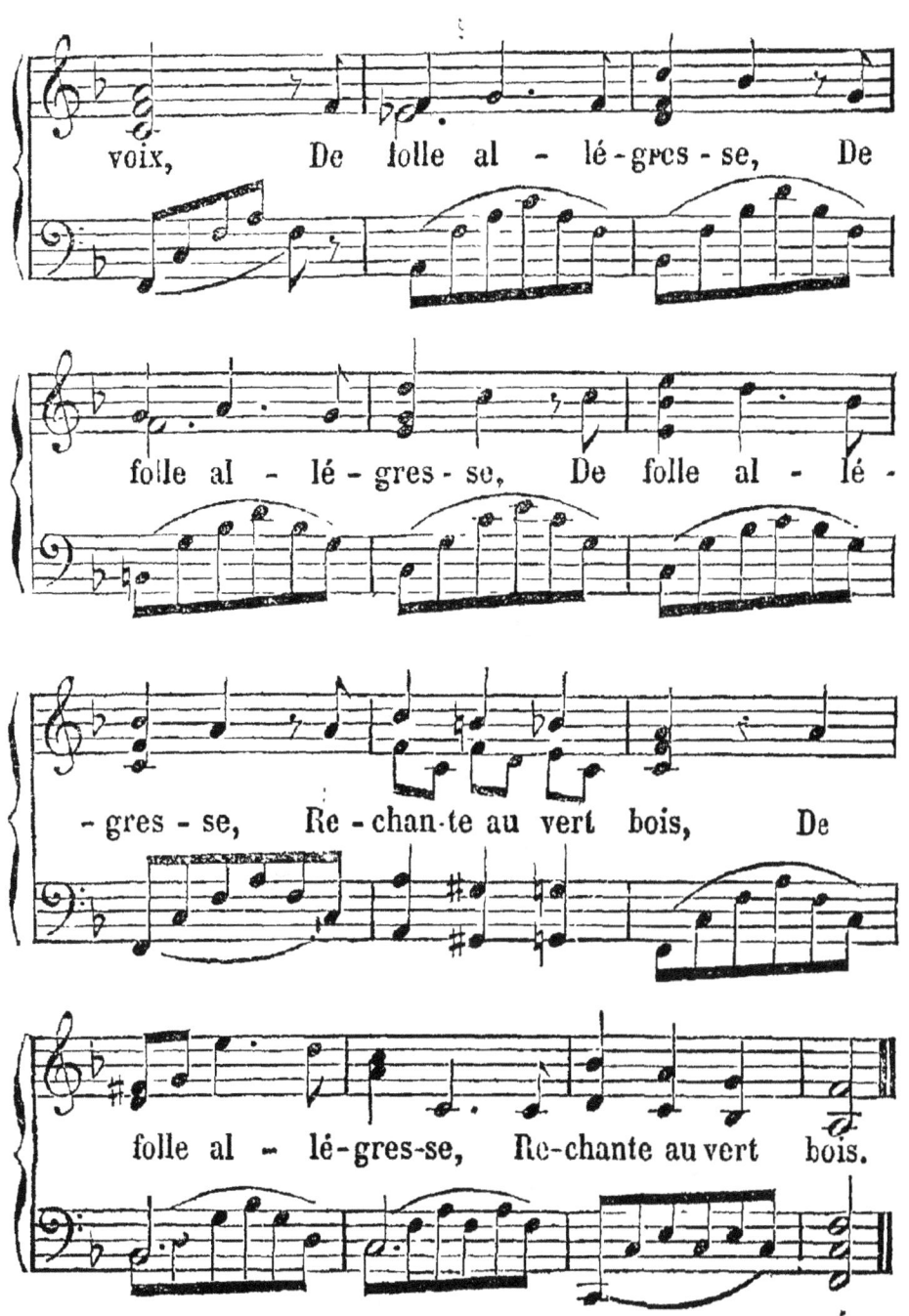

voix, De folle al - lé - gres - se, De folle al - lé - gres - se, De folle al - lé - gres - se, Re - chan - te au vert bois, De folle al - lé - gres - se, Re - chante au vert bois.

44.

2

Fleurissent les roses,
  Adieu, sombres jours.
N'est-ce pas que les roses
Font fleurir les amours?
  La rose gentille
  Fleurit tous les mais;
  L'amour un jour brille
  Et puis — plus jamais.

3

La fleur printanière
  Renaît tous les ans.
L'homme seul sur la terre,
L'homme n'a qu'un printemps.
  L'oiseau revient vite
  Au temps des amours;
  Quand l'homme nous quitte
  Ah, c'est — pour toujours!

VII

LA LORELEI

(Ich weiss nicht was soll es bedeuten.)

BALLADE DE HENRI HEINE. — MUSIQUE DE SILCHER.

1

Andante.

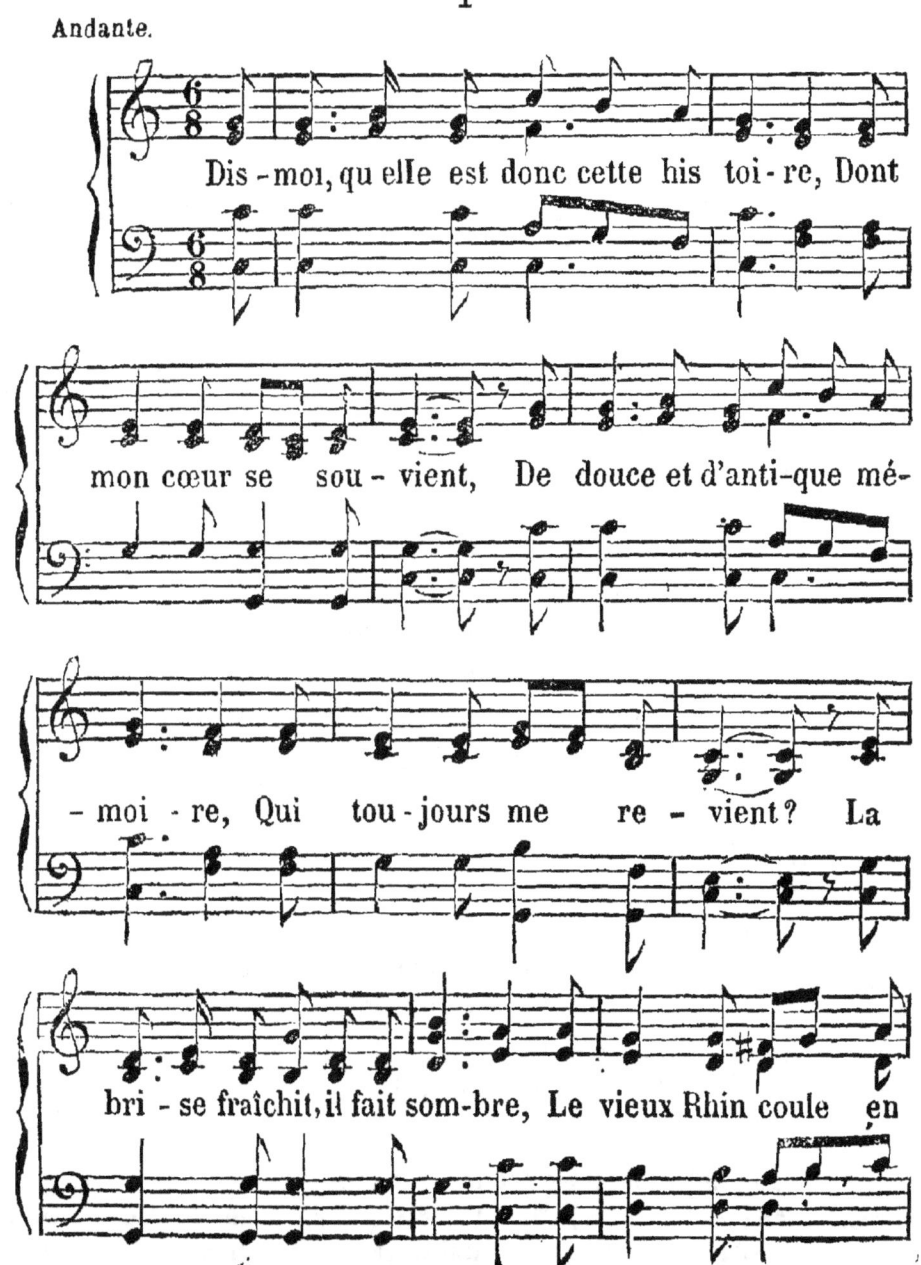

Dis - moi, qu'elle est donc cette his toi- re, Dont

mon cœur se sou - vient, De douce et d'anti-que mé-

- moi - re, Qui tou-jours me re - vient? La

bri - se fraîchit, il fait som-bre, Le vieux Rhin coule en

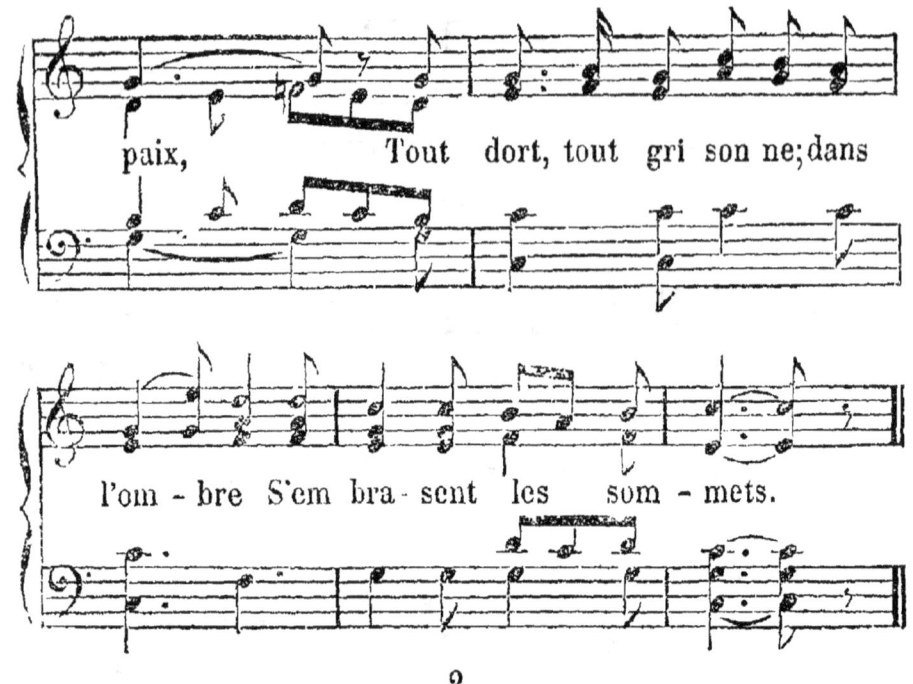

paix,   Tout dort, tout gri son ne; dans

l'om - bre S'em bra - sent les som - mets.

2

Là-haut une vierge immortelle
Trône au soleil couchant,
Son sein de rubis étincelle
La belle chante un chant ;
Chante en peignant sa chevelure,
Plus fière que le jour,
Un chant de merveilleuse allure,
Un puissant chant d'amour !...

3

Le pêcheur d'un désir sauvage (1)
Frémit dans son bateau,
Son œil ne voit plus le rivage,
Son œil regarde en haut !...

(1) La première moitié de cette strophe se chante *allegro*, avec passion ; dans la seconde, à partir des mots : *Je crois que la vague dévore*,
on rentre dans le mouvement primitif ; la fin très calme.

Je crois que la vague dévore
La barque et le pêcheur...
O Lore des flots, fière Lore,
Voilà ton chant vainqueur!

———————

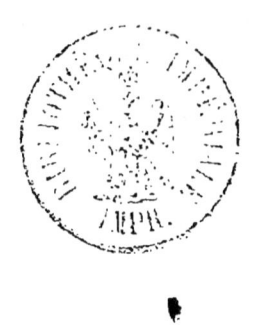

TABLE DES MATIÈRES

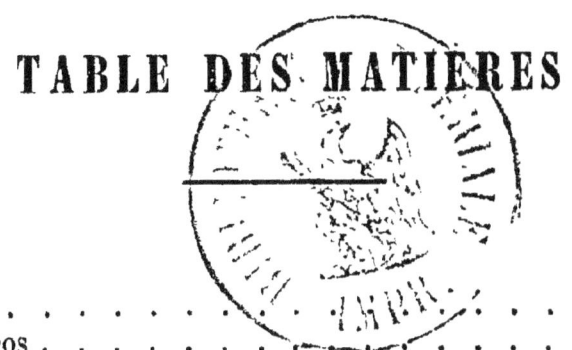

I

DÉCOUVERTE DE LA POÉSIE POPULAIRE

Caractère sacerdotal du poète à l'origine des civilisations. — Le don poétique considéré comme une révélation divine chez les anciens, comme une faculté exceptionnelle chez les modernes. — Le peuple poète sans le savoir — Ses créations. — Les *Voix des peuples* de Herder. — Découverte des chants populaires de l'Allemagne. — Nouvel horizon en esthétique et en poésie . . .

II

NAISSANCE DU CHANT POPULAIRE

La poésie populaire chez les Celtes et les Germains. — Culte des Français pour la poésie officielle, des Germains pour la poésie libre et spontanée. — L'épopée païenne en Germanie. — Le christianisme étouffe la vieille poésie populaire. — Lutte entre le christianisme et le génie germanique. — Le réveil du peuple et les guerres des Suisses. — Chants sur la bataille de Sempach et de Morat. — Naissance du *Lied* moderne; il jaillit du sentiment de la liberté. — Son épanouissement au quinzième et au seizième siècle. — Son auteur, c'est le peuple tout entier . . .

III

IV

LES AVENTURIERS

V

ÉPOPÉE ET TRAGÉDIE DE L'AMOUR

VI

LA VIE RELIGIEUSE

VII

MORT ET RÉSURRECTION DU LIED

VIII

GOETHE

IX

LE LIED AU DIX-NEUVIÈME SIÈCLE

X

CONCLUSION

CE QUI MANQUE A LA POÉSIE LYRIQUE EN FRANCE

ERRATA

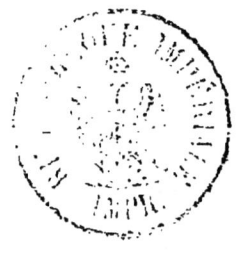

PRINCIPAUX RECUEILS DE CHANSONS POPULAIRES ALLEMANDES

I. *Ambraser Liederbuch vom Jahre* 1582, herausgegeben von
J. Bergmann. Stuttgart, 1845.

II. HERDER. *Volkslieder*. 2 vol. Leipzig, Weygand, 1778.

II. *Des Knaben Wunderhorn*, von A. v. Arnim und Cl. Brentano. Berlin, 1857 (1). 4 vol. (Ouvrage qui parut en 1805.)

IV. *Alte hoch-und-niederdeutsche Volkslieder*, von L. Uhland.
Stuttgart, 1844. 2 vol. (2).

(1) Ce recueil contient un certain nombre de chansons inauthentiques; mais c'est le plus riche et le plus complet. Les auteurs ont surtout puisé dans la tradition orale, encore très vivante, à l'époque où ils firent leur collection. C'était à la fin du siècle dernier. Çà et là, ils se sont permis de changer un mot, de choisir parmi les variantes, de compléter une chanson par une autre, mais en restant toujours fidèles au génie de la chanson populaire. Les pédants qui ne voient autre chose dans les inspirations de la muse rustique qu'une curiosité archéologique leur en ont fait un reproche; mais les vrais amis de cette poésie naïve, entre autres Goethe, leur ont su gré d'avoir fixé définitivement une foule de chants qui, sans eux, se seraient perdus. Cette collection est encore la meilleure pour quiconque veut se familiariser avec la chanson populaire allemande.

(2) Uhland est la première autorité en Allemagne en fait de chansons populaires. Son recueil est très important pour ceux qui veulent lire ces chansons dans leurs dialectes primitifs. Il ne renferme que des textes très anciens, avec une foule de variantes, choisis dans les manuscrits, documents et livres de musique du seizième et du dix-septième siècle. La critique la plus sobre et la plus sûre a présidé à ce choix. De tous les recueils, celui d'Uhland est le plus rigoureusement scientifique.

V. *Gesellschaftslieder des sechzehnten und siebzehnten Jahrhun-
derts*, von Hoffmann v. Fallersleben. Leipzig, 1844. 2 volumes (1).

VI. *Die deutschen Volkslieder*, von Karl Simrock. Frankfurt
a. M., 1851 (2).

VII. *Historische Volkslieder*, von Lilienkron, Band I, 1863;
Band II, 1866, in Leipzig bei F. C. W. Vogel.

VIII. KRETSCHMAR. *Deutsche Volkslieder mit Originalweisen.*
2 vol. Berlin, 1840.

IX. GOEDEKE und TITTMANN. *Liederbuch aus dem sechzehnten
Jahrhundert.* Leipzig, 1867.

X. FIRMENICH. *Germaniens Völkerstimmen.*

XI. OSCAR SCHADE. *Volkslieder aus Thüringen.* Weimar
1855.

XII. *Elsæssiches Volksbüchlein* (Chansons populaires de l'Alsace, par Auguste Stöber). Strasbourg, 1842.

XIII. *Deutsche Lieder in Volkes Herz und Mund*, von Albert
Træger. Leipzig, 1864. 1 vol. (3).

---

(1) Cette collection se recommande par les mêmes qualités que la
précédente. L'auteur s'est surtout attaché aux *chants de sociétés*, à
ces chants d'amour, de printemps et de chasse que les vaillants bourgeois et les joyeuses bourgeoises du seizième siècle entonnaient dans
leurs fêtes gaillardes. On y sent un large débordement de vie et ce recueil donne le tableau le plus animé des mœurs libres, de la joie cor-
diale, de la forte gaîté du *bon vieux temps*.

(2) M. Simrock est peut être de tous les contemporains celui qui a
le plus contribué à réveiller chez ses compatriotes le goût de la vieille
littérature germanique, par ses travaux remarquables et ses excellentes
traductions. Son recueil est fait en partie sur les précédents, mais il
offre un intérêt particulier grâce à un grand nombre de chansons nouvelles recueillies par M. Simrock lui-même sur les bords du Rhin,
surtout aux environs de Bonn.

(3) Édition de luxe, grand in-4°, avec de jolies vignettes, donne une
idée assez complète de la *Chanson populaire en Allemagne*.

XIV. *Concordia*, Anthologie classischer Volkslieder für Pianoforte und Gesang, van F. L. Schubert. Leipzig. 3 vol. (1).

(1) Ce recueil contient environ 900 chansons avec la musique pour piano et chant. Je le recommande particulièrement à tous ceux qui voudraient se donner le sentiment vif et intime de cette poésie. Telle mélodie leur en dira plus long que vingt gros volumes. On a beau faire, sans la musique cette poésie reste lettre morte; mais aux premières mesures du chant elle parle, elle vit et vous croiriez qu'elle sort de vous même : car la mélodie en est l'âme, âme riche, mobile et vivace. L'Allemagne est le premier pays du monde pour la musique; ses mélodies populaires sont d'une étonnante variété et souvent d'une admirable profondeur d'émotion ; elles parcourent toute la gamme des sentiments humains, depuis la gaîté folle jusqu'à la tristesse navrante, depuis l'air de danse rustique jusqu'à l'hymne religieux. Elles sont un trésor inépuisable pour le musicien, une source d'inspiration et de rajeunissement pour le poête, une joie perpétuelle pour le peuple. Il y a certes une gaîté plus vive et plus spirituelle dans la chanson française qui pétille comme du champagne, une folie plus délirante dans les saltarelles italiennes qui bondissent comme la Napolitaine passionnée, un charme de rêverie plus mystérieux dans ces mélodies suédoises qui se prolongent et meurent plus douces et plus tristes que la voix du cor dans la sombre immensité des forêts de sapins; il y a peut-être une mélancolie plus intense dans les admirables mélodies en mineur des Bohèmes, une délicatesse féminine, une résignation plus touchante dans les *Daïnos* des Lithuaniennes, mais aucun de ces peuples n'a égalé les Allemands par la richesse et la diversité des motifs. Quelle fraîcheur par exemple, quel entrain dans les chants de chasseurs et de soldats, quelle tendresse par contre, quelle douceur dans les chants d'amour. Le caractère le plus général de cette musique, c'est la santé et la profondeur du sentiment unies à cette puissance de sympathie tranquille et naturellement épanouie que les Allemands désignent par le mot intraduisible de *Gemüth*. En musique comme en poésie, ils sont cosmopolites. Leurs chants ont un caractère universel et largement humain : ils ont de quoi charmer tous les peuples. Aussi leur histoire n'est-elle point finie. Combien de ces beaux refrains ont déjà passé l'océan Atlantique avec les hardis émigrants; combien qui retentissent maintenant dans les solitudes du *far-west* et aident à former des âmes libres au milieu des forêts vierges.

TRAVAUX SUR LA CHANSON POPULAIRE EN ALLEMAGNE

Goethe's sæmmtliche Werke. Stuttgart, Cotta, édition en 6 vol.
1863. (*Voy.* pages 721-738. *Volkspoesie.*)

GERVINUS. *Geschichte der deutschen Litteratur.* Leipzig, 1853.
4ᵉ édition, tome II, pages 252-287. *Volksgesang.*

UHLAND. *Zur Geschichte der Sage und Dichtung.* Dritter Band.
Abhandlung über die deutschen Volkslieder. Stuttgart, Cotta,
1866. (C'est l'ouvrage le plus savant et le plus complet sur le
sujet; mais comme c'est un livre d'érudition, on ne peut le
recommander qu'à ceux qui font de cette matière une étude
spéciale.)

GRUBE. *Aesthetische Vortræge.* Zweites Bændchen. Deutsche
Volkslieder. Iserlohn, 1866. (Bonne étude sur le refrain dans
la chanson populaire, dans Goethe, Uhland et Rückert.)

AUGUST REISSMANN. *Das deutsche Lied in seiner historischen
Entwickelung.* Cassel, 1861. (Histoire du Lied, au point de
vue musical, avec trente-trois molodies des quinzième, seizième, dix-septième et dix-huitième siècles.)

WILMAR. *Handbüchlein für Freunde des deutschen Volksliedes.*
Marburg. 1867.

TALVJ. *Characteristick der germanischen Volkslieder.* Leipzig,
1840.

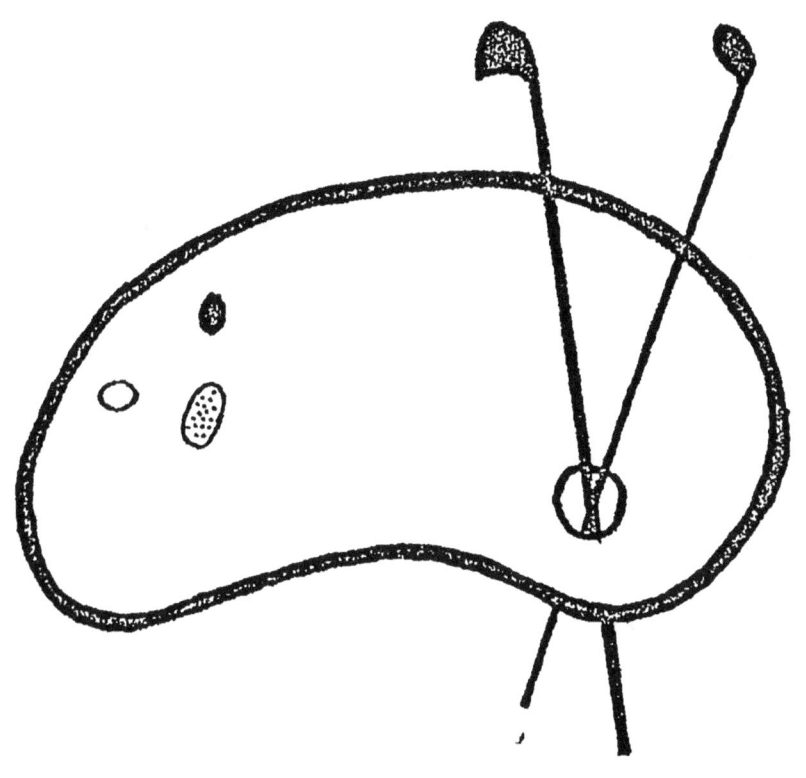

DEBUT D'UNE SERIE DE DOCUMENTS
EN COULEUR.

HISTOIRE
DU LIED

OU LA

CHANSON POPULAIRE

EN ALLEMAGNE

AVEC UNE CENTAINE DE TRADUCTIONS EN VERS ET SEPT MÉLODIES

PAR

ÉDOUARD SCHURÉ

DEUXIÈME ÉDITION

AUGMENTÉE D'UNE PRÉFACE

PARIS

SANDOZ ET FISCHBACHER, ÉDITEURS

33, RUE DE SEINE, 33

—

1876

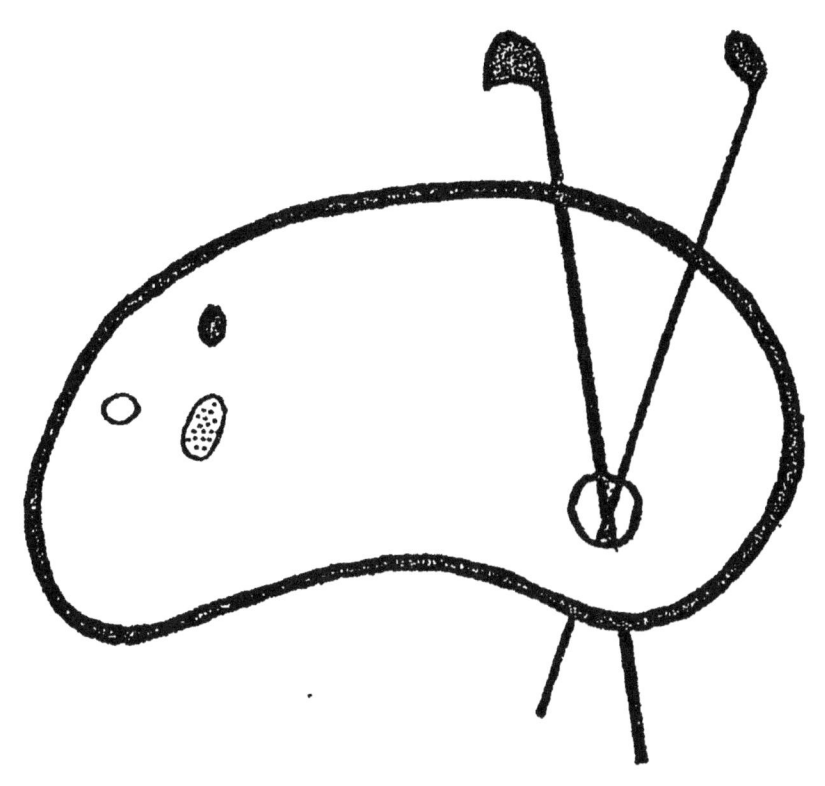

FIN D'UNE SERIE DE DOCUMENTS
EN COULEUR

HISTOIRE DU LIED

DU MÊME AUTEUR :

LE DRAME MUSICAL. 2 beaux volumes grand in-8°.
Prix : **15** francs.

Le tome Ier intitulé : *La musique et la poésie dans leur développement historique*, contient : 1° un tableau de la poésie et de la musique chez les Grecs dans le lyrisme et la tragédie ; 2° l'histoire de la poésie, de Dante à Gœthe ; 3° un tableau d'ensemble du développement de la musique symphonique de Palestrina à Beethoven ; 4° un résumé du développement de l'opéra depuis son origine jusqu'à nos jours

Le tome II intitulé : *Richard Wagner, son œuvre et son idée*, renferme sous forme de récits une série d'études sur les œuvres de ce maître (*Vaisseau-Fantôme, Tannhœuser, Lohengrin, Tristan et Iseult, les Maîtres chanteurs, la tétralogie des Nibelungen*), ainsi qu'une appréciation philosophique de sa réforme théâtrale.

Marquer le rôle civilisateur de la musique dans le passé, son influence féconde sur les autres arts, son rôle capital dans le présent et sa mission dans l'avenir ; chercher dans les rapports de la musique et de la poésie le centre et l'unité même de l'art, tel est l'esprit et le but de cet ouvrage.

Il est accompagné de deux gravures avec plans représentant, l'une le heâtre grec antique, l'autre le nouveau théâtre de R. Wagner, à Bayreuth.

Sous presse :

LES CHANTS DE LA MONTAGNE, *poésies*. — I. En plaine. — II. Par monts et par vaux. — III. Ballades. — IV. Sur la montagne. — V. Vers les cîmes.

HISTOIRE
DU LIED

OU LA

CHANSON POPULAIRE

EN ALLEMAGNE

AVEC UNE CENTAINE DE TRADUCTIONS EN VERS ET SEPT MÉLODIES

PAR

ÉDOUARD SCHURÉ

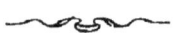

DEUXIÈME ÉDITION

AUGMENTÉE D'UNE PRÉFACE

PARIS

SANDOZ ET FISCHBACHER, ÉDITEURS

33, RUE DE SEINE, 33

1876

PRÉFACE

En republiant, sans y rien changer, cet essai de jeunesse, je dois, afin de prévenir tout malentendu, lui restituer sa date et rappeler la pensée dont il est sorti.

L'*Histoire du Lied* a paru pour la première fois en 1868. Quand nos regards se tournaient alors vers l'Allemagne, nous n'avions pas l'habitude de découvrir dans ses œuvres une pensée hostile, ni de voir ses forces intellectuelles dominées et comme absorbées par l'ambition politique. Nous admirions sans méfiance les fortes qualités de la race ; nous aimions, avec une entière liberté d'esprit, la richesse de sa littérature populaire, l'idéalisme de ses deux grands poëtes, le sérieux et la profondeur de ses savants et de ses philosophes.

Je fus à même, pour ma part, de comparer de bonne heure les littératures des deux peuples. Un fort contraste me frappa dès l'abord. — En France, il y avait eu, dès le siècle de Richelieu et de Louis XIV, scission profonde entre le chant et la tradition populaire d'une part, et la haute

littérature de l'autre. De là un dépérissement
graduel pour le premier, et pour la seconde un
isolement dangereux qui lui a fait perdre en séve
et en originalité ce qu'elle a gagné en élégance
et en raffinement. — En Allemagne, au contraire,
après la période d'imitation classique qui succéda
à la guerre de Trente ans, il s'opéra un retour
des meilleurs esprits vers la muse populaire et
les traditions anciennes. Dès lors, comme un
arbre replanté dans le sol natal, la poésie allemande pousse en sens divers de puissants rameaux et donne ses plus beaux fruits.

La condition de l'art vivant et fécond, la force
et le charme du lyrisme m'apparurent désormais
dans cette alliance intime entre l'âme naïve du
peuple et la volonté consciente du poëte. Un tel
retour, me disais-je, n'est-il plus possible chez
nous? Nos chants populaires ne renferment-ils
pas des trésors cachés? N'y a-t-il pas des mondes
oubliés dans nos traditions locales et provin-
ciales, de mâles vertus dans nos vieilles épopées
et des puissances secrètes dans les voix naïves
qui nous viennent du fond des âges? N'est-ce pas
une grande force pour les nations comme pour
les individus de ne rien oublier, de porter en soi
le meilleur de son passé en se développant toujours?

Ces questions qui se pressaient en moi auraient dû me conduire à l'étude du passé de la
France. Mais mon premier besoin fut de traduire
dans ma langue maternelle les émotions que

j'avais éprouvées en écoutant la chanson populaire d'une nation voisine et de la poursuivre jusqu'à sa source. Ce qui me poussait, ce n'était ni la curiosité de l'érudit, ni l'intérêt de l'historien. C'était moins et c'était plus. Donner un écho vivant d'une chose vivante, et par là faire appel chez nous-mêmes à des voix plus franches, à un accent plus libre, tel était mon fervent désir. Ainsi naquit ce livre.

Ceux-là, sans doute, se tromperaient fort qui croiraient y trouver une image fidèle de l'Allemagne contemporaine. Il n'y a ici qu'une Allemagne idéale entrevue à travers ses chants du quinzième et du seizième siècle et les grands lyriques d'il y a cinquante ans.

Cette Allemagne du rêve et de la légende peut nous sembler aujourd'hui une féerie tissée dans une forêt par le clair de lune et qui se dissipe le matin devant une foule affairée et tapageuse. J'avoue que dans cette première excursion en Allemagne j'ai très-naïvement cherché le beau autour de moi et quelquefois fermé les yeux à la réalité. Car dès cette époque la naïveté et la simplicité qui faisaient, au dire de Madame de Staël, le charme du peuple allemand et qu'on retrouve encore dans les campagnes perdues, commençaient à disparaître des villes et de la société. Pour beaucoup d'Allemands de nos jours ces qualités ne sont plus que des défauts, de même que la noble largeur d'esprit, la haute impartialité des Schiller, des Humboldt, des Goethe ne sont à leurs yeux qu'une faiblesse dangereuse, *un point de vue surpassé*. Pour satisfaire l'hypocrisie sentimentale et la jactance comique de ces rodomonts d'université qui puisent en haut lieu leur orgueil et leur colère, il faudrait leur reconnaître toutes les innocences et toutes les vertus jointes à la profondeur de Machiavel.

Quoi qu'il en soit, la poésie populaire de l'Allemagne est empreinte de cette fleur de naïveté que les peuples perdent trop souvent dans le cours des siècles, et je ne saurais me repentir d'avoir sincèrement admiré ce qui est beau en soi. Une chose surtout me décide à remettre sous les yeux du lecteur l'œuvre telle quelle avec ses lacunes ou ses illusions, c'est l'intérêt croissant que la poésie populaire sous toutes ses formes excite en France depuis une dizaine d'années. On a compris et l'on comprendra de mieux en mieux qu'elle est une fontaine intarissable de jeunesse et de vie.

En voyant ce qu'elle fut, ce qu'elle est encore chez d'autres nations, continuons à en recueillir pieusement les débris chez nous-mêmes, à en réveiller tous les échos. Ses paroles ont parfois un charme, ses mélodies un pouvoir étrange, mais souvenons-nous toujours que sa vraie source est en nous.

Avril 1876.

Paris. Typ. de Ch. Meyrueis, 13, rue Cujas. — 7331.

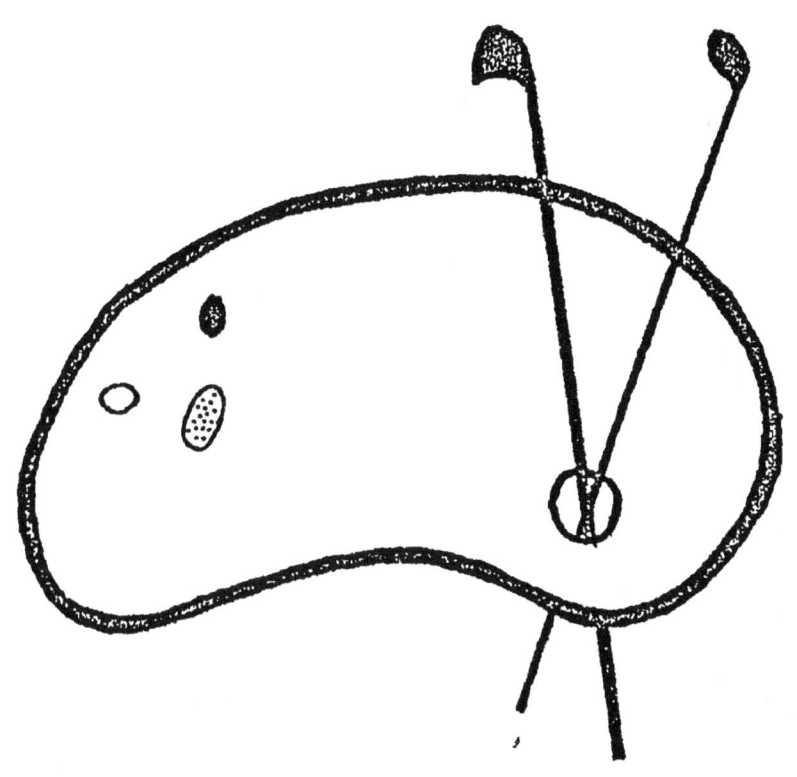

DEBUT D'UNE SERIE DE DOCUMENTS
EN COULEUR

SANDOZ ET FISCHBACHER, ÉDITEURS

33, RUE DE SEINE, 33

Le Drame musical, par EDOUARD SCHURÉ, 2 beaux vol. in-8. Prix, 15 fr. Tome I. *La musique et la poésie dans leurs développements historiques.* — Tome II. *Richard Wagner, son œuvre et son idée.*

Esquisse sur Richard Wagner, par CH. GRANDMOUGIN. Broch. in-8. 2 fr.

Les Concerts classiques en France, par EUSÈBE LUCAS, chef d'orchestre de Monte-Carlo, avec un frontispice à l'eau-forte par Félix Lucas. 1 beau vol. in-18 jésus, imprimé sur papier de Hollande. 4 fr.

Histoire de la musique moderne et des musiciens célèbres, en Italie, en Allemagne et en France, depuis l'ère chrétienne jusqu'à nos jours, avec un atlas de 22 planches, par F. MARCILLAC, membre du Comité du Conservatoire de musique de Genève. 1 vol. in-8. 8 fr.

Un Successeur de Beethoven, *Étude sur Robert Schumann*, par LÉONCE MESNARD. Broch. in-8. 2 fr.
Quelques exemplaires sur papier de Hollande. 4 fr.

L'Art en province. La musique à Marseille. Essais de littérature et de critique musicales, par ALEXIS ROSTAND. 1 vol. in-18. 2 fr. 50

Des Beaux-Arts en Italie au point de vue religieux. Lettres écrites de Rome, Naples, Pise, etc., et suivies d'un appendice sur l'iconographie de l'Immaculée-Conception, par ATH. COQUEREL FILS. 1 vol. in-12. 3 fr.

Rembrandt et l'individualisme dans l'art. Conférences faites à Amsterdam, Rotterdam, Strasbourg, Reims et Paris, par le même. 1 vol. in-18. 2 fr. 50

Études esthétiques. L'art dramatique, la poésie. L'esprit de la France dans sa littérature, par ALAUX. 1 beau vol. in-12. 3 fr.

Du Beau dans la nature, l'art et la poésie. Études esthétiques par ADOLPHE PICTET. 1 vol. in-12. 3 fr. 50

Le Faust de Goethe. Traduit en vers français par MARC-MONNIER. Un magnifique vol. grand in-8 tiré à 500 exemplaires sur papier de Hollande, tous numérotés.

Madame Lili, par MARC-MONNIER. Comédie en un acte en vers libres, représentée pour la première fois à Paris, sur le théâtre du Vaudeville, le 4 septembre 1873. 1 vol. in-18, pap. teinté. 1 fr. 50
Quelques exemplaires sur papier de Hollande. 2 fr. 50

Théâtre de Marionnettes, par le même, avec une préface de M. Victor Cherbuliez. 1 vol. in-18. 3 fr. 50

Théâtre de famille, par BERTHE VADIER. 1 vol. in-12. 2 fr. 50
Cendrillon. — La Belle au bois dormant. — Une Espièglerie de Louis XV.

Le Théâtre villageois en Flandre. Histoire littéraire, musique, religion, politique, mœurs, d'après des documents entièrement inédits, par EDM. VANDER STRATEN. Tome I. 1 vol. in-8. 10 fr.

Béranger, ses amis, ses ennemis et ses critiques, par ARTHUR ARNOULD. 2 vol. in-12. 7 fr.

William Cowper. Sa correspondance et ses poésies, par LÉON BOUCHER. 1 vol. in-12. 4 fr.

Genève et ses poètes, du XVIe siècle à nos jours, par MARC-MONNIER. 7 f. 50

Les Artistes, *juges et parties.* Causeries parisiennes, par PAUL STAPFER. 2e édition, 1 vol. in-12. 3 fr. 50

Causeries guernesiaises, par le même. 1 vol. in-8. 6 fr. 50

7331. — Paris. Typ. de Ch. Meyrueis, 13, rue Cujas. — 1875.

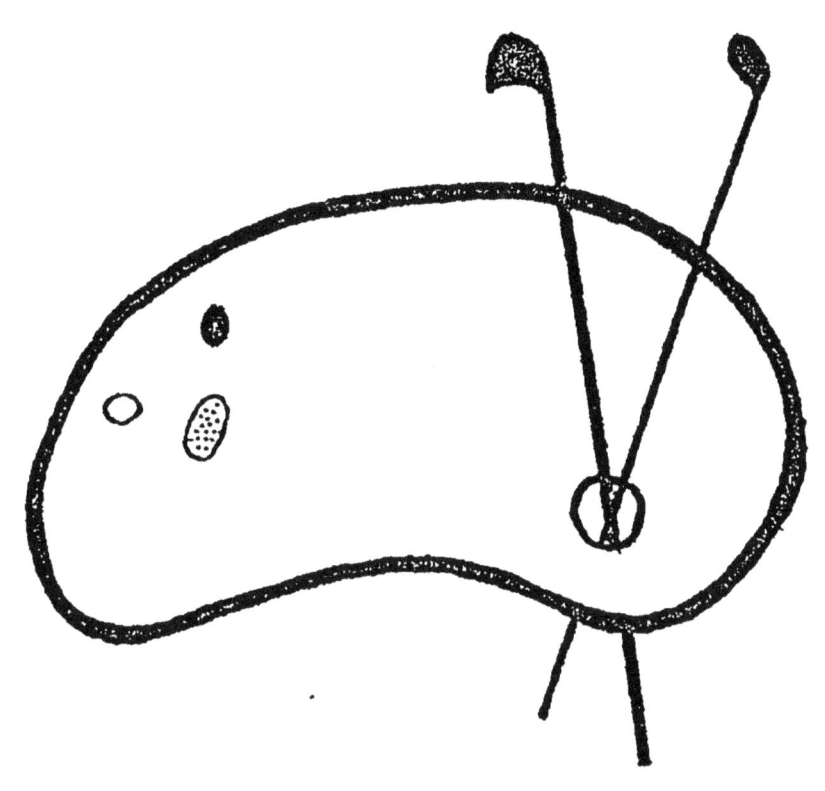

FIN D'UNE SERIE DE DOCUMENTS
EN COULEUR

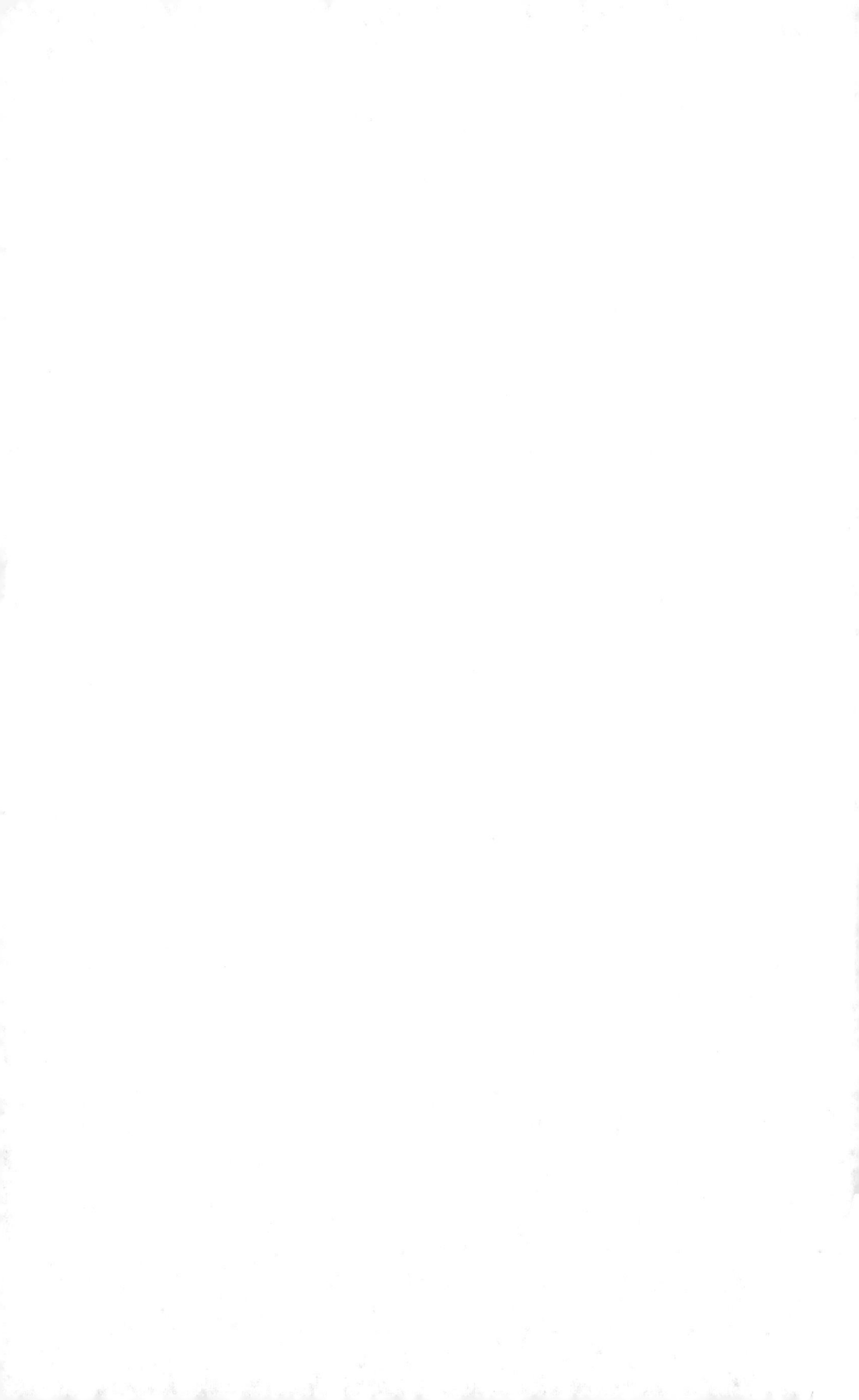